パナマ運河拡張メガプロジェクト

―世界貿易へのインパクトと第三閘門運河案の徹底検証―

小林志郎［著］

文眞堂

はしがき

　「パナマ運河」は米国が1914年に完成後，約1世紀の歳月を経ている。この間，世界の海上輸送状況も大きく変化してきた。第二次世界大戦までパナマ運河は米国海軍の戦略的な輸送ルートとしての役割を担ってきた。しかし戦後は，世界各地の資源輸入に依存し対米輸出の拡大を図ってきた日本が米国に次ぐ第二位のパナマ運河利用国となった。21世紀に入ると，新たな世界の工場となり輸出で急成長を遂げる中国が日本を抜き第二の運河利用国として登場してきた。また南米の太平洋岸諸国（チリ，ペルー，エクアドル，コロンビア）も米国の東岸地域やヨーロッパ市場向けに輸出を伸ばしパナマ運河の利用度を着実に高めている。

　「パナマ運河」を通航できる最大の船はパナマックス船と呼ばれ建設時の運河の閘室サイズ（幅33.5m，長さ305m，喫水12m）によって決められている。大型船の通航需要の増大を吸収するには，新たに運河を拡大する必要がある。

　1977年，米パ間で締結された「新運河条約」の中に海面式運河を含む第二運河建設の可能性調査を行うことが含められるようになったのも運河通航需要の増大を背景にしている。この調査には日本政府も正式参加し1986年から「日・米・パ3ヶ国運河代替案調査委員会」による本格的な調査が進められた。1993年に完成した「最終報告書」では現行運河に平行して「第三閘門運河」を建設する案が最適代替案として3ヶ国政府に勧告された。

　その後，「パナマ運河」は「新運河条約」に定められた通り1999年12月31日正午，パナマに全面返還された。米国による技術移転も着実に進み現行運河の操業面での問題はほとんどなく今日に至っている。また，「第三閘門運河」の工事実施に向けたフィージビリティ調査（FS）も内外コンサルタントの協力の下「パナマ運河庁（ACP）」の手で進められた。FSの集大

成とも言うべき「マスタープラン」（MP，スペイン語で約500ページ）は，ACPからパナマ政府宛に提案された「プロポーザル」およびMP作成のベースとなった数万ページに及ぶ「関連調査」とともに予定より1年遅れではあったが2006年4月，全世界に向け公表された。このMPをベースに，半年後の同年10月，「第三閘門運河」建設の是非を問う国民投票が実施された。6割という高率の棄権率ではあったが投票者の8割が賛成票を投じたことで，建設の実施に向けた一歩が踏み出された。

　本書は今回公表されたMPの主な内容を紹介することを主眼点に整理を始めた。しかしMPの中身をチェックしていく過程でいくつかの矛盾点や疑問点が生じてきた。この種の調査は時代状況の変化や調査主体（ACP）の考えにより重点の置き方も変わるという性格を割り引いても，今回のMPには多くの疑問点が残されている。一つには筆者自身が上述の「3ヶ国調査委員会」の調査に関っていたという事情も多分にあるものと思われる。その結果，両者の対比という視点を加えた分析と検証を行うことになった。勿論，本書での分析や検証は全て筆者の個人的見解であり，先述の委員会を何ら代弁するものではない。

　先ず今回のMP（「プロポーザル」や「関連調査」を含めて）の中で明らかにされたプロジェクトの主要点を整理して置きたい。

1）　プロジェクト期間；2005年から2025年までの20年間。実際の工事期間は2007年から2014年（現行運河の完成後，丁度100年目に当る）を完成年とする8年間。2015年が第三閘門運河の操業開始となる。現行運河は基本的にはそのまま継続的に操業されるので，2015年以降は2つの運河が同時に操業されることになる。

2）　パナマ国民の利益；第三閘門運河の建設と操業を通じてパナマ国民は大きな経済的利益を受ける。建設中は新規雇用の創出，工事中も現行運河の通航料金の値上げで国庫納入額は右肩上りに増加する。

3）　通航料金の値上げ；毎年3.5％，20年間で100％の引き上げを行う。しかし実際はこれとは無関係の大幅値上げとなった

4） <u>工事費用</u>；工事費用にはインフレ分（5.3億ドル）と非常事態対策費用（コンティンジェンシー10.3億ドル）を含み総額52.5億ドル。工事費用は運河通航料の値上げを通じて調達されるが，工事ピーク年となる2010年前後の3年間，22.7億ドルの対外借入も行う。
5） <u>運河通航量予測</u>；2005年の通航量実績は2.8億トン（単位は運河トン），2025年の予測値は約5億トン，20年間年率3％の増加率。
6） <u>現行運河の通航容量拡大</u>；現在実施中の10年間（1997年～2006年）の「運河近代化」工事を通じ現行運河の通航容量は約20％アップし，現在の2.7億トンから3.3億トンに拡大する。
7） <u>第三閘門運河の閘室サイズ</u>；幅54.9m，長さ427m，喫水18.3m。これにより，通航可能となる船（ポスト・パナマックス船）は，コンテナ船では12,000個積み（20フィートコンテナ換算），約11万トン（DWT）で現有の世界最大規模の船が，また一般貨物船では15万～16万トン（DWT）の船が通航可能となる。
8） <u>第三閘門運河の建設</u>；現行運河にほぼ平行した地点に建設される。メンテナンスに便利なローリング・ゲートを採用し，節水槽を付設することにより水の使用量が節約される。
9） <u>運河操業用の水資源</u>；新規ダムの建設案は住民反対運動により排除された。2025年頃までは運河操業用，上水用の水資源は確保される見込み。（但しそれ以降の水供給能力については明確な説明とデーターはなく，水の制約により通航能力が限界に到達する可能性も予見される。）

上記の内容についてMPでは詳細な説明が行われている訳であるが，次のような疑問点が生じてくる。これら疑問点については本文の1.2「マスタープランの注目点と留意点」で再度総括的に整理する予定であるがそのポイントをピックアップしてみよう。

第一は，第三閘門運河の建設工事中とその完成後，パナマ運河はパナマ国民に多大の恩恵をもたらすという記述について。MPの第1章では，パナマ

運河がパナマの国内総生産（GDP）に及ぼすインパクトは20%に達するとし，第三閘門運河の建設期間中も，さらには完成後もパナマに多大な利益をもたらしてくれると強調している。そしてMPの最終章の第9章，財務分析では通航料金の引き上げで運河収入は増加し国庫納入額も大幅に増加するので，パナマ国民は納税義務さえ不要になるかのようなイメージ図が描かれている。これらの記述内容は国民投票で賛成票を投じることを国民に半ば脅迫しているかのようにさえ映る。

この疑問点は，特に「3ヶ国調査委員会」が1993年に出した「最終報告書」の結論で，今回と同じパナマ人エコノミストが，「第三閘門運河案はGDPに1％程度のインパクトしか与えない」という分析結果を出していたことと比べると一層際立ってくる。パナマには「産業連関表」が存在しないという特殊事情から数字的に両者の違いを証明することは難しい面もあるが両者のギャップは大きすぎる。今回のMPが国民投票で賛成票を確保することに相当の力点が置かれていたことを逆に証明するものと言える。しかしプロジェクトに対する国民の過大な期待は，工事における現地雇用の拡大要求，通航料金の引き上げ圧力という形でプロジェクトに影響を与えることも意味している。

長年パナマにとり運河は国民的課題であるとされてきた。従って，第三閘門運河案の実施に対しては圧倒的な国民の賛成票が投じられるものと期待されていた。しかし実際の国民投票では6割という高い棄権率という結果であった。この現実をどう解釈したらいいのか。運河プロジェクトに対するパナマ国民の考えは流動的な要素を含んでいるのかも知れない。

第二は，運河利用者にとり強い関心マターである通航料金政策が不透明である点である。「年間3.5％，20年間で100％の引き上げを行う」というわずか1行の記述が「プロポーザル」（ACPからパナマ政府宛の提案）の中にあるだけだ。奇妙なことにMPの中には料金引き上げに関する付帯条件を示す記述は全く見当たらない。料金引き上げはプロジェクト開始時点とされる2005年からスターとするという解釈が成り立つ。料金引き上げについて多くを記述していないのは運河利用者との料金交渉においてより多くのフリー

ハンドを確保しておくことを狙った可能性すらある。

　先の「3ヶ国調査委員会」の「最終報告書」では第三閘門運河完成（2012年頃を予定していた）の後，2020年以降40年間に100%の引き上げを想定していた。引き上げ率の大小もさることながら引き上げのタイミングで根本的な違いがある。工事が予定期間内に完成するという保証はどこにもない。工事遅延が生じた場合，料金引き上げはどうなるのか。しかも引き上げ率そのものにも矛盾がある。それは料金収入の増加を前提として計算してある国庫納入額から逆算すると，20年間3.5%という引き上げ率では低すぎ，少なくとも5.5%以上を前提としなければ計算が合わないのである。工事費用にはインフレ分も非常事態対策費用も含まれている。パナマは運河利用国ではないという前提に立つと料金収入さえ確保できれば工事遅延から生ずるパナマ側の経済的損失は限られている。その他，MPの財務分析の結果にはあるべき数字がブラックボックスに入れられているため，いくつかの疑問点が残されたままとなっている。

　第三は，運河が生み出す国民的利益は，運河の経営目的が「利益極大化」方針に転換したことと密接な関係がある。米国の管理下では，運河経営は収入と経費をバランスさせ収益は上げない方針であった。このためパナマ運河は「国際公共財」的な性格を強く帯びていた。パナマの管理下となり，運河の経営目的は「収益極大化」路線に転換しているとMPの中でも明言している。利益を目指すこと自体，特に問題視することはできない。しかしパナマ運河は依然として一種の「国際公共財」的要素を持つ。それは米国との「新運河条約」の付属協定である「中立化条約」の第3条で料金については「公正でリーズナブルであるべきこと」と明記されており，この協定は40ヶ国以上が締約国として名を連ねているからである。十分な説明もなくパナマの利益を優先した感のある今回の料金政策は今後とも議論を呼ぶことは必至である。石油価格の上昇で代替エネルギー開発が促進されたように，パナマ運河に対抗する新たな輸送ルート開発への動きが今後一層高まる可能性もある。

　第四は，パナマ運河の操業を可能としている水の供給問題である。第三閘

門運河は現行運河の閘室サイズ（幅 33.5m，長さ 305m，喫水 13m）の倍以上（幅 54.9m，長さ 427m，喫水 18.3m）となる。当然，水使用量も2倍強となり，2つの運河が操業段階に入ると水源確保が大きな課題となる。

「3ヶ国調査委員会」の「最終報告書」の結論では新たに3〜4ヶ所のダム建設を勧告していた。しかし今回の MP ではダム建設計画は水没地域住民（1,700人）の反対を理由に全てが排除されたとしている。それに代わり第三閘門運河の閘室と平行して3段の貯水槽を付設すること，ガツン湖とクレブラカットの航路を深掘することにより必要水量が確保されると結論付けている。しかし第三閘門運河と現行運河が同時に操業状態に入る 2015 年以降，他方で都市人口の増加でガツン湖の水源に依存する上水需要も拡大する。そのような状況下，どの程度の水量が，いつまで確保されるのかについて今回の MP では必ずしも明確な分析結果を示していない。

第五は，現行運河と第三閘門運河を通航する貨物需要予測についての疑問である。2005 年の通航貨物量の実績は 2.7 億トンであったが，現行運河の「近代化計画」で 3.3 億トンの通航量が確保される見込みである。MP では年間3％の増加率で 2025 年には運河通航量は5億トン強になると予測している。つまり 2025 年時点で第三閘門運河が新たに吸収できる貨物量は 1.7 億トン（5－3.3）であると見込まれる。

最大の増加貨物はコンテナである。MP ではコンテナ貨物の通航予測は年率5％前後としている。別のデーターソースで検証して見ると，特に東アジアと米東岸間のコンテナ貨物通航量は年率 10％近いダイナミックな増加率を示している。従って MP の低い予測値をベースにした場合，早ければ 2015 年頃には東アジアと米東岸間のコンテナ貨物はパナマ運河を通航できない可能性も予見できる。第四の疑問点で述べたパナマ運河の水供給量の限界が通航貨物予測を低目に抑えることになったという解釈すら成り立つ。

本書はパナマ運河「第三閘門運河案」の工事を方向づける「マスタープラン」（MP）の概要を紹介すると共にその問題点や矛盾点，ないしは疑問点を明らかにしようとしたものである。パナマ運河はその建設後，大西洋と太

平洋を結ぶ海上幹線輸送ルートとして重要な役割を果たしてきた。その役割は今後一層増大することになる中国や東アジア諸国から米東岸向け貨物，南米西岸諸国から米東岸及びヨーロッパ向け貨物の海上輸送需要に対応しさらに重要度を増すことになろう。その意味でも今回公表されたMPの位置づけは大きいものがあるが，基本的な問題点や矛盾点を同時に含んでいるという事実に留意する必要がある。

　さらに，今回のMPにはプロジェクト全体の監理体制は言うに及ばず，工事監理体制に関する言及が全くないことも疑問点の一つである。現行の運河建設当時，米国は国を挙げた一大事業として大統領（テオドール・ルーズベルト）以下，国家レベルでのコミットメントをして完成させたことは知られている。パナマは過去これだけの巨大工事（メガ・プロジェクト）を実施した経験は皆無である。圧倒的な部分を外国企業の経験・技術に依存せざるを得ない。ACPの作業計画によると，07年6月には，工事全体を監理するプロジェクト・マネジメント作業者を公募するとしている。また同時に，第三閘門運河工事の一部である「太平洋側運河へのアクセス航路の浚渫作業」，「陸上掘削工事」等の入札公募を開始するとしている。そして第三閘門運河工事で最も注目度の高い第三閘門の閘門部分の入札は08年中頃に行われ10月には落札者が決定するとしている。

　パナマにとって「第三閘門運河」工事の総コストはGDPの約4割近い規模のプロジェクトでもある。パナマ運河は米国が建設し米国が長年操業してきたことから，企業体として保有する技術や給与面で通常の平均的パナマ企業と比べると隔絶したレベルにある。そのため今後プロジェクトを遂行して行く上で，パナマ運河を取り囲むパナマの経済・産業や社会・政治構造の現実や特色が色々の場面で大きな影響を与えることになると思われる。その意味で，本書第2部では，パナマの経済・産業を参考資料としてまとめておいた。

　本書が，パナマ運河第三閘門案の行方に関心を持たれる方々に少しでも参考になれば望外の幸せである。

　最後になるが，出版事情が厳しいなかで本書の刊行をお引き受けくださっ

た文眞堂の前野隆氏と丹念に編集の労をとってくださった前野弘氏,前野眞司氏に,心より感謝の意を申し上げたい。

2007年初夏　小　林　志　郎

目　　次

はしがき …………………………………………………………………… i

第1部　パナマ運河第三閘門運河案マスタープランの概要と検証 …… 1

1. 第三閘門運河案の実現に向けマスタープランを公表 ……… 3

　1.1　マスタープランの位置付け ………………………………… 4
　1.2　マスタープランの注目点と留意点 ………………………… 7
　　1.2.1　運河と国民経済の関係を誇張 ………………………… 8
　　1.2.2　通航料金引き上げで工事費用を調達 ………………… 10
　　　1.2.2.1　わずか1行の料金引き上げ案 …………………… 10
　　　1.2.2.2　右肩上がりの運河収益 …………………………… 11
　　　1.2.2.3　第三閘門運河完成前の料金負担問題 …………… 12
　　1.2.3　東アジアと米国東岸間のコンテナ貨物が最大顧客 … 12
　　1.2.4　節水槽の付設で水使用量は現行運河並みに ………… 13
　　1.2.5　閘門はローリング・ゲートを採用 …………………… 14
　　1.2.6　現行運河の改良工事 …………………………………… 15

2. マスタープランの主な内容 …………………………………… 18

　2.1　運河とパナマ経済・社会の関連性 ………………………… 18
　　2.1.1　パナマ運河経済システム ……………………………… 18
　　　2.1.1.1　間接的波及効果，誘発効果に含まれる
　　　　　　　サービス産業群 …………………………………… 19

x　目　次

　　2.1.2 「運河経済システム」と「サービス産業クラスター」……… 21
　　2.1.3 「運河経済システム」の乗数効果………………………………… 24
　　2.1.4 「運河経済システム」のGDP寄与率，1950年との対比… 25
　　2.1.5 運河とパナマ経済の関連性分析結果に対するコメント … 27
　　　　2.1.5.1 「運河条約交渉シンドローム」の影響 ………………… 27
　　　　2.1.5.2 第三閘門運河反対運動 ……………………………………… 29
　　　　2.1.5.3 国民投票では6割の棄権率 ………………………………… 30
　2.2 運河庁（ACP）のビジネス・モデルの変革 …………………… 31
　　2.2.1 ACPの法的枠組み ……………………………………………………… 32
　2.3 プロジェクトから受けるパナマの利益 …………………………… 34
　　2.3.1 運河経営の成果を誇示 …………………………………………… 35
　2.4 第三閘門運河建設の資金調達 ……………………………………… 37
　　2.4.1 数字をあいまいにしておくことのメリット ……………… 39
　2.5 国庫納入額の検証 ……………………………………………………… 40
　　2.5.1 国庫納入額から2025年の通航料金は05年比3倍増
　　　　　（200％アップ）が判明 …………………………………………… 42
　　2.5.2 純利益の84％が国庫納入分に ………………………………… 43
　　2.5.3 国庫納入額の検証 ………………………………………………… 44
　　2.5.4 「パナマ運河庁」の収支決算表……………………………… 47

3. 運河通航貨物の需要予測 ……………………………………………… 49

　3.1 パナマ運河通航に見る歴史的変遷 ……………………………… 49
　3.2 8分野（セクター）の通航貨物需要予測結果 ………………… 50
　　3.2.1 コンテナ貨物の通航需要予測 ………………………………… 54
　　3.2.2 乾貨物の通航需要予測 …………………………………………… 59
　　3.2.3 自動車輸送船の通航需要予測 ………………………………… 62
　　3.2.4 液体バルク貨物の通航需要予測 ……………………………… 63
　　3.2.5 冷凍貨物の通航需要予測 ………………………………………… 65
　　3.2.6 旅客船の通航需要予測 …………………………………………… 66

3.2.7　一般貨物の通航需要予測 …………………………… 67
　3.3　運河通航需要予測の総表 ………………………………… 67
　3.4　運河通航需要予測の検証 ………………………………… 69
　3.5　主な運河通航ルート ……………………………………… 72

4. 運河通航料金政策 …………………………………………… 74

　4.1　運河通航料金引き上げ政策と主要運河利用国経済への影響 … 74
　4.2　分析対象国は主要運河利用6ヶ国 ………………………… 75
　4.3　調査目的，結論 …………………………………………… 76
　4.4　運河通航輸出品目の分析 ………………………………… 77
　　　4.4.1　米国のケースで検証 ………………………………… 78
　　　4.4.2　運河通航輸出貨物の合計額 ………………………… 81
　　　4.4.3　CIF価格に占める運河通航コストと
　　　　　　"センシティビティ調査" …………………………… 81
　4.5　運河通航輸入品目の分析 ………………………………… 82
　4.6　料金引き上げによる経済的影響 ………………………… 84
　4.7　MMC調査手法の構造的問題 …………………………… 85
　　　4.7.1　他の代替ルートとの競合コスト比較は皆無 ……… 85
　　　4.7.2　「3ヶ国調査委員会」の調査結果との対比 ……… 86
　4.8　MMC調査の背景と過去の運河料金トレンド ………… 87

5. 現行運河と第三閘門運河の関係 …………………………… 90

　5.1　現行運河の容量最大化 …………………………………… 90
　　　5.1.1　現行運河容量 ………………………………………… 90
　　　5.1.2　現行運河容量の最大化プロジェクト ……………… 91
　　　5.1.3　改良工事の経費負担 ………………………………… 97

6. 第三閘門運河の建設 ………………………………………… 98

　6.1　第三閘門運河建設の促進要因と目的 …………………… 98

6.2　第三閘門運河の形状決定と主な工事 ……………………………100
　　6.2.1　10の評価基準 ………………………………………………100
　　6.2.2　主な工事 ……………………………………………………100
　　6.2.3　第三閘門運河の閘室サイズと節水槽 …………………103
　　　6.2.3.1　第三閘門運河の閘室サイズ …………………………103
　　　6.2.3.2　第三閘門運河を通航できる船 ………………………103
　　　6.2.3.3　節水槽は各閘室に3段付設 …………………………104
　　6.2.4　閘門はローリング・ゲートを採用 ……………………106
　　6.2.5　新閘門での船の位置決め ………………………………107
　　6.2.6　アクセス航路の建設 ……………………………………108
　　6.2.7　ガツン湖とクレブラカットでの航路拡幅と深化工事 ……109
　　6.2.8　大西洋と太平洋の海側のアクセス航路の拡幅と深化工事 …111
　　6.2.9　工事の工期, コスト ……………………………………112

7. 水資源 …………………………………………………………116
　7.1　第三閘門運河の水供給問題 ………………………………116
　7.2　運河流域の水源 ……………………………………………117
　　7.2.1　運河東部流域の水資源と水利用途 ……………………117
　　7.2.2　ガツン湖の水量限界と水利用優先度 …………………118
　7.3　現行運河操業用の水需要予測 ……………………………119
　　7.3.1　ケース1,「改良工事を実施しない場合」 ……………119
　　7.3.2　ケース2,「改良工事を実施した場合」 ………………120
　7.4　第三閘門運河が必要とする水量予測 ……………………121
　　7.4.1　第三閘門運河の閘室の水使用量 ………………………121
　　7.4.2　第三閘門運河での節約水量の検証 ……………………122
　　7.4.3　第三閘門運河の水使用量予測
　　　　　（ケース3, 水対策を実施しない場合） ………………123
　7.5　ダム建設で得られる水量予測 ……………………………124
　7.6　第三閘門運河の水使用量予測

　　　　（ケース 4，節水対策を実施した場合）……………………125
　　　7.6.1　ケース 4 の運河操作回数を検証 ………………126
　　　　　7.6.1.1　不思議なグラフ ………………………………126
　　7.7　貯水量の増加と第三閘門運河の操作回数の検証 ……………128

8. 工事開始に向け通航料金値上げと工事契約方式を確定……131

　　8.1　通航料金値上げ案の発表 ………………………………………131
　　8.2　工事関心企業に対する説明会 …………………………………133
　　　8.2.1　ドレッジング，掘削土量 ……………………………133
　　　8.2.2　工事に伴う契約方式 …………………………………135
　　　8.2.3　工事資材の輸入関税，労働法 ………………………136
　　　8.2.4　人材訓練計画 …………………………………………136

（参考）
パナマ運河関連史 ………………………………………………………139

第 2 部　パナマ経済と産業 ………………………………………143

1. マクロ経済の構造的特徴 …………………………………………145

　　1.1　経済規模が小さい ………………………………………………145
　　　1.1.1　第三閘門運河の完成でシンガポール並みの経済規模に……146
　　1.2　経済実態の把握は困難 …………………………………………147
　　1.3　地域間経済格差が大きく，パナマ県に全 GDP の 6 割強が集中…148
　　　1.3.1　所得格差問題 …………………………………………149
　　1.4　通貨は米ドルで中央銀行はない ………………………………151
　　1.5　製造業は国産原料加工型，国内市場志向型 …………………152
　　　1.5.1　研究開発基盤は皆無 …………………………………153
　　1.6　"通常貿易"は恒常的輸出入インバランス構造 ………………154
　　　1.6.1　輸出は一次産品，輸入は工業製品で恒常的な不均衡 ……154

xiv 目次

   1.6.2　輸出促進政策の難しさ ……………………………155
   1.6.3　輸出入不均衡はサービス輸出でカバー ……………156
  1.7　サービス産業の比重は全GDPの70％以上 ……………158
   1.7.1　サービス産業の発生要因別類型化 …………………160

2. パナマの主要サービス産業 ……………………………165

  2.1　パナマ運河 …………………………………………………165
   2.1.1　運河の国内GDPへの寄与度 ………………………165
   2.1.2　「運輸・ロジスティック」部門から
     「サービス産業クラスター」へ ……………………166
   2.1.3　先進国の「海事産業クラスター」…………………168
  2.2　コンテナ・トランシップメント・サービス ……………170
   2.2.1　パナマの港湾行政の変化と外資系企業 ……………172
   2.2.2　メガポート計画 ………………………………………174
  2.3　コロン・フリートレード・ゾーン ………………………175
   2.3.1　コロン・フリートレード・ゾーン（CFZ）の
     国内経済への波及効果 ………………………………177
  2.4　マルティモダル・センター（CEMIS）構想と
    航空貨物輸送サービスの限界 ……………………………178
   2.4.1　航空貨物輸送サービスの可能性 ……………………179
  2.5　国際金融センター，内外の資金需要に対応 ……………180
  2.6　弁護士サービス，便宜地籍船登録で発展 ………………182
  2.7　運河通航船舶向けバンカーオイル供給サービス ………183
  2.8　船舶修理，メンテナンス …………………………………184
  2.9　船員雇用サービス …………………………………………185

3. 米国からの返還地域の再開発計画 ……………………186

  3.1　返還地域の再開発 …………………………………………186
  3.2　返還地域での主要プロジェクト …………………………187

4. 公的部門 …………………………………………………196

- 4.1 公的部門は 63 機関を含む ……………………………196
- 4.2 公的機関職員は 18 万人強 ……………………………197
- 4.3 予算規模 …………………………………………………199
- 4.4 政治と官僚機構 …………………………………………201

5. 政治 ………………………………………………………204

- 5.1 5 年に一回の総選挙 ……………………………………204
  - 5.1.1 政治レベル …………………………………………204
  - 5.1.2 インディオ自治区 …………………………………206
  - 5.1.3 伝統的な 4 政党 ……………………………………206
  - 5.1.4 近年の選挙結果 ……………………………………207
- 5.2 各政権期の主な経済政策 ………………………………210
  - 5.2.1 経済・産業政策の推進の難しさ …………………210
  - 5.2.2 各政権期の経済・産業政策 ………………………210

6. パナマの企業実態 ………………………………………213

- 6.1 法人企業数，全国に 4 万 3 千社 ………………………213
- 6.2 法人企業の経営内容の把握は困難 ……………………216
- 6.3 外資系企業の実態把握も困難 …………………………217

あとがき ………………………………………………………218
主要参考資料 …………………………………………………222
索引 ……………………………………………………………223

第1部
パナマ運河第三閘門運河案マスタープランの概要と検証

1. 第三閘門運河案の実現に向けマスタープランを公表

　現在のパナマ運河は、1914年米国の手による完成後、第二次大戦前後までは米国の両洋間の艦隊輸送ルートとして、それ以降は米国の海上貨物の主要輸送路として位置付けられてきた。パナマの独立（1903年）との引き換えに締結された「旧パナマ運河条約」により運河操業権は長年米国の手中にあった。その後、運河地帯に対するパナマの主権回復闘争を経て、1977年に「新運河条約」が締結されるに至った。当時の条約調印者であったパナマのトリホス将軍と米大統領カーターの名前をとり「トリホス・カーター条約」とも呼ばれた。その後、東西冷戦構造の崩壊もありこの条約により1999年末日、運河操業権と運河防衛を名目に駐留していた全米軍基地はパナマに返還された。

　返還後現在までの6年間、パナマ運河の操業はパナマ人の管理下で完全な成功を収めてきた。しかし、世界的な船舶の大型化と海上輸送量の増加を前に、一世紀を経た現行運河能力では対応できそうにないという大問題に直面している。運河能力を向上・拡張するための「第三閘門運河案」は、既に1993年に「日・米・パ3ヶ国運河代替案調査委員会」の最終調査報告書で3ヶ国政府に勧告された代替案でもある。その後、「パナマ運河庁」（スペイン語でACP；Autoridad del Canal de Panamá）が独自の視点で調査を実施してきた。今回公表された「マスタープラン」（MP）は、巨大プロジェクトと言われる「第三閘門運河案」の実施に向け、言わばパナマが自らの判断で運河の構造を変え、パナマの経済・社会の発展を目指した歴史的な第一歩であると形容することもできる。

　しかし同時に第三閘門運河の建設の是非を問う「国民投票」を半年後に控

え，何はともあれ賛成票を確保するためにMPやプロポーザルの中身には多くの工夫が施されたと思われる箇所も多い。運河建設については土木工学や世界海上輸送貨物予測といったエンジニア的でかつ世界経済予測といった広範囲な専門的な知識が求められる。しかし大多数のパナマ国民に対しては第三閘門運河建設期間や完成後にもたらされるであろう「利益」を明らかにし時には誇張せざるを得ない。その反面海外の運河利用者にとって関心の高い運河料金の引き上げ政策に関しては極端に少ない記述にとどまっている。

1999年まで米国管理下にあったパナマ運河は「国際公共財」という性格が強かった。運河操業は収益を目的としなかったからである。しかしパナマの管理下では"利益の極大化"が経営目標となった。今回MPで運河料金政策をあいまいにしておいたのは，利用者との料金交渉を有利に進めるための戦略であると理解しておく必要もありそうだ。

本書は今回公表されたMPとプロポーザルの内容をできる限り正確に紹介することを心がけた。しかしその過程で多くの疑問点や問題点も発生してきた。それらをピックアップすると共に検証も試みた。

1.1 マスタープランの位置付け

パナマ運河「第三閘門運河案」の建設に向けたMPは06年4月24日公表された。その公表パターンはいささか儀式的な性格を帯びていた。当日，パナマ国内に駐在する外交団代表や国内外の各界代表者がパナマ唯一のアトラパ国際会議場に招かれた。そこで「パナマ運河庁」(ACP)の理事会議長(リカウルテ・バスケス)からパナマ大統領(マルティン・トリホス)宛に関連文書が手交された。手交された文書は，正式には「第三閘門建設によるパナマ運河拡張のためのプロポーザル」(注1)である。このプロポーザルは，パナマ国憲法(第14章)で定められた国内手続きの一つであり，ACPから政府に対し第三閘門運河案を"提案"するという形をとったものである。このプロポーザルは閣議で審議され，次のステップであるパナマ議会で審議され，問題がなければその後，「国民投票」に掛けられる。閣議での審議には

1. 第三閘門運河案の実現に向けマスタープランを公表 　5

ほとんど問題がなかった模様で，大統領から「国民投票」の日程は06年10月22日に決定された旨報じられた。（かつて1977年に「新運河条約」が国民投票にかけられた日は10月23日であった。）

　このプロポーザルは，MP及び関連調査（ACPは「調査プラン」と呼んでいる）(注2, 3) と同時にACPのホームページを通じて全世界に公開された。プロポーザル（スペイン語版）は「概要」の部（14ページ）と「プロポーザルの根拠」の部（61ページ）の2部構成であるが，全76ページで比較的コンパクトである。他方，MP（同じくスペイン語版）は，1章から9章まであり，さらに「付属資料」もついて全体で483ページにもなる大部である。さらに圧巻は「関連調査」である。120件近いテーマ別の専門的調査結果がデジタル化されて公表されている。その中には，1993年に完成した「日・米・パ3ヶ国調査委員会」の最終報告書も含まれ，全体で数万ページに及ぶ。「関連調査」の報告書を言語別に分類して見ると，英語79件，スペイン語25件となっている。また，テーマを大雑把にくくると下表（1-1，1-2）にあるように7テーマに分類できる。

　以上3種類の報告書（プロポーザル，マスタープラン，関連調査）の相互関係を整理して見ると「図表1-1」のようになる。（「図表1-1；パナマ運河第三閘門案，テーマ別調査，マスタープラン，プロポーザルの相互関係」）

（図表1-1）　パナマ運河第三閘門案，テーマ別調査，マスタープラン，プロポーザルの相互関係

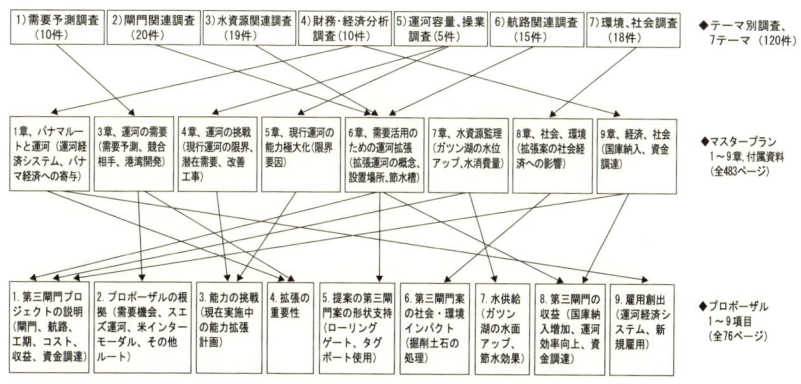

（出所）　ACPマスタープラン関連公表（06年4月25日）資料から筆者作成。

第1部　パナマ運河第三閘門運河案マスタープランの概要と検証

(図表1-2)　パナマ運河第三閘門案関連調査（主な調査）

主要テーマ	主な項目調査	調査担当企業	報告書完了年月
1) 需要予測 (10件)	「パナマ運河の長期通航予測」(01年～50年)	Merge Global, Inc.	2000年9月
	「パナマ運河通航料収入予測」(2000年～2050年)	Richardson Lawrie & Associates	2001年2月
	「2025年までの世界マクロ経済と貿易シナリオ」	DRI/WEFA	2002年3月
	各種貨物（コンテナ、バルク他）　需要予測	Fernley Consultants, Nathan Associate 他	2003年
	「スエズ運河通航料予測05～25年」	R.K.Johns & Associates, Inc.	2005年11月
	「米インターモーダル・システムのコスト分析」	Ted Prince	2005年2月
2) 閘門 (20件)	「太平洋側ポストパナマックスロックの概念設計」	Consorcio Post-Panamax	2003年5月
	「大西洋側のロック概念設計」	USACE	2003年7月
	「新ロックゲートの製造、設置、コスト分析」	JBIC	2004年1月
	「ポストパナマックスロックのコスト、スケジュール、建設可能性分析」	ACP/Passons Brinckerhoff/Montgomery Watson Harza	2004年4月
	「3リフトロックでの塩水浸水分析」	WL Delft Hydraulics	2005年4月
	「パナマックス閘門のコスト、工期」	ACP	2006年3月
3) 水資源 (19件)	「都市、工業の長期水需要予測」	Montgomery Watson Harza	2001年2月
	「ガツン湖流域雨量の歴史的推移」	Harza Engineering	2001年12月
	「ポストパナマックス閘門の節水槽の概念設計」	Moffatt & Nichol Engineers	2002年1月
	「リオ・インディオ水供給プロジェクトのためのフィージビリティ・デザイン」	Montgomery Watson Harza	2003年4月
	「リオ・トアブレ水移動プロジェクト」	Coyne-et-Bellier	2003年6月
4) ファイナンス、経済分析 (10件)	「パナマ運河通航　コスト変動によるインパクト評価、エクアドル、チリ、ペルー、中国、米国、日本」	Mercer Management Consulting	2005年4月
	「ACPが直面する運河拡張リスクの評価」	AON Corp.	2005年5月
	「第三閘門案の社会、経済的評価」	INDESA	2006年4月
	「運河のパナマ経済へのインパクト」	Intracorp Estrategias Empresariales, S.A.	2006年4月
5) 運河容量、操業(5件)	「運河拡張案のための労働需要」	ACP	2006年3月
	「パナマ運河操業容量のシュミレーション分析」	ACP	2006年3月
6) 航路 (15件)	「ポストパナマックス航路と閘門建設工事のための残土処理に関する技術分析」	ACP	2004年8月
	「パナマ運河太平洋側の土地造成の予備調査」	JETRO	2004年3月
	「港湾施設開発のためのパロセコ、ファルファン人工造成調査」	Moffatt & Nichol Engineers	2005年6月
	「ゲイラードカット拡幅の技術調査」	ACP	2003年7月
7) 環境、社会 (18件)	「環境評価マニュアル」	USACE	1999年1月
	「パナマ運河東部流域地域の環境、文化資源データー整理」	Consorcio Louis Berger, Univ. de Panama, STRI	2003年1月
	「パナマ運河の大西洋、太平洋入口での新閘門建設と深掘による環境評価」	Louis Berger Group Inc.	2004年7月
	「運河東部流域の環境地域整備計画と発展シナリオ」	Louis Berger Group Inc., Univ. de Panama	2004年10月

(出所)　ACP、マスタープラン、06年4月25日公表資料から主な調査報告書のみ筆者の判断でピックアップした。

7つのテーマにつき「関連調査」（120件）の結果をベースに「マスタープラン」（全483ページ）が作成され，その上にさらに「プロポーザル」（全76ページ）が作成されたものと見ることができる。図表（1-1）の一番上の「テーマ別調査」とは120件におよぶ「関連調査」のことである。

追求された7テーマ（各テーマの括弧内は関連調査件数である）は，1）需要予測（10件），2）閘門（20件），3）水資源（19件），4）財務・経済分析（10件），5）運河容量・操業（5件），6）航路（15件），7）環境・社会（18件）等となっている。これらは全て今回の「第三閘門運河案」の実施に向けた詳細調査のために必要となった基本的テーマ群であったとも言える。これらの調査結果はプロポーザルとMPにおいて記述目的に応じて重層的，複合的に反映されたものと理解することができる。

「図表1-2」は120件の「関連調査」の中でも重要と思われる調査タイトルと担当調査企業名，報告書の完了年を整理して見たものである。06年の最終段階で完了した関連調査は，4）ファイナンス，経済分析，5）運河容量等となっている。

（注1）"Propuesta de ampliación del Canal de Panamá mediante la construcción del Tercer Juego de Esclusa", 2006年4月25日，ACPホームページ。
（注2）"Plan Maestro, 2005〜2025", 同上。
（注3）"Plan de Estudios", 同上。

1.2　マスタープランの注目点と留意点

マスタープラン（MP）の個々の内容を紹介する前に，MPに盛られている注目点ないし留意点を以下で簡単に整理しておきたい。

今回のMPは「国民投票」で賛成票を獲得することに最大の重点が置かれていたことは既述の通りである。パナマ国民にとり最大の関心事は，第三閘門運河工事の実施に伴い自分達の生活は本当によくなるのだろうか，雇用機会は増えるのか，国家的な利益は，また，大型の第三閘門運河の建設に伴い生活用水は本当に大丈夫なのだろうか……。

1.2.1 運河と国民経済の関係を誇張

　パナマ国民に賛成票を投じてもらうための工夫は MP の章立てにも表れている。第1章「パナマ運河ルート」では，パナマ運河が国民経済にもたらす直接的，間接的な利益を分析し提示している。第三閘門運河建設プロジェクトを実現させることこそ将来のパナマ国家の命運を左右し，国民の生活水準を向上させてくれるものであるとのメッセージが随所で繰り返されている。これは国民に対する一種の"脅迫"ですらあると皮肉るパナマ人もいるくらいだ。インターネットを通じ世界中の人々の目に入る技術文書にしては，余りにもパナマ人向け広報的性格の強い第1章である。さらに最後の第9章「経済・財務分析」では，後述するように，通航料金の引き上げを通じて運河収入が増加し，国庫納入額も着実に増えることを誰の目にも明らかなようにグラフ表示している。

　第1章ではパナマ経済の分析視点として，「運河経済システム」，「運河関連サービス・クラスター」と言った新しい分析概念を導入し運河とパナマ経済との強い結びつきを強調している。パナマ経済への波及効果は，「運河関連サービス・クラスター」を通じて間接的，誘発的に大きな効果を生むとしている。例えば2000年のGDPへの寄与率は21%，中央政府歳入の29%，全輸出の41%にも及ぶとし，パナマ運河がなければパナマ経済は成り立たないとでも言わんばかりである。(MP, 1章, p.9) 過去，これほどまでに運河の経済的波及効果を高く評価した報告書にお目にかかったことはない。

　しかし留意しておかなければならないのは，これほど大きな経済波及効果は「パナマ運河」だけによってもたらされているものではなく，今回導入された新概念「運河関連サービス・クラスター」と呼ぶ広範なパナマ特有のサービス産業群をも包括している点にある。後述するようにこの「運河関連サービス・クラスター」の中に包含されるサービス産業はパナマ経済の7割以上を占めると言われる主要なサービス産業の大部分を含めている。あたかも「パナマ運河」がパナマのこれらサービス産業と強い関連性を持っているかのような前提に立って組立てられた論理である。しかし冷静に観察すれ

ば，パナマの主要サービス産業（例，コロン・フリートレード・ゾーン，弁護士サービス，金融センター等）は運河との直接的な経済関係は強いとは言えない。理由の一つはこれら主要サービス産業の需要先は国内よりも海外の企業であるからだ。また，後の第2部パナマ経済・産業でもう少し詳細に触れる予定であるが，パナマのサービス産業の発生要因とも関連する。パナマの主要サービス産業は先進工業国で見られるような国内経済の高度化過程に伴って発生したものとは言い難く，「地理的要因」，「制度，法制整備」によって国内産業とはほとんど無関係（産業連関性なしに）に発展してきたという特色を持っている。しかし「パナマ運河」と国内経済が深く広い関係を持っているということを強調しようとして，第1章の「関連調査」を担当したパナマ人エコノミストは「運河関連サービス・クラスター」とういう新しい概念を導入したものと思われる。

　もう一つ注目しておきたい点は，第1章の「関連調査」を担当したパナマ人エコノミストのことである。彼らはかつて「3ヶ国調査委員会」の「最終報告書」で「(第三閘門運河工事の)パナマへのインパクト調査」を担当したことがある。1993年に完成した「最終報告書」では，第三閘門運河工事によるパナマ経済へのインパクトはGDPの1％程度であると結論付けている。その時の説明で彼らはパナマの「産業連関表」を活用した結論であるとしていた。しかしその後，後述するようにパナマには「産業連関表」は存在しないことが判明している。となると，パナマ運河と国内経済・産業との関連性についての1993年の調査結果も今回の調査結果もいずれも十分留保しながら検討せざるを得ないということになろう。

　また，パナマ運河から受ける恩恵は運河周辺地域のパナマ市とコロン市だけの人々であり，それ以外の地域に住む国民（人口の約半分）には無関係であるという「伝統的な社会意識」が存在することも考慮しておく必要がある。これとの関連で，今回MPが公表される直前に，元大統領経験者や運河庁副長官を経験したグループが第三閘門運河案に反対する声明を発し，国民向けに大量のパンフレットを配布した。それには第三閘門運河案は外国資本や運河利用者に利益を与えるが，多くのパナマ人の貧困を解決してはくれ

ない。現行運河の改修と太平洋側に巨大コンテナ埠頭を建設すれば十分な利益が出るので、それで貧困解決ができるという内容であった。

何はともあれ、第1章では第三閘門運河プロジェクトが"命の卵を産む"プロジェクトとして強調されていることだけは事実である。

1.2.2 通航料金引き上げで工事費用を調達

1.2.2.1 わずか1行の料金引き上げ案

1999年に運河がパナマに返還されるまで、パナマ運河は「国際公共財」であるとの理解が支配的であった。その背景には、運河は米国の海上輸送インフラの一部であり、運河操業により利益は目的とせず、またいかなる国の船舶輸送に対しても無差別な取り扱いを保障するという長年の運河通航ルールがあったからだ。しかし米国からの返還後、運河はパナマの一国家機関となり、収益を重要視する経営方針に大転換した。パナマは独自の船舶を持たず、また独自の運河通航貨物需要がない。そのためパナマ自身は運河通航による直接的なメリットを享受できない。地理的優位性を持つパナマ運河を利用して利益を受ける外国の利用者（主に船主や荷主）は妥当な通航料金を負担するべきであるという論理が展開されるようになった。2000年以降の度重なる運河料金引き上げ（2000年13％、02年8.7％、03年4.5％）は、現行運河の「近代化」投資に必要な費用を確保するものであると同時に妥当な料金レベルを確保し収益力アップを狙ったものである。勿論ACPは利用者向けに運河の基本的サービスである効率性、スピード、安全性を保証するという経営方針も打ち出している。そして第三閘門運河の建設は運河利用者へのよりよいサービスを提供するが、同時にそれがもたらす利益はパナマが享受すべきであると強調している。

しかし奇妙なことは、運河利用者にとり最も関心の高い料金引き上げに関する記述はMPの中には全くなく、プロポーザルの中で触れている。しかし、その記述も、「20年間、年平均3.5％の引き上げをする」というたった1行にも満たない、うっかりすると見落としてしまう程である。インフレ率を含めるのか、引き上げのタイミングや期間などについては全く触れていな

い。20年間というプロジェクト期間は05年から起算されているとすると，07年に値上げがあるとすれば一挙に3年間分となるのだろうか。とにかく20年間のプロジェクト・コスト（約52億ドル）は通航料金の引き上げによりカバーされるとだけ述べている。

本書執筆中の06年11月21日，パナマのプレンサ紙は中国で開催された「世界海運サミット」に出席したアレマン運河庁長官，世界海運界は5.5%の料金引き上げに反対はしなかったと述べたと報じている。これには2%のインフレ分を含むものとの説明をしている。今後，料金引き上げは，このような形で一方的な説明を行い"なし崩し的に行う"可能性を示唆している。

1.2.2.2　右肩上がりの運河収益

第三閘門の建設工事進行中も現行運河はそのまま平常通りで稼働を続ける。そして2015年になると第三閘門運河が完成し，現行運河を通航できないポストパナマックス船の通航が始まる。このためパナマ運河を通航する貨物量は増大し，料金引き上げにより，運河収入は順調に増加することが見込まれている。

第三閘門工事が実施された場合，2005年と2025年の変化を見ると，通航量は2.8億トンから5.08億トン（20年間，年平均3%成長），通航料収入は11.2億ドルから61億ドル（同8.9%の年増加率），純利益は4.8億ドルから43.1億ドル（同11.6%）へと順調な成長を見込んでいる。純利益のほとんどが国庫納入額となるので，工事完成後の11年間（2014年〜2025年）の国庫納入額の累計額は307億ドルに達する。工事経費負担額がピークに達する2010年前後，23億ドル程度の一時的借入が必要となるが，2015年以降に通航貨物量と利益額の増加で，借入分は約8年間で完済できるとしている。しかもこの間，国庫納入額は右肩上がりで推移するというグラフ（プロポーザル，p.68の図表-40，本書では図表2-8参照）が示されている。パナマ政府も国民もこの分かりやすいグラフを見れば大満足であろう。

料金引き上げを前提とした本プロジェクトの内部収益率は12%という高い水準を見込む。それ程大きな収益が見込まれるのであれば，通航料金の引き上げ率も小幅で済むはずなのではないだろうか？

1.2.2.3　第三閘門運河完成前の料金負担問題

「3ヶ国調査委員会」の最終報告書では，プロジェクト完成（2012年頃を想定）の後の2020年から2060年までの40年間に最大100％までの料金引き上げ率を提案していた。今回の年間3.5％の引き上げ率はプロジェクト期間の20年間で100％の引き上げ率（既述のように1行にも満たない記述内容を用いれば）となるので，倍の引き上げを想定していることになる。もう一つ重要な点は，第三閘門運河が完成する前から料金の引き上げを行うことである。第三閘門運河が予定工期通りに完成する保証などどこにもない。このような手前勝手な条件が運河利用者から受入れられるものかどうかも大きな疑問である。

主要運河利用国は6ヶ国（米国，中国，日本，ペルー，チリ，エクアドル）とされる。「関連調査」において，主な運河通航貨物に対し200％の料金引き上げがあっても価格面（輸送価格，輸入価格）ではほとんど影響がないとの結論を導き出している。これはパナマ運河の絶対的な競争条件を前提とした調査結論なのでありそれをベースとした料金政策であると評することができる。当然の帰結と言えるが，この「関連調査」では，200％の引き上げに伴い他の競合ルートとの競争条件がどのように変化するのかの検討は全く行われていない。

通航量が予測より少ない場合，また予定の料金引き上げが実現しない場合，第三閘門運河工事に必要な収入が得られず，従ってパナマ国民の期待にも応えることができず，その結果，工事の実施そのものが遅延するリスクに直面する可能性すらある。

1.2.3　東アジアと米国東岸間のコンテナ貨物が最大顧客

多くのプロジェクトは明確な需要を前提とするが，パナマ運河拡張計画は運河通航の将来貨物予測が前提となる。今回のMPでは，北東アジア（中国，韓国，台湾，日本を含む）と米国東岸（ニューヨーク，ボストン，チャールストン，マイアミ，ヒューストン等）間のコンテナ貨物の増大が決定的に重要な需要予測ベースとなっている。中でも世界の工場となった中国

沿海地域から太平洋を経由してパナマ運河を通航するコンテナ貨物が中心的存在である。それ以外の海上貨物では，自動車専用船，クルーザー船（観光客船）を除き，大きな増加は期待されていない。

このような中国から米国東岸向けコンテナ貨物輸出の著しい成長ぶりは，1980年代のデーターをベースに行われた「3ヶ国調査委員会」の調査ではほとんど予想されていなかった。今後のパナマ運河にとり中国を中心とする北東アジアから米東岸向けコンテナ貨物は将に「ドル箱」であり，第三閘門運河プロジェクトの妥当性を裏付ける海上貨物需要である。

他方，将来のパナマ運河にとり，北東アジアから直接太平洋を渡り米国の太平洋岸（米国西岸）の主要港（ロングビーチ，ロサンゼルス等）に陸揚げされ，鉄道やトラックで米大陸内を輸送する「インターモーダル・ルート」（船から陸上輸送に輸送手段が転換しても同じ貨物書類で輸送する）が最も強力なライバルである。コンテナ貨物量で見ると2000年には，米インターモーダル・ルート9に対しパナマ運河・ルート1の割合であった。それが04年には6対4とパナマ運河の比率は着実に増大している。米太平洋岸の港湾事情が労働争議や港湾効率の低迷状況を反映した比率変化であり，米西岸のネガティブ事情は逆にパナマ運河利用の促進要因となっている。

第三閘門運河の建設により大型船がスムースに通航できパナマ運河の効率性が向上すればパナマ運河の競争力はさらに増強されることも事実だ。しかし通航料金の引き上げは同時に他の競合ルートとの相対的な価格競争条件にも影響を与える。パナマ運河の競争条件が無条件に有利である訳ではない。競合ルートとしては，他にスエズ運河，メキシコを含む中米地峡運河等も存在する。パナマ運河の通航料金の引き上げ状況によっては，これら競合ルートが浮上してくる可能性もある。

1.2.4 節水槽の付設で水使用量は現行運河並みに

運河の操業に不可欠な水資源問題は，新たにダムを建設する計画を取りやめ，第三閘門に節水槽を付設することで解決することになった。現在のパナマ運河は標高約26メートルの人造湖（ガツン湖，面積は琵琶湖の6割程度）

に流れ込む河川水を貯水して閘門操作により船を上下させている。船は大西洋と太平洋に建設された三段階の閘門を上下しながら80キロ先の反対側の海に出て行く。1隻の船が80キロ近い両洋間を航行する間に使用する水量は，片側で10万m^3，両側で20万m^3近い。

　大型船（ポスト・パナマックス船）を通航させる第三閘門運河の水使用量は現行運河の閘門での使用量に比べ2倍以上になる。年間の通航隻数にもよるが，新しい水源確保のためのダム建設の必要性は，「3ヶ国調査委員会」の報告書でも指摘されていた。このため新水源地として有望となるはずの運河西部地域が法律（99年8月）でも確定されていた。今回の調査でも新ダム建設候補地での関連調査が行われた。予想はされていたがダム候補地の住民による反対運動は，宗教団体（カトリック教会等）の後押しもあり次第に拡大し，「国民投票」への影響が懸念される事態となっていた。

　今回のMPの公表により，各閘室に節水槽を付設することでダム建設が不要になった理由も始めて明らかにされた。MPでは，節水槽の具体的サイズ等は不明であるが，理論的には現在の運河の水使用量の6割の節約が可能になるとしている。しかし内容を色々検討して見ると，現行運河とほぼ同じ水使用量（20.8万m^3）になることが判明した。それ以外にガツン湖内の航路やクレブラカットの航路を深掘することでも貯水量を増加させ，同時に大型船の航行を可能にする。

　第三閘門運河は現行運河とほぼ平行して建設される。第三閘門運河を航行する船はクレブラカットとガツン湖の一定区間で現行運河と同じ航路を航行することになる。しかし，両運河で使用する水量や人口増で増加する都市上水使用量が2025年以降いつまで確保されるのかについての分析結果は必ずしも明確ではない。ことによると2025年以降数年を待たずして両運河は水不足に直面する可能性すらある。

1.2.5　閘門はローリング・ゲートを採用

　現行運河の閘門は当時の米国の鉄鋼構築物の高い技術水準を集めた「マイター・ゲート方式」が採用されている。これは両開き（観音開き）の扉で，

それぞれの扉の開閉は，現在は油圧式シリンダーで行っている。今回の MP では，第三閘門運河のゲートはヨーロッパで主流の「ローリング・ゲート方式」が採用されることが明らかにされた。

「ローリング・ゲート」は，日本家屋の雨戸のように一方向にゲートを移動させ最後にゲートが戸袋に収納される構造である。この鉄製の巨大ゲートは既にベルギーのアントワープ港で実用化されており技術的な問題は解決されているとしている。現行のマイター・ゲートの最大の欠点は，メンテナンスのために2枚のゲートを取り外した後，巨大なプール状の閘室内の水を一度完全に排水する必要がある。この間（平均2週間）運河の通航は一時中止せざるを得ない。現行運河は2レーンあるので，片側レーンを閉鎖中は通航隻数の減少はあるが，反対側レーンを通航させればいい。年間5回，56日間近く閉鎖している。ところが，第三閘門運河は1レーンなので，メンテナンス作業期間を極力減らす必要がある。ローリング・ゲートを戸袋に収納している間，ゲートは外さず戸袋内の水を抜くだけでメンテナンスできるというメリットがある。

今回のゲートの「関連調査」は，太平洋側閘門は米工兵隊（現行運河を建設した）が，大西洋側閘門はヨーロッパ企業グループ（フランス，ベルギーのコンソーシアム）が別個に担当した。最終段階で日本グループも両者の調査結果を客観的に評価するという調査に参画し，ローリング・ゲートのメリットを再確認する調査結果を ACP に提出している。

MP では記述されていないが，ローリング・ゲートは巨大な鉄鋼構築物である。どこで製造し，どのように海上輸送して現地で設置するのか等，予想外の課題が存在している。少なくともパナマ国内の既存の技術者（数，技術水準）では巨大構築物を現場で溶接することすらできない。工事の全体工程管理はパナマの現状を十分わきまえた上でないと実施が難しい。

1.2.6 現行運河の改良工事

現行運河の能力は，19世紀初頭に完成した際の閘門サイズ（幅33.5m，長さ305m，喫水12m）による物理的な制約条件を持っている。パナマ運河

を通航できる最大の船は「パナマックス船」と呼ばれ造船の世界標準の一つともなっている。世界的な船舶の大型化が進行する中，パナマ運河を通航する船もパナマックス船の割合が増加し，05年には全通航船舶の45％にも達している。他方，通航隻数も過去10年で25％増加し，05年には12,648隻を記録している。

　現行運河の通航容量は，現状のままで推移すると，2008年から2009年には限界（貨物量では2.8〜2.9億トン）に到達すると予測されている。「3ヶ国調査委員会」の最終報告書では2012年を容量限界年と予測し，それまでに第三閘門運河の建設を完了させること（10年間の工期としていたので，2002年には工事開始）を勧告していた。既に05年の通航量は2.8億トンに達しているので，容量限界点に限りなく近くなっていると言える。第三閘門運河はこのような現行運河の容量限界に対処する"切り札"でもある。しかし一方で現行運河の通航容量を少しでも補充するため改良工事も進められている。

　今回のMPでは，進行中の現行運河能力の改良工事（「運河近代化工事」とも呼ばれる）についての紹介もしている。その理由は，第三閘門運河が予定通り完成し操業開始できるのは2015年以降のことである。それまで運河通航需要は着実に増加する。現行運河を最大限に活用し潜在需要を吸収し，収益を確保していく必要があるからだ。主な改良工事は10件（閘門内の照明設備の改善，クレブラカットのカーブ部分の掘削，ガツン湖の底面の深化，船舶航行プログラムの改善等）で投資額は約5億ドルとされる。改良工事により現行運河能力は20％アップし，年3.3億〜3.4億トン，14,000隻の運航が可能になるとしている。つまり，2015年以降は，改良された現行運河と新しい第三閘門運河が平行的に操業されるということを意味している。

　しかし留意すべき点は，現行運河の改良工事と第三閘門運河の工事とが区別つけにくい状況になっているところにある。双方で類似した工事が多いこともその背景にある。このため両者の工事内容とそれに関連した工事費用及びそれを賄うための通航料金引き上げの区別をつけにくくしている。つまり，今後料金引き上げはほとんど毎年継続的に行われることになっている

が，現行運河工事用の値上げなのか第三閘門運河工事用の値上げなのか不分明のまま，"なし崩し的"に値上げを実行していく可能性も予見できる。

2. マスタープランの主な内容

2.1 運河とパナマ経済・社会の関連性

　マスタープラン（MP）の注目点の一つの中でも指摘したが，運河とパナマ経済・社会との関連性が著しく強調されている。その分析結果は，MPのトップにあたる第1章の中に紹介されている。パナマ運河とパナマ経済・社会との結びつきを「パナマ運河経済システム」や「サービス産業クラスター」という新しい用語を導入してこれまでには見られない誇張ともとれる分析結果が示されている。

2.1.1　パナマ運河経済システム

　「パナマ運河経済システム」（Sistema Economico del Canal）という概念は，MPの中では次のような図（図表2-1）によって描かれている。パナマ運河がパナマ国内経済に対し，直接的，間接的，誘発的な波及効果を持ち，さらには乗数効果をもたらしているという状況を一つの経済的システムとして捉えようとしている。

　図表2-1について少し説明を加えて見たい。左一番上の「運河からの直接的波及効果」は，運河庁の職員に対する給与や政府への支払い（国庫納入金）等である。GDPに直接寄与する一次的な経済効果として位置付けられている。さらに乗数効果（二次効果）により「国際収支」，「パナマ経済」（枠内の商業，住宅，観光，農業，工業等），パナマ市，コロン市に波及していくようになっている。

　この図表2-1で表現されている経済システムがどの時点を対象としている

2. マスタープランの主な内容　19

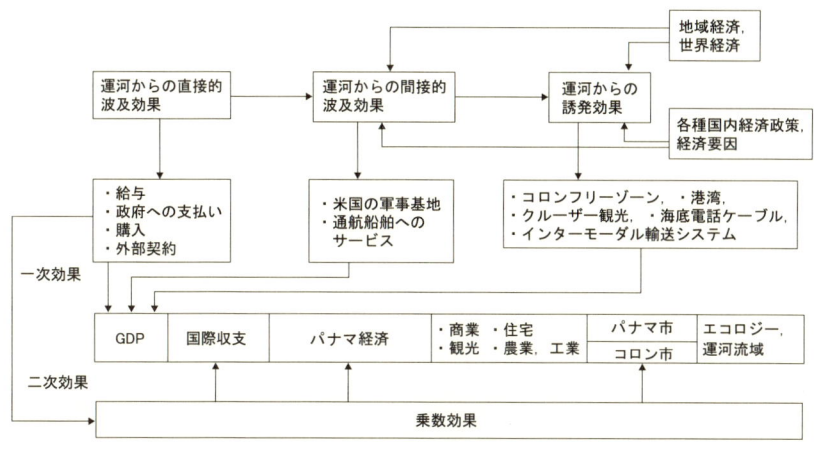

(図表 2-1)　パナマ運河操業と関連経済システムとの関係

```
                                                         ┌─────────┐
                                                         │地域経済，│
                                                         │世界経済  │
                                                         └────┬────┘
                                                              ↓
┌──────────┐      ┌──────────┐      ┌──────────┐
│運河からの直接的│ → │運河からの間接的│ → │運河からの │
│波及効果      │      │波及効果      │      │誘発効果   │   ┌──────────────┐
└─────┬────┘      └─────┬────┘      └─────┬────┘ ← │各種国内経済政策，│
      │                          │                          │              │経済要因      │
      ↓                          ↓                          ↓              └──────────────┘
┌──────────┐      ┌──────────┐      ┌────────────────────────┐
│・給与        │      │・米国の軍事基地│      │・コロンフリーゾーン，・港湾，      │
│・政府への支払い│      │・通航船舶への │      │・クルーザー観光，・海底電話ケーブル，│
│・購入        │      │  サービス    │      │・インターモーダル輸送システム      │
│・外部契約    │      │              │      │                                │
└─────┬────┘      └─────┬────┘      └──────────────┬─────────┘
一次効果 │                   │                                       │
         ↓                   ↓                                       ↓
┌────┬──────┬────────┬────────────┬──────────┬────────┐
│GDP │国際収支│パナマ経済│・商業 ・住宅 │パナマ市    │エコロジー，│
│    │        │          │・観光 ・農業，工業│コロン市 │運河流域  │
└──▲─┴───▲──┴────▲───┴────────────┴────▲─────┴────────┘
二次効果│        │          │                                │
        └────┴────┴────────────────────┘
                          │乗数効果              │
                          └──────────────────────┘
```

(出所)　マスタープラン1章, 図表1-2 (p.2)
原典；Intracorp Estrategia Empresariales, S.A. より筆者作成。

のかは明記されていないが，前後の記述内容からして1999年頃と思われる。1999年のパナマ運河の操業収入は約6億ドル強であった。「一次効果」とされる（給与，政府支払い，購入，外部契約）は操業収入の中では経常的支出と考えられる。従って操業収入6億ドルよりは少ない額となる。1999年時点のパナマ全体のGDPは約100億ドル規模であったので，運河の「一次効果」はGDP比6％ということになる。これでは運河の経済的波及効果が余りにも小さいということで，図表2-1にある「運河からの間接的波及効果」，「運河からの誘発効果」，「乗数効果」と言った概念が導入されたものと想像できる。しかしこれらの概念に含まれるサービス産業群を精査して見ると，以下に述べるようにかなり乱雑な整理がなされている。

2.1.1.1　間接的波及効果，誘発効果に含まれるサービス産業群

「運河からの間接的波及効果」には米国の軍事基地，通航船舶へのサービスが含まれている。米国の軍事基地（全部で18ヶ所）が運河防衛を名目にパナマに建設されたことは歴史的な事実だ。運河が存在しなければ基地もなかったという意味では間接的波及効果があったと解釈できる。そしてこれら基地で働くパナマ人労働者の給与や基地内の米軍人やその家族向け物資供給

サービス等がパナマの GDP に寄与したことも事実だ。しかし 1999 年末で軍事基地もパナマに全面返還され軍隊も全面撤退した。従って 1999 年には米軍基地の経済的波及効果はゼロに近くなっている。その後旧米軍基地跡を再利用した新規内外直接投資が行われ新規生産活動が始まった。しかしこれらの新規投資・生産活動は運河との経済関係はほとんどないのである。従って「運河からの間接的波及効果」の中に含めるのは適当ではない。一方運河通航船舶へのサービス（飲料水，バンカーオイル，物資供給，船の補修サービス等）は含めることができる。しかし金額的には 1 億ドル未満に過ぎない。

「運河からの誘発効果」に，コロンフリーゾーン（CFZ）（正式には「コロン・フリートレード・ゾーン」だが，コロンを外して呼ぶ場合も多い），港湾，クルーザー観光，海底電話ケーブル，インターモーダル輸送システムが含められ，GDP に寄与することになっている。"インターモーダル輸送システム"とは，パナマの両洋港に建設されたコンテナ専用埠頭とこれら港湾間を結ぶ鉄道，トラックによるコンテナ貨物輸送サービスの総称である。近年，運河の両洋入口付近に建設されたコンテナ専用埠頭は運河を通航する船の中にも，また運河を通航できない超大型船もコンテナの積み替え（コンテナ・トランシップメント）港として活用し活況を呈している。このため両洋間を結ぶ鉄道とトラックによるコンテナ輸送業を含めた"インターモーダル輸送システム"は運河との関連性が強い分野の代表格となっている。その意味では「誘発効果」と言うより「間接的波及効果」の中に含めるべきであろう。また，運河を通航しパナマの港に寄港するクルーザー観光も「運河からの誘発効果」に含めることができよう。これに対し，CFZ は，運河の大西洋側入口付近に存在するが，運河を通航する船から CFZ に積み降ろす貨物量は全通航貨物量の 2 ％程度に過ぎない。そのせいか，後掲の図表 2-3 では CFZ は「誘発的分野」が 20%，「平行（関連）分野」が 80% と特記されている。つまり CFZ と運河との関係は余り深くないということはここでも確認できる。

2.1.2 「運河経済システム」と「サービス産業クラスター」

「サービス産業クラスター」という用語は、パナマ経済の分析資料の中でも比較的最近使われるようになった言葉である。MPのスペイン語では「サービスのコングロマリット」を意味する"conglomerado de servicios"という用語が使われている。その意味するところは、「国の競争力優位」の著作の中でマイケル・ポーターが使用している"クラスター"と同じ概念であると記述しているので、「サービス産業クラスター」と訳しておいた。

MPに掲載された「運河経済システムを構成するサービス産業クラスター」（図表2-2）では、多数のサービス産業クラスターが「運河経済システム」を構成しているかのようなイメージとなっている。図の中心には「運河」（黒塗り）があり、その周辺には「運河経済システム」に属する部門（灰色）が配列されている。そしてさらにその外縁には「関連分野」（白色）が配列されている。

パナマ経済の特色の一つは、GDPの部門別構成に占めるサービス産業部門が70％近い比率を占めていることである。この図表2-2の中に政府部門（全GDPの約10％）と家庭サービス部門（同約1％）を追加すれば恐らくパナマ経済に占めるサービス産業のほぼ全部門が網羅されることになろう。（この辺のことは本書第2部の「経済・産業」資料篇でも説明している。）

しかし図表2-2を見ると運河経済システムの範疇の中には「ハワード空軍基地跡」や「フリーゾーン」、「（輸出）加工ゾーン」等も含められている。前述したように旧米軍基地跡やフリーゾーンは運河との経済関係は余りないことがはっきりしている。しかし、このような図を描いた場合、これらの分野を追加しないと「運河経済システム」が随分と寂しくなってしまうからであろう。しかもそこに「関連分野」として金融サービスや空港、電気通信、法務サービス等も追加されている。一般のパナマ人にも分かり易い図ではあるが、運河との経済的関連性が限られている分野までも"枯れ木も山の賑わい"とばかりに付け加えている感じがしないではない。

(図表2-2) 運河経済システムを構成するサービス産業クラスター

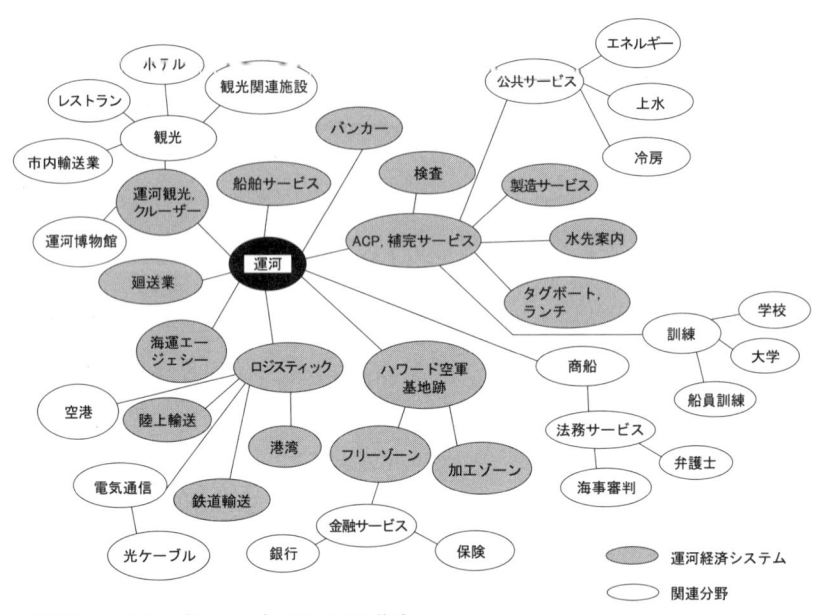

(出所) マスタープラン，1章，図1-3より作成。

　図表2-2の中に出てきた「サービス産業クラスター」の一部として命名された各産業分野は，さらに次の図表2-3を使って分類整理している。つまり図表2-3は，図表2-1と図表2-2を総括的に整理し直したものである。「運河経済システム」という範疇の中で，運河操業は「直接的分野」であり，これに対し海運ライン，バンカーオイル，船舶補修等が「間接的分野」に含められている。そして港湾（80％），コロンフリーゾーン（20％），鉄道，陸上輸送等は「誘発的分野」として分類されている。さらに「平行的（関連）分野」という新しい用語によって，港湾（20％），コロンフリーゾーン（80％），国際空港，教育・訓練等を追加することによってこれら4分野を統括する「サービス産業クラスター」が形成されている。

　果たしてこの分類方法が妥当か否かは別として，第1章の調査担当パナマ人エコノミストは運河とパナマ経済の関係を最大限に強調しようとして「サー

(図表2-3) サービス産業クラスターと運河経済システムの構成分野

サービス産業クラスター			
運河経済システム			平行（関連）分野
直接的分野	間接的分野	誘発的分野	
・運河操業	・海運ライン ・海運エージェンシー ・バンカーオイル ・通行船舶へのサービス業 ・船舶補修，メンテナンス ・ランチサービス，ドレッジサービス	・港湾（80％） ・コロンフリーゾーン（20％） ・運河観光業 ・ロジスティック・システム ・鉄道 ・輸出加工区 ・インターモーダルサービス ・クルーザー観光 ・コンテナ修理メンテナンス業 ・陸上輸送業	・港湾（20％） ・コロンフリーゾーン（80％） ・国際空港 ・商船 ・電気通信 ・学研都市 ・法務サービス ・船舶登録，船級登録 ・海事裁判事 ・公共サービス ・金融仲介業 ・保険業 ・教育，訓練

（出所）マスタープラン1章，図表1-4（p.3）から作成。

ビス産業クラスター」という用語を持ち出してきていることだけは事実と言えそうだ。

しかし明確な根拠がない分類方法や用語の混乱から，多くの疑問が発生してくる。

例えば図表2-3の中で，「誘発的分野」と「平行的（関連）分野」の両方に分類されている港湾，コロンフリーゾーンは，それぞれ80％と20％とに分けて整理されている。しかしその分割の根拠は明らかではない。また「誘発的分野」の中には，ほとんど同じ業種を表現するロジスティック・システム，鉄道，陸上輸送業，インターモーダルサービスをあたかも別々の業種であるかのように分類して掲載している。

またパナマ運河が「平行（関連）分野」とどこまで産業的な関連性を有しているのか疑問がある。例えば，国際空港，電気通信，学研都市，法務サービス，商船登録，金融仲介業，保険業，教育等はほとんど運河とは無関係に存立しているサービス産業分野であると考えられるからである。

これと関連し，後でも触れるが，日本等先進工業国における「海事産業ク

ラスター」には膨大な数の荷主や造船業等が存在し「産業連関表」も整理されている。しかしパナマの場合，運河を利用する荷主も自国の船も国内にはほとんど存在しない。このため「海事産業クラスター」と言っても関連産業が少ない。これを何とかカバーしようとして，今回の「サービス産業クラスター」という用語を持ち出し，「平行（関連）分野」として追加することになったものと評することができそうだ。

2.1.3 「運河経済システム」の乗数効果

次に上記「運河経済システム」がもたらすパナマ経済への貢献度合い

（図表2-4） 運河経済システムの貢献（1999年）

	乗数効果（なし）	乗数効果（あり）
GDPへの貢献（100万ドル）		
直接	802.1	1,004.3
間接	206.8	262.6
誘発	406.0	515.7
販売，資産賃貸	77.3	77.3
合計	1,492.2	1,859.9
雇用（人）		
直接	10,607	122,838
間接	2,403	25,107
誘発	4,224	44,138
その他	4,552	4,552
合計	21,786	196,635
政府収入（100万ドル）		
直接	99.5	203.1
間接	5.2	37.3
誘発	24.9	85.6
年金	144.3	183.2
販売，資産賃貸	77.3	77.3
合計	351.2	586.5

（出所） マスタープラン1章，図表1-6（p.6）より作成。

(1999年)が数値で示されている。(図表2-4「運河経済システムの貢献」参照)

注目されるのは、乗数効果の「あり」、「なし」で数字が大きく異なっている点である。

特に乗数効果が大きいと見られる雇用部門に注目して見よう。「運河経済システム」は乗数効果「あり」の場合は19.7万人もの雇用を産み出すことになっている。他方「なし」の場合は2.2万人の雇用にとどまっている。長年高い失業率（1999年は12%強）を保っているパナマでは、雇用機会の創出をもたらす可能性の高い第三閘門運河工事の魅力を誇張しようとした数字の遊びのようにも映るが、多くの国民にとり魅力的数字である。

また、GDPへの貢献は乗数効果「あり」の場合は合計額が18.6億ドル、「なし」の場合は14.9億ドルで大きな差はない。1999年のパナマのGDPを約100億ドルとすると「運河経済システム」は、「あり」の場合は、単純計算でGDPの18.6%になる。

政府収入は「あり」の場合5.9億ドル、「なし」の場合3.5億ドルとなっている。

2.1.4 「運河経済システム」のGDP寄与率、1950年との対比

前出の図表2-4の1999年のデーターから乗数効果「あり」だけを抽出して1950年と比較して見せたのが次の図表2-5である。こちらには輸出寄

(図表2-5) GDP及び雇用に対する運河経済システムのインパクト

	1999 額	1999 全体に対する%	1950 額	1950 全体に対する%
GDPに対する寄与（100万ドル）（乗数効果あり）	1,859.8	18.6	258.2	26.3
運河関連輸出（100万ドル）（乗数効果なし）	1,414.9	41.2	208.7	59.1
運河からの政府収入（100万ドル）	586.5	28.6	29.6	23.8
運河経済システムの雇用創出（人）	196,635	20.4	45,999	19.1

(出所) マスタープラン1章, 図表1-7 (p.7) から作成。

率も追加されている。

　GDP に対する「運河経済システム」の寄与率を見ると，1950 年は 1999 年の 18.6％をはるかに上回る 26.3％もあったことになっている。

　また 1999 年の運河関連サービス輸出額は 14.1 億ドルとなっている。同年の運河収入は 6 億ドル程度に過ぎなかったので残りの 8 億ドルはその他の運河経済システムに含まれるサービス産業が負担したことになる。それらは前出の図表 2-3 の「間接的分野」，「誘発的分野」に分類されているサービス産業であると思われる。しかし 1999 年時点に絞るとこれらの分野で 8 億ドルを稼ぎ出していたとは思えない。その後はダイナミックなビジネス分野となる港湾，ロジスティック・システム分野も 1999 年頃にはまだ初期設備投資の段階にありそれ程の生産効果を持っていなかったはずだから。

　さらに，政府歳入に占める比率が 99 年の場合 28.6％で 5.9 億ドルという数字もおかしい。なぜなら 99 年の中央政府の歳入額は 27 億ドルであったので，その 28.6％は 7.7 億ドルとなる。また中央政府と政府関連機関を合わせた歳入合計額は 50 億ドルであったので，それの 28.6％は 14.3 億ドルであり，いずれも 5.9 億ドルをはるかに上回っているはずだ。

　さらに MP の中では，運河返還後の 6 年間（2000 年～2006 年），運河から国庫への直接支払い合計額 18.2 億ドルは，米国管理下の 83 年間分の 18.8 億ドルに匹敵するとも特記している（MP, p.10）。しかし実際は，1990 年以降パナマ政府への支払い額は年平均約 1 億ドルもあり，米国管理下時代の支払い分を過少評価しすぎている。その反面，返還後 5 年間のパナマ政府への納入額，従業員の社会保障費負担，給料支払い，国内調達額の合計額は 44 億ドル（年平均 8.8 億ドルと運河収入額をも上回る）にも及ぶと分析し，パナマ運河の経済的貢献の大きさをパナマ人に印象付けている。

　その結果として，世界銀行のデーターを引用して中米諸国の中ではコスタリカと並ぶ一人当たり所得水準，初等教育水準，幼児死亡率の低さ，健康水準を維持できているとも強調している。これなどはパナマ運河の経済効果の誇大広告と言ってもいい。MP では運河がなければこのような経済効果はなかったとし地理的優位性を活用した運河はパナマにとって重要な価値を有し

ていることを再三強調している。(MP, p.13)

しかし，MP ではパナマ国内の地域的な経済発展水準の格差や社会階層間の富のアンバランスの問題等には一切触れてはいない。

2.1.5 運河とパナマ経済の関連性分析結果に対するコメント

今回 MP で分析している 1999 年のパナマ運河による 19％近い経済波及効果について若干コメントしておきたい。それは 1993 年の「3ヶ国調査委員会」の「最終報告書」における「パナマ経済へのインパクト調査」(注) で，第三閘門運河工事によるパナマ経済へのインパクトは，せいぜい GDP 比 1％程度であること，操業段階に入っても 1.2％程度であるとした結論との違いが余りにも大きいからだ。

運河は 1999 年末日に返還されたので，1999 年時点では運河返還による経済的な影響は限られていたはずだ。「最終報告書」が出た 1993 年以降 6 年間でパナマの産業・経済構造が大きく変わったという証拠もない。今回の MP のベースとなった「関連調査」は，1933 年の「最終報告書」で「パナマ経済へのインパクト調査」を担当した同じパナマ人エコノミストが担当している。このような大きな結論の違いがなぜ発生したのかその背景を少し探っておきたい。

(注) 「3ヶ国調査委員会」（正式には 1986 年～1993 年 10 月までパナマ市に事務局がおかれた「パナマ運河代替案調査委員会」のこと）の「最終報告書」(p.1-38 及び p.7-75) の「パナマへのインパクト調査」に記載されている。当時，パナマ人エコノミストは，「最終報告書」の作成段階で，運河のパナマ経済への波及効果についてはパナマの「産業連関表」を使用して分析をしたとも述べていた。しかしその後 2000 年頃，筆者がパナマ会計検査院で調査した結果，「産業連関表」はパナマには存在しないことが確認された。パナマ人エコノミストは存在しない「産業連関表」を基に「インパクト調査」を行っていたことになる。

2.1.5.1 「運河条約交渉シンドローム」の影響

一つは運河返還までは運河の価値をミニマムに抑えておこうとする一種の社会心理状態であり，「運河条約交渉シンドローム」と呼ぶことにする。これはパナマ国内で治外法権的に利益を享受してきた米国の存在とも関係する。これはパナマが 1903 年にコロンビアから分離・独立後，比較的最近ま

で，パナマ運河を巡る米国との運河条約交渉の中で形作られてきた二律背反的なパナマ人の考えや社会心理状態を総称している。例えば，多くのパナマ人は，運河は国内経済には余り恩典をもたらさない米国の「飛び地」的存在であり，しかもパナマの主権が及ばない地域であるとの先入観を抱いてきた。先述した米国管理下時代の83年間と返還後の運河からの国庫納入額の大きな変化を強調しているのもその反動的表現であると言える。

トリホス将軍が1968年に軍事クーデターを起こしその後20年近い軍部の政治支配を正当化できたのも米国との不平等条約「旧運河条約」を改定するためであったと信じられている。粘り強い米国との交渉の結果，1977年に「新運河条約」（トリホス・カーター条約）が調印された。しかしその後も米国が運河を返還するのか疑心暗鬼の状態が続いた。1989年末の米軍侵攻で逮捕拘束されることになったノリエガ将軍が権力を掌握している頃，民衆へのアジテーションは常に「2000年の運河返還の実現を！」であった。軍部こそが運河条約の履行を米国に要求できる前衛であるとするジェスチャーでもあり，同時にそれは国民の「運河条約交渉シンドローム」を代弁するものであったとも言える。(注)

 (注) 拙著「パナマ運河，百年の攻防と第二運河構想の検証」（近代文芸社，2000年刊），運河条約交渉については，William J. Jordan, "Panama Odyssey", Univ. of Texas, Austin, U.S.A.1984年を参照した。なお，拙著では第二運河構想つまり「3ヶ国調査委員会」が勧告した第三閘門運河案についての概要を紹介している。

1999年末日の運河返還までパナマ人が陥っていた特別な社会心理状態「運河条約交渉シンドローム」を考慮しない限り，「3ヶ国調査委員会」のGDPに対する運河の寄与率1％と，今回のMPに特記された1950年の26％や1999年の19％という寄与率のギャップの大きさは理解できない。それとも今回の分析結果は，「国民投票」で賛成票を得るために特別に作り上げられた誇大宣伝の手段であったかのどちらかである。

問題はパナマには「産業連関表」が存在しないことが判明している。そのため今回のMPで示されたパナマ運河経済システムを「産業連関表」を使用して数字的に検証することはできないということである。

2.1.5.2　第三閘門運河反対運動

「パナマ運河条約シンドローム」と並び，運河問題を議論する際に見落としてならないもう一つの問題がある。それは運河による経済的恩恵を享受しているのはパナマ市内に住む特定社会階層の人々だけで，特に地方に住むパナマ人には別世界の問題であるという伝統的な見方である。これは同時に，パナマの経済社会が抱える社会階層間の貧富の格差と地域間の経済格差の問題とも深い関連がある。このような現実に対抗し，地方での投票を確保するために，MP 第 1 章では運河が GDP や雇用面でパナマ人の日々の生活と大きく関係している点を強調し誇張せざるを得なくしたものと理解できる。

実は MP 公表の約 1 ヶ月前に発生した第三閘門運河建設反対運動はこれとの関連で無視できない動きであった。第三閘門運河建設に反対するグループは「国民への報告書，われわれの運河，われわれのメガポート」と題する 26 ページ程の広報メモを作成して，大量に市民に無料配布した。(注) それによれば第三閘門運河案はパナマの特定階層や外国企業を利するだけであり，多くのパナマ人の利益にはならないこと，運河がパナマ社会の問題解決の万能薬とはならないこと等を指摘。当面メガポート（特に太平洋側のコンテナポートの建設）だけでも十分利益が出ること，現行運河の収益は基礎教育の普及，教員数の増加，訓練等に重点をおくべきこと，全ての学校にコンピューターを設置することを提案。地方農業振興のために灌漑施設の充実を行うべきことを強調し，これら社会インフラへの総投資額は 17 億ドルで済むという内容のものである。

反対グループの代表者には，元大統領（ホルヘ・イルエカ），元パナマ運河委員会副長官（米国管理下時代のパナマ人トップのフェルナンド・マンフレド）等，知名度の高い人物が名前を連ね注目された。この反対運動がどのような動機からスタートし，今後どのような結果をもたらすのかは予断を許さない。いずれにせよこの反対運動はパナマ人にとり運河（第三閘門案を含む）がもたらす利益は，必ずしも一筋縄ではないという現実を物語っている。

（注）　日本語に直訳すると，「国民への報告，我々の運河とメガポート，今こそ国家的開発のために運河余剰の代替利用を！」となる報告書。原語は "Informe al Pais,

Acerca de Nuestro Canal y Nuestro Megapuerto, por un Desarrollo Nacional Nuestro, Ahora ! Los Usos Alternativos del Excedente Canalero", por Jorge E. Illueca, Fernando Manfredo, Jr., Julio Manduley, George Richa M.,Enrique Illueca. Marzo de 2006, Panamá。

2.1.5.3 国民投票では6割の棄権率

　本書作成中の06年10月22日（日曜）に第三閘門運河案に対する「国民投票」が実施された。結果は8割の賛成票があり，第三閘門運河案に対する国民の信認を得た。しかし投票の中身を見ると有権者（約200万人）の4割（80万人）のみの投票であり，棄権率が6割（120万人）にも達していた。この高い棄権率をどのように解釈するかは意見が分かれるところである。事前の世論調査でも8割近い賛成率が予測されていた。自分が投票しなくても結局は賛成多数となろうというので，いつものように日曜日を休息日としてエンジョイした国民が6割もいたという見方もある。しかし運河はパナマ国民にとって最大の関心事であったのではないのか？

　実際の賛成者は投票者80万人の8割で64万人であった。その内訳を推定すると，与党PRD党員（40万～50万人）と公務員（18万人）だけでもほぼ8割の賛成票を確保していた可能性もある。逆にそれ以外の野党関係者が棄権していたとすると，次回の総選挙（09年5月）で政権が交代した場合はどうなるのか。国会での運河問題が討議される場合，野党側の反対運動も予想される。

　マスタープランの公表は予定より1年近く遅れた。100件以上の関連調査を集大成し，一つの方向にまとめることは容易なことではない。しかも最後の段階で，上述のような有力メンバーによる第三閘門運河案に対する反対運動も発生した。

　MPの第1章では，パナマ運河とパナマ経済・社会との関連性が必要以上に強調されている。それは運河に対する多くのパナマ人が持つ伝統的な考え方や姿勢に対抗しようという狙いを持ち，運河が持つ重要性を国民に再認識させ，第三閘門運河プロジェクトはパナマの将来にとって最大の利益をもたらすはずであるという新しいパラダイムを提示しようとしたとも解釈でき

る。そのため極力広範囲のサービス産業を運河と関連付ける「運河経済システム」や「サービス産業クラスター」と言う新しい概念や枠組みを総動員して分析を試みた。もっとも，その枠組みに含まれているサービス産業分野は依然としてパナマ市とコロン市を含むパナマ運河地帯にあり，それ以外の地方経済を包含している訳ではないことも事実である。

2.2 運河庁（ACP）のビジネス・モデルの変革

　第1章は，既述のように今後のパナマ経済・社会に繁栄をもたらしてくれるはずの第三閘門運河案の役割が色々な角度から分析され国民に対し判断を迫る内容となっている。更に第1章には運河経営を担うACPのビジネス戦略や経営理念についての言及もある。（ACPはスペイン語でAutoridad del Canal de Panamáの略語）

　米国から運河の経営権の全面移管が行われる前の5年間，米国は完全な技術移転を完了させた。同時に移転前の99年，理事会は国連憲章，ISO9000，同14000等を考慮に入れて次のような新ビジョンを作成し，ガイドラインを確立した。この種の企業経営理念や経営の基本戦略が公開されることはパナマでは珍しいことである。これはパナマ国内のみならず運河経営に対する世界的信頼を確立する上では重要なメッセージであると捉えることができる。いずれももっともな内容であるが簡単に整理しておこう。

(1) パナマ運河の戦略的ビジョン
① 世界の海事産業に対するサービス提供，運河流域保全のためサステナブルな開発を行うことで世界的リーダーを目指す。
② グローバルな輸送システムの一役を担い，パナマの発展，開発，成長を促進する。
③ 運河経営においてエクセレントな，誠実で透明性のあるモデルによって人材の統合的な発展を目指す。（MP, 1章, p.26)

(2) ACPの戦略的ミッション
① 迅速，② 信頼，③ 安全性の確保。（同上, p.27)

(3) ACPの戦略的価値

・6つの価値；① 清廉，② 透明性，③ 競争力，④ 忠実，⑤ 責任感，⑥ 信頼。

これらの価値観は上記(1)の戦略的ビジョンと(2)の戦略的ミッションを支える価値であり，人材教育のベースでもあり，企業文化を形成するものである。(同上，p.28)

(4) ACPのガイドライン

・11のガイドライン；① パナマ国民の福祉向上を約束する，② 利用者のニーズに対応すること，③ 企業原理は市場と需要に対応すること，④ 専門的人材により高い運河操業能力を確保すること，⑤ 原則に忠実，サステナブルな開発を実行すること，⑥ 環境と運河流域の保全，⑦ 運河流域の文化，生活様式を尊重し，住民の参加を促進すること，⑧ 国際社会に対しオープンであること，⑨ 決定の透明性を図ること，⑩ 着実な財務運営を約束すること，⑪ 船舶，労働者，利用者，運河に対する安全を保証すること。(同上，p.30)

2.2.1 ACPの法的枠組み

第1章では，ACPの行動範囲を規定する法的側面についても述べている。第一に国際的責任を規定する「中立化条約」である。これは「新運河条約」が締結された際，その一部として締結され，1979年10月1日に発効した。その中で運河通航料金がリーズナブルな範囲内であることが定められている。「中立化条約」の締約国は，現在40ヶ国（ヨーロッパ主要国，中国，韓国等）となっている。(同上，p.23)

（コメント；「中立化条約」の第Ⅲ条では"料金は公正，リーズナブル，公平，国際法の原則に則っていること"と定めている。日本はかつて「3ヶ国調査委員会」に参画したにも関らずこの「中立化条約」には調印していない。通航料金に関してクレームするためにも調印はしておくべきだろう。）

国内法としては，① 憲法，第14章，② 97年6月11日の「運河庁」の組

織法, ③「運河庁の理事会に関する規則」が主な法的枠組みである。これら法律的な枠組みを完成するまでに6年が経過した。(同上, p.21)

これらに盛られている主要点は,

・運河はパナマ国家の不可分の資産であること。

・ACPは財政的な自治権(独立的資産管理権)を持つ。(注1)

またACPは水資源管理, 保全, 利用の責任を持つ。

・理事会は11名で構成し, 内規を定める権限を持つ。(注2)

・ACPは憲法319条で第三閘門案を提案(プロポーズ)する権利を持つことが規定されている。プロポーザルは閣議と議会で承認後, 3ヶ月後に国民投票にかけられる。(注3)

(注1) 運河庁の財政的自治権は, 国会での予算承認も必要であり相当制約されていると言える。通航料金の引き上げも運河庁の提案を閣議で承認を受ける必要がある。今後, 運河収入の利益分は国庫歳入の重要な一部をなしていくので, 運河庁が世界的な運河需要を考慮した料金引き上げ率を設定しても行政府が料金引き上げ圧力を逆にかけるケースも想定される。

(注2) 運河庁(ACP)の最高意思決定機関である「理事会」の理事は11名で構成されている。技術集団であるべきACPが政治からの中立性を維持するため, 理事任命権者も次のように分割されている。理事長(1名, 大統領任命), 理事(1名, 議会任命), 理事(9名, 大統領任命⇒閣議了承⇒議会での多数賛成のプロセスを経ること)。任期は9年。理事会の主な権限は, 運河操業の実務組織の長官, 副長官の任免, 通航料金の決定, 報酬の決定等である。

(注3) 今回, 06年4月24日に「プロポーザル」が「マスタープラン」と共に公表された。6月26日に閣議での審議が終了し, 国会審議に付された。7月3日から15日までの12日間, 国会審議が行われ, 国民投票は3ヶ月後の10月22日と決定された。いわば憲法の規定通りのスケジュールで動いていたと言える。それにしても500ページ近いMPの技術的な内容を閣議や議会で熟読玩味して的確な判断を下し得たとは思えない。これと同じことは国内外のMPに関心を持つ人々についてもあてはまる。

また建前上, 運河庁は政治的中立性を維持していると言うが, 理事長のバスケス氏は, 05年9月以降は現トリホス政権下で経済財務大臣の任にあった。運河近代化投資に必要であるという理由で引き上げられた通航料金から生まれた利益分が国庫納入分に含まれるようになったのもバスケス氏が経済・財務大臣時代になってからのことである。運河庁の利益分を国庫に納入する法的な根拠がないとする批判もある。GDPの8割近い対外債務を抱える中央政府の財政にとり運河収益からの納付金は喉から手の出る程ありがたい財源なのである。逆説的に言えば, 運河の通航料金は中央政府の財政不均衡の補填役を強いられる要素が十分ある。

2.3 プロジェクトから受けるパナマの利益

　第三閘門運河プロジェクトの実施によりパナマが受ける経済的利益については，マスタープラン第1章で報告された。しかし，MP最終章に当たる第9章では「経済・財務分析」の結果が報告されている。通常のプロジェクト分析の報告書では大体最後に「経済・財務分析」の結果報告があるので不思議はないが，第9章の経済分析の報告内容は第1章と重複している部分が多い。例えば，プロジェクト実施により「運河経済システム」からの波及効果で「サービス産業クラスター」への投資額が増加し，2025年のGDPは05年比3倍（317億ドル）になるとしている。そして15万～25万人の雇用創出の結果，10万人もの貧困削減が実現するとしている。

　（コメント；特に「運河経済システム」の波及効果と言わなくても，年平均6％の経済成長率が続くと20年間では3.2倍になる。また，「運河経済システム」を広範囲に解釈すれば，平均10％の高度成長があってもおかしくはない。「第三閘門運河」のMPが公開され国民投票が完了した06年にはパナマへの外国投資の拡大が始まり7％近い経済成長率を実現している。500ページ近いMPでも，プロジェクトに少しでも関心を持つパナマ人であれば，初めの第1章と最終章位には目を通すであろう。この最終章で再度「ばら色」の未来を確信できたはずである。）

　財務分析では内部収益率は12％と大変高い利益率のプロジェクトであると結論付けている。（MP，9章，p.21）
　その結果，膨大な国庫納入額が実現すること，工事ピーク時に必要となる対外借入も第三閘門運河操業後の8年以内には完済できることも強調されている。例えば，運河拡張工事期間中（07年～14年の8年間）の国庫納入額は減少せず，8年間の累計額は約62億ドル（年平均8億ドル）となる。建設完了後の11年間（15年～25年）の累計額に至っては307億ドル（年平均28億ドル）に達するとしている。（同上，p.23）

（コメント；しかしその結果を精査して見ると，プロジェクトがもたらすパナマへの利益はかなり誇張されていることに気づく。それは運河操業収入の前提である運河通航量の予測値や予定されている料金レベル（年 3.5％）をはるかに超過するレベルで見積もった形跡があり報告書としての論理的一貫性に欠く内容ともなっている。）

本項では，第1章の経済分析の部分とダブル部分は省略し，運河経営に関する財務分析や資金調達面に焦点を絞り，問題のデーターを以下で検証して見たい。

2.3.1 運河経営の成果を誇示

パナマ人の手に運河経営が移管されてから5年間，運河の経営実績は多くの財務指標（図表2-6）を見ても大きな成果を表していると述べている。(MP, 9章, p.3)

例えば，「一人当たり通航量」（年間，従業員一人当たりの運河通航量）

（図表2-6）　運河経営の財務指標

	2000	2001	2002	2003	2004	2005	2000年比増加率
収入に占める純利益率	19%	15%	21%	28%	36%	40%	
総資産に占める収入比率	36%	35%	34%	36%	37%	38%	
総資産に占める利益率	7%	5%	7%	10%	13%	15%	
一人当たり（運河）収入（千ドル）	83.5	84.3	90.2	105.4	120.4	133.0	59%
一人当たり年通航量（万トン）	2.54	2.55	2.68	2.80	3.04	3.12	23%
総費用／総収入	56%	55%	50%	46%	39%	37%	
直接的国庫納入額／総収入	26%	28%	34%	32%	36%	40%	
国庫納入額（直接＋間接）（100万ドル）	333.1	328.2	379.1	405.0	504.0	604.7	82%
一人当たり純利益額（千ドル）	15.7	13.1	19.1	29.8	43.4	54.3	246%
トン当たり操業コスト（ドル）	1.86	1.86	1.69	1.74	1.58	1.59	-15%

（注）　国庫納入額のうち直接分は「ネットトン課金」「公共サービス料金支払い分」「純利益分」。
　　　　間接分は，社会保障費企業負担分，教育費，各種収入に対する税金分。
（出所）　マスタープラン，図表9-2, 9-3（MP, 9章, p.4）より筆者作成。

は，2000年の2.53万トンから05年には3.12万トンへと毎年4.2%の増加率で5年間では23%の増加率となった。また，「トン当り操業コスト」は，2000年の1.86ドルから05年には1.59ドルへと14%近い減少となり，一人当たり生産性の向上が見られた。その結果,「一人当たり（運河）収入」は2000年の8.35万ドルから05年には13.3万ドルへと59%もの増加率を示したとしている。

また「国庫への納入分」は，2000年の3億3,310万ドルから05年には6億ドルへとほぼ倍増したとしている。MPの別の個所では5億ドルとしており，国庫納入分についてMPでは必ずしも統一的な計算方法を採用していない可能性もある。（後述2.5.4において運河庁の実際の決算報告書で収支バランスを確認してある。）

このような成果指標を示しながらMPは,「パナマ人の経営下で，収益が増大してきたことは，パナマ人の能力の高さを証明するものである」と第9章の序章で述べている。しかし留意すべきことは，過去6年間（2000年〜2005年）で運河通航料金は12.5%も引き上げられていることへの言及は全くないことである。従ってそれによる影響分析もない。つまり，上記一人当たり運河収入の増大等は，自己目的的に誇大された数字を使用したものである。更に料金に関しては，（上の記述と矛盾するが）「引き上げにもかかわらず通航量が増大しているのは，運河の価値の増加を利用者が認めている結果である」（MP，9章，p.3）と述べている。運河の競争力は絶対的であると言わんばかりの見解である。今回のMPにはこのように独善的な見解が随所に見られることでも注意が必要である。

（コメント；パナマ運河の競争力が絶対的なものであるとする見解は，今後の料金引き上げ政策とも密接に関連している。料金引き上げ問題は後述の需要予測の部でも触れるが，引き上げの論拠としては関連調査（Mercer Consulting社が実施した）が出した結論を利用している。それは貨物輸送コストに占めるパナマ運河通航料の占める比重はミニマムな水準にあること，従って200%（20年間で3倍）の料金引き上げをしても運河利用者や利用国の経済にほとんどインパクトを与えることはないという理由である。つ

まりパナマ運河の競争力は絶対的であり他の競合ルートとの相対的な競争関係は度外視しようとしている。)

2.4　第三閘門運河建設の資金調達

　第三閘門運河のプロジェクト期間は 06 年から 25 年までの 20 年間とされている。プロジェクト・コスト総額は 52.5 億ドルと積算されている。しかし，通常の財務分析においては提示されるはずの工事期間中の年毎の必要経費の積算データーは今回の MP では全く提示されていないことも判明している。第 9 章の財務分析の中では，次ページのグラフ（図表 2-7）の中に出てくる数字のみが必要経費の概算として掲載されている。その数字は工事総額だけを示したものであり，ACP の自己負担分や対外借入額は目盛りから勝手に判読するしかない状況なのである。

　他に数値がないので，このグラフから年毎のおおよその工事資金額を判読して見る。09 年から 12 年までの 4 年間が工事ピーク期であり，その中でも 2010 年の工事費用総額（自己負担＋対外借入）は最高で 15.59 億ドル，次いで 2011 年が 12.14 億ドル，09 年が 9.3 億ドル，12 年には対外借入はなく自己負担分だけで 5.53 億ドルの順になっている。この間，毎年 5 億ドル前後が ACP の収入の一部から賄われる形になっている。対外借入の 3 年間分を判読して見ると，09 年は約 4.5 億ドル，10 年は約 11.5 億ドル，11 年は約 6.7 億ドルで，合計額は約 22.7 億ドル（表中に示されている 22.76 億ドルに近い）となる。ちなみに，対外借入額について同じ MP 第 9 章の中で 15 億ドルという数字も出てきている（p.23）。意図的かそうでないかは別として今回の MP における財務分析は確かに混乱していると言わざるを得ない。

　借入に対する元本返済は図表 2-7 から判読すると 2015 年以降 8 年間，毎年約 2.7 億ドルの均等返済となっているようだ。また金利返済は借入の翌年の 2010 年から 10 年間の支払いとなっている。グラフからは年 1,000 万ドル程度が返済額であると推定できる。10 年間均等なので金利年 5 ％とすると，合計約 1.08 億ドルの返済額と推計できる。元利合計分を返済しながら 2017

年からは追加的利益が発生するように描かれている。2023年以降には元利返済も完了し，同年の追加利益額は12億ドル以上になる。2024年には15億ドル，2025年には17億ドル以上の追加利益が発生する形になっている。この追加的利益は現行運河の利益分に追加される第三閘門運河から発生する追加的な利益分であると解釈できる。

　いずれにしても，下のグラフ（図表2-7）では，2014年までの工事費用の自己負担分も借入分も，2015年以降の第三閘門運河の操業の開始と共に，元本の返済は簡単に返済でき，しかも追加的な利益は右肩上がりで増加し，返済完了後の2023年以降は追加的な利益だけが右肩上がりで増加していくという楽観的イメージを国民に指し示そうとしているものであることは明らかなようだ。つまりプロジェクト実行により確実に儲かることを示している。

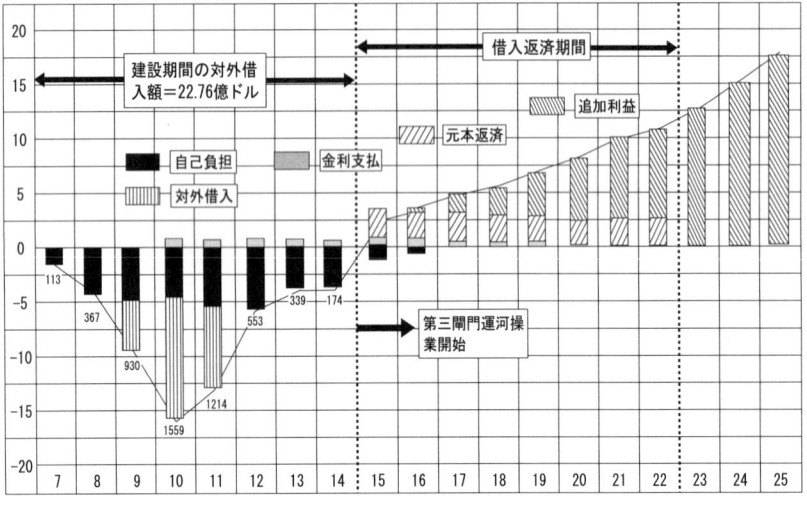

（図表2-7）　第三閘門運河建設のための資金源と使途

（注）工事期間中の工事費用自己負担額は平均5億ドル，工事ピーク時（2010年）の対外借入額は約11.5億ドル，11年約6.7億，9年4.5億ドル，計22.7億ドル。金利支払いは10年間（2010〜2019年），年約1千万ドル，元本返済は8年間（2015〜22年），年約2.7億ドル，工事完了後の2016年以降は利益発生。23年には約12.5億ドル，25年には17.5億ドル。この利益は第三閘門運河からの分で既存運河の利益への追加分。

（出所）マスタープラン9章，図表9-13（p.23）を参照し筆者作成。

2.4.1 数字をあいまいにしておくことのメリット

今回の MP では，なぜもっと正確な数字を公表しなかったのであろうか？　数字をあいまいにしておくメリットは？

善意に解釈すると，恐らく 07 年から始まるデザイン期間（工期 3 年間，工期は p.112 の図表 6-12 参照）に個々の工事仕様や各工事の実施時期などを再検討し，年毎の正確な積算額を算定し直し，再度公表するのかも知れないという期待である。工事内容を見ると，07 年に開始される予定の工事は，航路のドレッジングや掘削工事が中心である。一部は現行運河の改良工事やメンテナンス工事の一環とも考えられる。肝心の第三閘門建設や節水槽の付設工事は 08 年以降である。これらの工事入札に必要となる設計仕様はそれまでに間に合えばよいと言う状況判断があったのかも知れない。また今回の MP は国民投票での賛成を得るためのものであり，おおまかな情報提供でこと足りるとの判断があったのかも知れない。もう一つは実際に MP の公表までに必要な情報が整っていなかったのかも知れない。

しかし，別の解釈は，意図的に工事費用の内容をあいまいのまま公表した可能性もあるということである。上のグラフ（図表 2-7）では対外借入額やそれに伴う元利返済分，さらには追加利益も具体的な数字がないまま表示されている。

これは読者がプロジェクト実施に伴う財務分析の検証を行うことを難しくするもの以外何ものでもない。巧妙に情報を操作しパナマ国民を愚弄した情報公開であるとの批判もある。また海外の運河利用者に対しては，料金引き上げの理由やタイミングを推測できなくする情報操作とも映る。例えば，2010 年頃まで工事が進み，その後，何らかの理由で工事が予定通り進行できない状況が発生し，工事中止もできない状況に陥った場合はどうするのだろうか。工事費用の増加を理由に通航料金の大幅引き上げを行うことになるのだろうか？　工事費用には既に非常事態対策費用（「コンティンジェンシー」）として全工事費の約 20%（10.3 億ドル），インフレ分 10% 分（5.3 億ドル）が含められている。つまり工事開始時点から運河利用者は料金引き上げを通じて既に予備

費分やインフレ分を含む工事費用の負担を始めている訳である。料金引き上げについては既述のように何ら付帯条件はつけられていない。運河利用者の将来への不安材料は今回のMPでは全く考慮されていないと言うべきなのである。運河庁の経営方針を全面的に信用し料金引き上げに対しても言われたように従うのか，対抗手段を講じていくべきなのか今後の課題として残されている。

2.5　国庫納入額の検証

国庫納入額についても多くのあいまいさが残されている。国庫納入額に関するデーターについても，MPでは一つのグラフ表示があるだけだ。次に掲げた（図表2-8）のグラフがそれで，MP第9章財務分析の中にあるものだ。誰が見ても判りやすいグラフではある。建設期間8年間（2007年～2014年）の内，07年から11年までの国庫納入額は約5～6億ドルで推移している。そして2014年には13億ドルへと急速に増加している。これは2010年頃に現行運河の改良工事が完成し，運河容量の限界が少し緩和することで通航料収入が少し増え国庫納入額も増加するからである。さらに第三閘門運河が完成する翌年の2015年には約15億ドル，さらに2020年には約27億ドル，プロジェクト最終年の2025年には43億ドル程度になっている。また，グラフの中に「建設期間中の納入額は61.91億ドル」，「操業11年間の納入額は307億ドル」という特記メモまでついている。307億ドルは年単純平均で30億ドルになる。この額は，05年のパナマ中央政府の歳入額（34億ドル）にも匹敵する。このグラフを見て多くのパナマ人は運河工事による「皮算用」に明確な自信を持つことになろう。運河の収益がこれほど大きいのであれば，税負担もなくなるだろうと。まさに「第三閘門運河は金の卵を産む鶏になってくれる」という期待が人々の中に芽生えたとしても不思議ではない。そういった意味でまことに素晴らしい説明資料なのである。

しかし，留意しておかなければならないのは，MPの財務分析の中には，国庫納入額についての具体的な数値データーは全く見当たらないことである。至って簡単な財務成果表だけは掲載されている。それも次表（図表2-9）

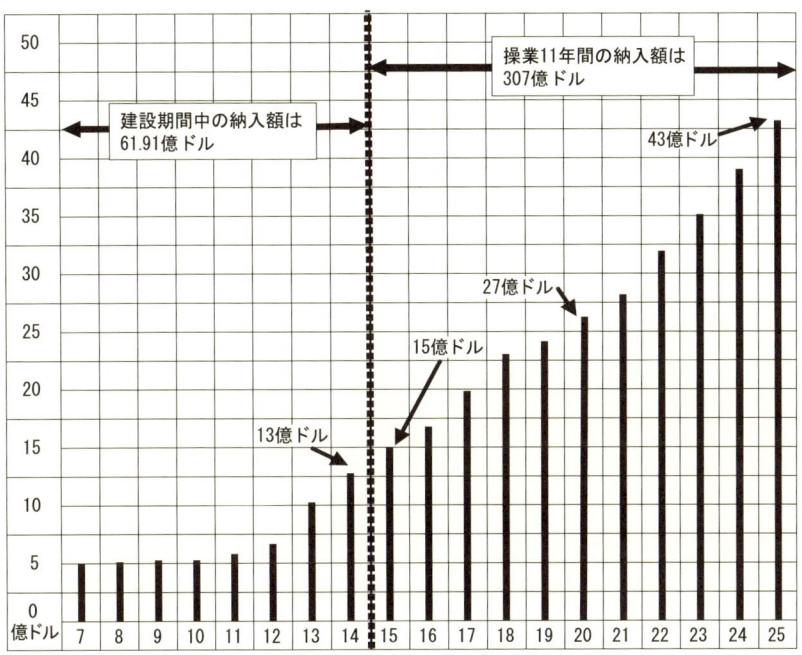

（図表2-8） 国庫納入額の推移

建設期間中の納入額は 61.91億ドル
操業11年間の納入額は 307億ドル
13億ドル
15億ドル
27億ドル
43億ドル

（出所）マスタープラン9章、図表9-12（p.22）を参照に筆者作成。
図中矢印先の金額は筆者が判読した額を追加したもの。原資料には具体的数値は入っていない。

（図表2-9） 拡張運河の財務成果 （100万ドル）

	2005年	2025年	年平均成長率
通航量（CPU）（100万トン）	279	508	3.0%
通航料収入	1,117	6,101	8.9%
その他収入	92	125	1.5%
小　計	1,209	6,227	8.5%
操業コスト	444	1,016	4.2%
ネットトン課金	218	668	6.5%
公共サービス	2	2	0.0%
減価償却	61	231	6.8%
純利益	484	4,310	11.6%

（注）通航量のCPUはパナマ運河通航単位を示す。
（出所）マスタープラン9章、図表9-11（p.20）より作成。

で掲載してあるように2005年と2025年の2点だけの数値が掲載されているだけだ。この間の工事期間中の財務分析や国庫納入額などはどこにもない。「関連調査」は行われているはずだが，今回のMPで公表されたデーターはそのほんの一部だけを申し訳程度に掲載している。

2.5.1 国庫納入額から2025年の通航料金は05年比3倍増（200％アップ）が判明

　言うまでもなく，国庫納入額（N）は運河の操業収入（I）と純利益分（P）から支払われている。つまり運河操業のための経常経費（C）を差し引いた部分（ネットトン課金，公共料金分）と純利益（P）から成り立っている。簡略化すれば，N＝（I－C）＋Pとなる。さらに，操業収入（I）＝通航量（V）×料金（R）となっている。過去数年のデーターから見ると，CとNはほぼ同額となっているので，操業収入の約50％が国庫納入分と見ることができる。将来の運河操業収入（I）は，通航量（V）と料金（R）の予測値があれば算出できる。従って国庫納入額（N）もある程度まで予測可能である。ある程度と言うのは，これまでのところ純利益の何パーセントまでが国庫納入にまわされるのかについての明確なルールがないからである。この点は既述のように運河収益からの国庫歳入義務に関する法的根拠がないことと関連する。従ってここでは前掲のグラフから判読した数字を利用して逆算することにする。

　まず，前掲の図表2-9「拡張運河の財務成果」の中の2005年と2025年の財務成果データーを検証して見よう。通航量については，05年は実績値の2.79億トンが利用され，2025年は予測値の5.08億トン（後述の需要予測にも出てくる）が利用されている。次に収入合計（「通航料収入」と「その他収入」を含む小計）を見ると，05年は12億900万ドルで実績通り，2025年は62億2,700万ドルで，05年比5倍強の高い収入予測値となっている。ここからトン当たり通航料を逆算して見る。05年の場合は4.3ドル（1,209÷279，実際の通航料は3ドル未満であろうが，ここでは簡略化のため，料金以外のサービス料も含めた合計額で計算した）となる。同じく2025年の場

合は 12.3 ドル (6,227÷5.08) となる。これは 05 年比 2.9 倍である。つまり, 2005 年に比べ 2025 年の通航料は 3 倍 (200％) 近い上昇率を想定していることが判明する。

既述のようにプロジェクト実施に伴う運河料金の引き上げ政策は年間 3.5％, 20 年間で約 2 倍 (100％) の引き上げ率を想定していたはずだ。しかし 2025 年の通航量と収入合計額から見る限り約 3 倍増 (200％) が想定されている。意図的なミスなのか偶然の不一致なのかは分からない。

2.5.2 純利益の 84％が国庫納入分に

一方, 前ページの棒グラフ (図表 2-8) から判読できる 2025 年の国庫納入額は 43 億ドルであった。この 43 億ドルの内訳を「拡張運河の財務成果」(図表 2-9) から概算して見る。国庫納入分は表中の 2025 年の「ネットトン課金」(6.68 億ドル) と「公共サービス料」(200 万ドル) 及び「純利益」(43.1 億ドル) の一部から計上されるはずである。従って, 2025 年には「純利益」の 84.4％に該当する 36.3 億ドルが国庫納入額に繰り込まれている計算になる。05 年の場合, 純利益からの国庫納入分は 58％程度であったことと比べると大きな増加を示している。その結果, 運河収入の半分程度は国庫納入分という前提は崩れ, 2025 年には運河収入 (62.3 億ドル) の 69％に匹敵する 43 億ドルが国庫納入額になっていると言う訳だ。運河はすっかり国家財政になくてはならない財源と化していることになる。

しかし, 国庫納入分に関しては留意しなければならない点も多い。それは現行運河の改良工事が実施される 05 年から 07 年, さらにそれ以降の第三閘門運河工事の実施期間 (07 年～2014 年) の工事費用の負担額, そして対外借入の元利返済期間の財務状態が実際にどのようになるのかは完全にブラックボックスの中にあってよく分からないという事実である。つまり上表 (図表 2-9) は, 肝心の工事期間の部分をブラックボックスにしたまま, 工事開始前の 2005 年の実績値と工事完了後, 元利返済も完済し終えた 2025 年時点の財務成果だけを提示しているからである。

国民の賛成票を得るためにこのようなデーターをわざわざ作成して公表し

44　第1部　パナマ運河第三閘門運河案マスタープランの概要と検証

たとしたら問題は大きい。特に，工事期間中も国庫納入額は減少しないと国民（政府も含む）に説明している。果たして本当にそうなるのか。少なくとも今回の MP では一切数字的な裏づけが示されないまま，夢多き「皮算用」の部分だけを強調している可能性がある。

2.5.3　国庫納入額の検証

第三閘門運河の工事期間中の国庫納入額，工事費用の自己負担額，対外借

（図表2-10）　第三閘門運河，国庫納入

		5(実績)	6	7	8	9	10	11	12	13	14	小計
1)	国庫納入額（MP 図9-12のグラフ表示額）	489		520	530	550	630	740	840	1,020	1,360	6,190
2)	工事費用											
	a) ACP 負担			113	367	500	540	550	553			2,623
	b) 対外借入					430	1,019	664				2,113
	小計			113	367	930	1,559	1,214	553	339	174	5,249
	c) 金利支払						50	50	50	50	50	250
	d) 元金返済											
3)	追加利潤											
4)	自己負担工事関連費用((a)+c)+d))			113	367	500	590	600	603	50	50	2,873
①	操業収入予測（通行量年3％，料金引上げ率3.5％）	1,210		1,373	1,464	1,560	1,663	1,773	1,890	2,015	2,148	13,886
②	純操業収入(①-4)			1,260	1,097	1,060	1,073	1,173	1,287	1,965	2,098	11,013
③	国庫納入可能額(②×50％)，2015年以降(②×70％)	489 (489/1,209 =40.4％)		630	549	530	537	587	644	983	1,049	5,234
A	過不足額(③-1)			110	19	-20	-94	-154	-197	-38	-311	-684
④	操業収入予測（通航量年3％，料金引上げ率5.5％）	1,210		1,427	1,550	1,684	1,830	1,989	2,161	2,349	2,552	15,542
⑤	純操業収入(④-4)			1,314	1,183	1,184	1,240	1,389	1,558	2,299	2,502	12,669
⑥	国庫納入可能額(⑤×50％)，2015年以降(⑤×70％)	489 (489/1,209 =40.4％)		657	592	592	620	695	779	1,150	1,251	6,335
B	過不足(⑥-1)			137	62	42	-10	-46	-61	130	-109	145
参考	通航量予測（億トン）（年3％増加）	2.79		2.95	3.05	3.14	3.23	3.33	3.43	3.53	3.64	
	通航料（ドル/トン）（年3.5％引上）	4.33		4.64	4.80	4.97	5.14	5.32	5.51	5.70	5.90	
	通航料（ドル/トン）（年5.5％引上）	4.33		4.82	5.08	5.36	5.66	5.97	6.30	6.65	7.01	

（注）　1)の国庫納入額はMP（図9-12, p.68）から判読した数字。本表はこの国庫納入額を検証するために作成した。
　　　① の操業収入予測は通航量年3％，料金引き上げ率3.5％で（料金×通航量）で算出した。②の純操業収入
　　　③ の国庫納入可能額は，2007年から2014年までは②の半分（50％），2015年以降は②の70％とした。Bの
　　　参考欄は，05年を基準にし年3％の成長率での通航量の予測値（億トン）（MPの予測値と同じ）と，通航料
　　　通航量×通航料＝操業収入となる。上の①と④の計算ベースとなっている。
（出所）　プロポーザル，MP，ACP 年報等のデータを利用し筆者作成。

2. マスタープランの主な内容　45

入分及びその元利返済分等についての具体的な数値は必ずしも明記されていない。つまり今回の MP では運河の財務分析に必要な基礎データーは全てブラックボックスの中に入れられたままになっていると言っても過言ではない。このブラックボックスの中身について筆者なりのやり方で検証を試みた。その結果が下表（図表 2-10）である。

表の左欄にある 1）国庫納入額は，前出のグラフ表示分（図表 2-8）から判読して数値化したものである。05 年は実績値（4.89 億ドル）をそのまま

可能額の試算（単位；100万ドル）

15	16	17	18	19	20	21	22	23	24	25	小計
1,520	1,810	2,000	2,250	2,450	2,700	2,830	3,240	3,650	3,950	4,350	30,750
116	60										176
50	30	20	20	10							130
270	270	270	270	270	270	270	270				2,160
		70	250	400	500	750	990	1,130	1,500	1,700	7,290
436	360	290	290	280	270	270	270				2,466
2,290	2,441	2,603	2,775	2,958	3,153	3,362	3,584	3,820	4,073	4,342	35,401
1,854	2,081	2,313	2,485	2,678	2,883	3,092	3,314	3,820	4,073	4,342	32,935
1,298	1,457	1,619	1,740	1,875	2,018	2,164	2,320	2,674	2,851	3,039	23,055
-222	-353	-381	-511	-575	-682	-666	-920	-976	-1,099	-1,311	-7,696
2,773	3,014	3,275	3,558	3,867	4,202	4,566	4,962	5,391	5,859	6,366	47,833
2,337	2,654	2,985	3,268	3,587	3,932	4,296	4,692	5,391	5,859	6,366	45,367
1,636	1,858	2,090	2,288	2,511	2,752	3,007	3,284	3,774	4,101	4,456	31,757
116	48	90	38	61	52	177	44	124	151	106	1,007
3.75	3.86	3.98	4.10	4.22	4.35	4.48	4.61	4.75	4.89	5.04	
6.11	6.32	6.54	6.77	7.01	7.25	7.51	7.77	8.04	8.32	8.62	
7.40	7.80	8.23	8.69	9.16	9.67	10.20	10.76	11.35	11.98	12.63	

2) の工事費用, 3)追加利潤は同じく MP（図9-13, p.23）から判読した数字。
は ① から4)自己負担工事関連費用（工事分，金利，元金返済）を差し引いた額。
国庫納入額も同様に計算した。A.B の過不足額は，MP グラフ表示額1）との差額。
（ドル／トン）は3.5％と5.5％の引き上げ率による計算結果である。

入れてある。07年以降，2025年までがグラフ表示分である。2) 工事費用は，前出の図表2-7のグラフ表示分を判読し数値化し挿入してある。その内訳である，a) ACP負担，b) 対外借入，c) 金利支払い，d) 元金返済額も同グラフから判読した数値である。3) 追加利潤もグラフから数値化している。この追加利潤をどのように扱うべきなのか現状では必ずしもはっきりとしていない。つまり運河収入から生まれる利潤の中からどの程度までが国庫に納入されるべきなのか明確な基準がないからである。パナマ人の中にはこの状態は国家ぐるみの違法行為（法的な根拠がないという意味で）であると酷評する向きもある。数字的な混乱を避ける意味もあり，ここでは収入に占める国庫納入額の割合を2014年までは50％，2015年以降を70％に設定して，③と⑥で国庫納入可能額を計算した。国庫納入額の前提となるのは，操業収入予測（①と④）である。通航量×通航料金（トン当りドル価）により算出できる。通航量予測は，年3％というMPの増加率を利用して機械的に計算した。他方の通航料金引き上げ率は，年3.5％（MPでの引き上げ率）を利用した。この場合，国庫納入額は明らかに不足が生じてしまう。特に2009年から2014年は1) の予想額に比べ毎年1億ドル以上が不足し，8年間合計で6.8億ドルの不足となる。さらに2015年以降の不足額はさらに大きくなる。前出のグラフ（図表2-8）で示されていた操業11年間で307億ドルという見込み額は，230億ドルとなり77億ドルも少ない計算になる。たまたま，表中にある追加利潤分とほぼ同額であり，この利潤分を追加すると相殺されるように見える。しかし，操業収入からの国庫納入分には利潤分からの50％と70％分が既に含められているので，ダブルカウントとなる可能性があるのでここでは含めなかった。

　試みに料金の引き上げ率として5.5％を利用して計算して見た。その結果，1) で予定している国庫納入額がほぼ確保されることが明らかになった。恐らく，このことからもMPでは当初から通航料金は年5.5％の引き上げ率を想定した財務計算をしていたものと推定できる。この場合，料金は2025年時点でトン当り12.63ドルとなり，05年比2.92倍（約200％）の引き上げとなり計算も合う。

それにしても，通航量予測（後述3.3）で使われている年増加率3％は予想以上に小さい。その結果，05年の実績値2.8億トンに対し，20年後の2025年で5億トン程度に留まっている。現行運河の容量最大化工事で通航貨物量は3.3億トンまで増加することになっている。従って，第三閘門運河の方は2025年時点で1.7億トン（5－3.3）を吸収しているに過ぎないことになる。それは現行運河に比べ52％の能力拡大を示すに過ぎない。恐らく，この程度の増加に過ぎないことの背景には，後述の水供給問題や現行運河の構造上の問題等が阻害要因として存在しているはずである。しかし，料金の引き上げにより，第三閘門運河の工事実施中もそして完成後はさらに大きな収益を確保しようというのがパナマの裏側の戦略と言える。

2.5.4 「パナマ運河庁」の収支決算表

パナマ運河の収支決算表（10月初めから翌年の9月末まで）により運河収入，経費及び純利益は確認できる。また資本収支表により国庫納入額や投資額も判明する。1999年に米国の管理下からパナマに移管したことで財務諸表のシステムも大きく変わった。特に収支決算表上の大きな変化は米国管理下では利益項目を設けていなかったが，2000年以降は純利益項目を設けるようになったことである。そして純利益分からパナマ政府への支払い分（国庫納入分）が拠出されるようになった。2005年の場合，純利益から支払われた国庫納入額は2億6,890万ドルであった。純利益に対する割合は55.6％に達している。さらに国庫への支払い分として，公共料金（2,900万ドル），ネットトン課金（1億9,100万ドル）を追加すると総計4億8,900万ドルが国庫納入額となる。

米国管理下では，パナマ政府への支払い分は，両国間の交渉で決められた固定支払い分（① 公共サービス料1,000万ドル，② 固定年配当金1,000万ドル）と変動支払い分（③ ネットトン課金8,000万ドル）の合計約1億ドル強（99年）で推移してきた。従って前掲の図表2-6（p.35）にある2000年の国庫納入分3億3,310万ドルという数字の根拠は疑問となる。また，前述2.3.1にある05年の国庫納入額6億ドルという数字の根拠も疑問となる。

下表（図表 2-11）の最下段にある投資計画資金は運河近代化投資分である。

(図表2-11) パナマ運河庁の収支（年別）（単位；100万ドル）

	2002	2003	2004	2005	2006
（操業収入）					
1）料金収入	588.8	666.0	757.7	847.5	1,026.4
2）航行関連サービス	160.7	197.6	238.7	269.2	318.5
小計	749.5	863.6	996.4	1,116.7	1,344.9
3）その他収入					
①電力販売	15.0	26.5	34.9	45.4	74.0
②水販売	17.5	18.0	17.6	17.2	19.0
③金利収入	9.5	8.7	9.1	23.2	50.1
④雑収入	7.8	4.4	6.0	6.2	6.8
小計	49.8	57.6	67.6	92.0	149.9
（A）収入合計	799.3	921.2	1,064.0	1,208.7	1,494.8
（操業経費）					
1）ネットトン課金	152.8	157.8	173.5	191.0	252.8
2）給与	303.6	305.5	312.5	317.2	332.2
3）福利厚生	39.8	39.9	40.5	40.4	41.8
4）資機材	33.5	33.2	35	33.6	36.1
5）燃料	11.4	20.0	25.8	39.5	63.2
6）海外出張旅費	1	1	0.6	0.8	0.8
7）国内出張旅費	0.9	0.8	0.7	0.8	0.7
8）外部サービス費	25.7	37.2	33.1	33.6	37.0
9）国庫納入公共料金	29.0	29.0	29.0	29.0	1.6
10）保険	2.4	5.5	6.3	13.7	9.9
11）海事事故費用	12.5	6.4	5.6	4.0	3.0
12）老朽在庫品		1.3	1.3	0.9	3.0
13）その他経費	5.3	9.6	10.5	8.2	8.6
小計	617.9	647.2	674.4	712.7	790.7
（−）投資人件費・資材	−39.8	−39.3	−52.1	−48.8	−47.8
（B）支出合計	578.1	607.9	622.3	663.9	742.9
減価償却費	54.6	55	60.8	61.4	76.1
（C）純利益	166.6	258.3	380.9	483.4	675.8
（D）国庫納入額(注)	88.7	106.8	183.7	268.9	
割合（D）／（C）	53.2%	41.3%	48.2%	55.6%	
投資計画資金	126.2	101.9	147.8	76.9	

(注)　パナマ運河庁の財務諸表の記帳方法は 2001 年から大幅に変更された。
　　　（D)国庫納入額 06 年分は 07 年度年次報告で掲載される。
(出所)「パナマ運河庁」の各年次（9月末締め）財務諸表より作成。

3. 運河通航貨物の需要予測

　パナマ運河の通航需要予測は，プロジェクトの成否を左右する重要な情報である。

　今回のマスタープラン（MP）では，需要予測結果は第3章「運河の市場」の中で詳細に報告されている。

　既述のように，20年間のプロジェクト期間中，パナマ運河を通航する貨物の中で最もダイナミックに成長する分野は，北東アジアから米東岸向けのコンテナ貨物（年率5.6%の成長）である。逆にパナマ運河を利用していた伝統的貨物と言える乾貨物（同1%），液体貨物（同0.5%），冷凍貨物（同1%）は低迷し，さらに一般貨物（同−10%）は大幅な減少傾向を示す。一方コンテナ貨物と並び増加傾向を示すのは，自動車専用船，クルーザー船等の限られた貨物となっている。

　需要予測に当たっては，世界経済のマクロ経済予測をベースに，地域経済予測，海運ビジネス動向，船舶技術，主な競合ルート（米インターモーダル，スエズ運河，喜望峰，その他）の動向，積出・荷揚げ港の再開発計画等，かなり広範囲にわたる関連調査が実施されたとしている。

　本項では，マスタープランとプロポーザルに現れた需要予測の分析結果に焦点を絞って紹介すると同時に一部検証も加える。

3.1 パナマ運河通航に見る歴史的変遷

　パナマ運河はその完成から現在までの90数年間，4期に分けられる歴史的変遷を経てきたとしている。その第1期は，運河開通後1945年までの時

代で主に軍事的価値が大きかった時代。第一次大戦から第二次大戦までの世界大戦期，米国の軍事関連物資や軍艦の通航が大きな比重を占めていた時代でもある。第2期（1950年～1960年）は，世界海上貿易の拡大期であり，日本の貿易拡大により日本が米国に次ぐ運河利用国として登場してきた時期である。第3期（1960年～1990年）は，海上輸送技術の革新期であった。特にタンカー，コンテナ船の大型化が目立ち，パナマ運河を通航できない大型船の割合が増加した。第4期（1990年～2005年）は，グローバリゼーションとコンテナ船の増加期である。中国から米国向け輸出貨物が急増した。

　長期的トレンドとして下記のような運河通航に占める米国の相対的比率が着実に低下し，他国の比率が2000年には7割弱にまで拡大した。

　・米国の比率（1940年，50.6%）⇒（1990年，35.5%）⇒（2000年，34.3%）
　・他国の比率（1940年，49.6%）⇒（1990年，64.6%）⇒（2000年，65.7%）
（MPの図表3-2，p.5からピックアップしたデーター）

3.2　8分野（セクター）の通航貨物需要予測結果

　運河通航貨物量の予測は，以下のような8分野（セクター）の輸送船タイプに分けて行っている。各セクターについて，輸送船の動向，貨物の需給動向，関連港湾の再開発，海運会社の戦略，運河料金政策等を分析し，運河通航量を2025年まで潜在需要として予測した。通航予測量は，現行運河については，能力（容量）向上のための改良工事（これは国民投票の対象ではなく，通常のメンテナンスとして位置付けられている）が実施されることを前提としている。そして2015年以降は第三閘門運河の完成による「拡張あり」のケースと，拡張工事なしの「拡張なし」の2つのケースを前提とした予測を行ったとしている。

　①バルク船；穀物（とうもろこし，大豆，小麦），鉄鉱石，石炭，鉄鋼製品，肥料，銅，アルミ，砂糖，塩，セメント，木材。これらは乾貨物（ドライ貨物）として扱われる。
　②タンカー；原油，石油製品，化学品。これらは液体貨物として扱われる。

③冷凍船；フルーツ，酪農品。
④コンテナ船；輸送対象品目は特定化せず。
⑤自動車船；自動車輸送に特化した専用船でロールオン・ロールオフ（ロロ）船と呼ばれる。
⑥一般貨物船；地域的な比較的小型輸送船。
⑦クルーザー；観光貨客船。
⑧その他；漁船，各種調査船，掘削船。

下の図表3-1は，各セクターの2025年の予測結果の総括表である。2005年実績値と比較する形となっているが，2025年の予測値は，前述のように「運河を拡張しない場合」と「拡張した場合」の2つのケースに分けられている。2005年の全通航量は約2.8億トン（注）であるが，20年後の2025年には，「拡張しない場合」は3.3億トン（伸び率18.3％）で頭打ちとなっている。他方，「拡張した場合」は，5.08億トン（伸び率82.1％）まで漸増し05年比約2倍弱の増加を示している。「拡張した場合」は，2015年以降，第三

(図表3-1) パナマ運河，セクター別の輸送量増加予測

| | | 2005年 | | 2025年 | | | | |
| | | 実績値 | | 運河拡張しない場合 | | | 運河拡張した場合 | | |
		運河重量トン (100万トン)	全貨物比	運河重量トン (100万トン)	05年比 伸び率	全貨物比	運河重量トン (100万トン)	05年比 伸び率	全貨物比
1	コンテナ	98	35.1%	185	88.8%	56.1%	296	202.0%	58.3%
2	ドライ貨物	55	19.7%	49	-10.9%	14.8%	73	32.7%	14.4%
3	液体貨物	34	12.2%	19	-44.1%	5.8%	28	-17.6%	5.5%
4	クルーザー船	10	3.6%	13	30.0%	3.9%	19	90.0%	3.7%
5	自動車船	36	12.9%	40	11.1%	12.1%	58	61.1%	11.4%
6	冷凍船	19	6.8%	15	-21.1%	4.5%	22	15.8%	4.3%
7	一般貨物	7	2.5%	3	-57.1%	0.9%	4	-42.9%	0.8%
8	その他	20	7.2%	6	-70.0%	1.8%	8	-60.0%	1.6%
	合計	279	100.0%	330	18.3%	100.0%	508	82.1%	100.0%

(注) 「運河重量トン」は，通常の重量トンではなく，運河専用の計測システムによる重量トン (CPU) である。
(出所) プロポーザル (p.30) の中の図表-14をベースに，05年比伸び率，全貨物比データーを追加して筆者作成。

閘門運河と現行運河の2つの運河が操業段階に入る。

特に注目されるのは,全貨物に占めるコンテナの割合が大きく増加していることである。既に05年にも全体の35.1%を占めているが,2025年には,「拡張しない場合」でも56.1%,「拡張した場合」は58.3%といずれの場合も,全貨物の6割近い割合を占めている。

しかしそれ以外のセクターを見ると,25年までに「拡張した場合」の増加率が大きい分野は,自動車船,クルーザー船,ドライ貨物船だけである。これらの船舶の多くは既にパナマックス船に近い大型船が多いため,「拡張した場合」は増加率も大きくなっている。液体貨物(タンカー)は既に超大型船が多く「拡張した場合」でもパナマ運河を通航できないサイズのため,むしろ減少傾向が続く。一般貨物はコンテナ化する傾向が高いことから大きく減少する。

図表3-2は,現行運河能力(容量)を最大化した場合とさらに第三閘門運河を「拡張した場合」と「拡張しない場合」の3つのケースを描いている。

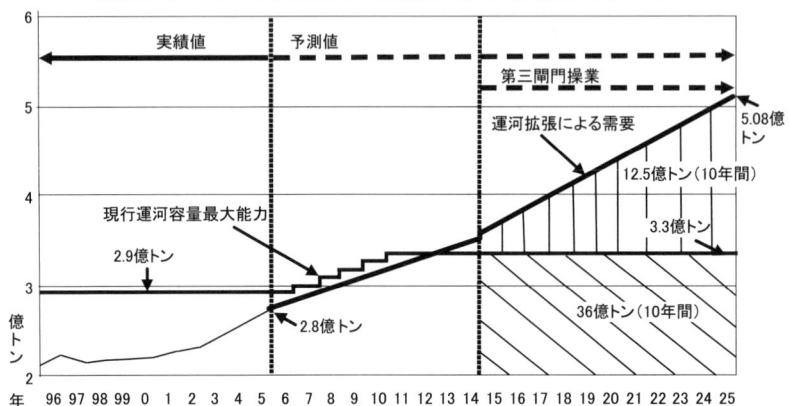

(図表3-2) パナマ運河拡張による通航量予測(単位;運河ネット・トン)

(注) 現行運河容量を最大化した場合,10年間(2015年〜2025年)で36億トンの累積通航量。第三閘門が完成した場合,10年間(同上)で累積12.5億トンが追加される予測。実績値は,96年(2.27億トン),97年(2.17),98年(2.22),99年(2.26),その後近代化投資で容量増大。05年(2.8),2011年以降は3.3億トンで容量は極大化状態に到達してフラット化する。運河ネット・トンはロング・トンの約1.2倍。(脚注参照)
(出所) プロポーザルの中の図表-37 (p.62)をベースに筆者作成。

3. 運河通航貨物の需要予測　53

　この図はプロポーザルの中に表示されているものを忠実にコピー作図したものである。グラフの数字から，現行運河の限界能力は2.9億トンであるが，改良工事の実施で3.3億トンにまで拡張される。「拡張しない」場合，運河需要は増加するが，2011年には3.3億トンで容量限界に到達しその後は横ばい状態が続く。しかし，その後さらに通航需要が増大して行くと，運河での時間待ちが生じ，他のルートに貨物が逃げるようになる。

　それを押しとどめるのが「運河拡張」である。2015年に第三閘門運河が完成し操業段階に入れば，潜在需要の一部を着実に吸収することができるようになる。計算上，2025年時点では，5.08－3.3（現行運河通航分）＝1.78億トンが第三閘門運河を通航する潜在貨物需要と見ることができる。グラフでは2015年から25年までの10年間の累計貨物量は，第三閘門運河では12.5億トンを，現行運河では36億トン，両者合計で48.5億トンの潜在需要を吸収できるということを示している。

　（脚注）「運河ネット・トン」とは，パナマ運河が独自に設定した「パナマ運河ユニバーサル測定システム」（PCUMS）に基づくトン数である。運河通航料金の設定や船舶の貨物量を測定するために使用される単位である。ちなみに20フィートコンテナは，約13PCUMSトンになる。また，ロング・トンの約1.2倍である。本書ではCPU，運河ネット・トン等と表示している。
　（脚注）　MPに表れている需要予測値は，最大値（6.6億トン）と最小値（4.3億トン）があるが，その中間点を平均値（5.08億トン）として使用している。上述の予測値は，いずれも平均値である。今回の需要予測調査には，その予測結果の妥当性を裏書きするかのように欧米の著名コンサルタント企業7社前後が名前を連ねている。例えば，Mercer Management Consulting, DRI-WEFA (Global Insight), Fernleys Consultants, Richardson Laurie, Nathan Associates, Louis Berger Group, 等。

（コメント）
　上記の需要予測結果（図表3-1）とプロポーザルで表示されたグラフ（図表3-2）の情報をどのように評価したらよいのだろうか。図表3-1は，05年と2025年の20年間の2時点の比較数字である。途中年は捨象されている。また，グラフの中に示されている需要量は10年間（2014年～2025年）の累計値である。10年間の累計値も年ベースで見れば「拡張した場合」でも"せい

ぜい" 1 億トンレベルの話であることが分かる。最大量となる 2025 年時点でも，ネット増加分は 1.8 億トン（5.08－3.3）という貨物量である。トン当り 10 ドルで計算しても 18 億ドルの追加収入に過ぎない。グラフの中で 10 年間の累計値を特記しているのは，単年度にすると小さくなりすぎて読者に対する説得力があまりないために一工夫したのかも知れない。

3.2.1 コンテナ貨物の通航需要予測

（ダイナミックな成長で 2025 年に 3 億トンを予測）
パナマ運河通航のコンテナ貨物は，05 年には 9,800 万トン，年率 5.6％の増加率で，2025 年には約 3 億トンになると予測している。(MP, 3 章, p.10)
（コメント）
後述のデーターが示すように最近年（1995 年～2005 年）の実績値は年平均 10.4％の増加率であるので，年率 5.6％という予測値はかなりコンサーバティブなものであると言えそうだ。

パナマ運河通航のコンテナ輸送ルートは 12 あるが，2 ルートは特定地域間，6 ルートは米国とのルート，6 ルートは南米と関連したルート。この中でも北東アジアと米東岸間は，コンテナ貨物輸送量の 50％を占める。中でも中国から北米東岸向けコンテナ貨物量は，北東アジア全体の 6 割近くを占める勢いである。(MP, 3 章, p.11)

近年コンテナはサプライ・チェーン・マネジメントの一環をなしており，その多くは定期船（ライナーサービス）で輸送される割合が増えている。北東アジア⇔米東岸には 11 隻のライナーが，その内，パナマ・ルートには 8 隻のライナーが運航している。パナマ・ルートの場合 56 日，スエズ経由は 77 日間で運航している。

コンテナ積み下ろし港には大型チェーンストアーの配送センターが設置されるなど，消費と直結する形の供給チェーンが形成されている。そのため，運河通航コンテナ船は定刻通りの運航スケジュールを守る必要が強まっている。（同上，p.12, 13）

(米国インターモーダルとの競争条件も有利に)

パナマ運河ルートと競合するコンテナ輸送ルートは，米国のインターモーダル・ルート(米太平洋側の港湾で陸揚げ後，鉄道，トラック輸送で米国消費地に配送)とスエズ運河の2ルートがメインである。1999年には米インターモーダルが86%と圧倒的な比重を占めていたが，2000年以降は次第にパナマ運河ルートの比率が上昇し，2004年の双方の比率は6：4となった。(図表3-3参照)

パナマ運河の通航比率が相対的に増大してきた背景には，パナマ運河の価格競争力が高いことが指摘されるとしている。例えば，トン当たりの価格比較で見るとパナマ運河は133ドルであるのに対し，スエズ運河では140ドル，米インターモーダルでは152ドルである。また，各製品コンテナ1個の価格(CIF価格)に占める運河通航料金(一律50ドル)の割合は，エレクトロニクス(5.6万ドル)の場合0.05%，玩具(2万ドル)では0.25%，自動車部品(5.6万ドル)では0.09%と低くなっている点もパナマ運河の競争力の高さの根拠であるとしている。さらに米国西海岸の場合，近年の頻発する労働争議，環境運動によるインフラ建設工事の遅延等，コスト上昇要因が一層強まり，パナマ運河ルートにとっては向かい風となっていると。(MP, 3章, p.18)

(コメント)

パナマ運河の価格競争力が絶対的であるかのような記述であるが，東南アジアの場合，特にシンガポール以西の場合，インド洋経由スエズ運河を通

(図表3-3) アジア⇒米東岸向けコンテナ貨物に占めるパナマ運河の比率

年	米インターモーダル・システム	パナマ運河	スエズ運河
1999	86%	11%	3%
2000	83%	15%	2%
2001	77%	21%	2%
2002	72%	24%	4%
2003	65%	34%	1%
2004	61%	38%	1%

(出所) プロポーザル(p.22)，図12から作成。

り，ヨーロッパ，米東岸に陸揚げした方がパナマ運河を経由するよりコスト的には安い。また南米東海岸とアジア間の貿易も喜望峰経由インド洋輸送ルートの方がコスト的には安い。

需要予測に関連する記述には，読者を混乱させかねない部分が多い。本項ではプロポーザルとMPの双方を注意深くチェックし，全体的な観点から重要と思われる情報だけを取捨選択して整理を試みた。

(その他競合ルートとの競争条件)

パナマ運河ルートとして競合するルートとしては，カナダルート，メキシコルート，中米ルート（ニカラグア，グアテマラ，コスタリカ等）も検討された。これらルートを利用する場合，次のようなコンテナ積み下ろしのプロセスが追加される現実を直視する必要があるとしている。(プロポーザル，p.25〜26)

例えば，①船⇒コンテナヤードに下ろす，②コンテナヤード⇒トラックに積む，③トラック⇒鉄道に積み込む，④鉄道⇒トラックへ下ろす，⑤トラック⇒コンテナヤード，⑥コンテナヤード⇒船。このため関連投資コストも膨大になる。それ以外に，船と陸上輸送能力の絶対的能力の違いもある。

・コンテナ船と列車輸送能力の比較；
　1列車(200〜300TEU)×20回＝4,000TEU（ほぼ，パナマックス船に匹敵）
　　　　　　　　　　　×40回＝8,000TEU（ポストパナマックス船）

つまり，4,000TEUのコンテナを輸送する場合，鉄道では20回の輸送が必要だが，パナマックス船だと1隻で済む。ポストパナマックス船は列車40回分の輸送能力を持つ。中米諸国が計画中の"ドライ・カナル"（鉄道やトラックを利用する陸上輸送）はパナマ運河とは輸送能力面で対抗すべくもないとも述べている。

(第三閘門運河でポストパナマックス船を吸収)

近年のコンテナ船の大型化は著しい。80年代に入りパナマックス船

(4,500TEU) が登場したが, 80年代末にはポストパナマックス船 (5,000TEU 以上) が現れた。90年代には6,600TEUが, そして2000年代に入ると8,000TEUのポストパナマックス船が出現した。05年, 就航中のコンテナ船の28%はポストパナマックス船であり, 建造中のコンテナ船の54%はポストパナマックス船である。今後09年にはポストパナマックス船は600隻になり, このうち, 20隻は8,000TEU, 他の20隻は9,000TEUになる。

大型化したポストパナマックス船のサイズは, 8,000TEUの場合, 幅43m, 長さ334m, 喫水14.5m, 横17列積みとなる。1万TEUの場合, 幅46m, 長さ335m, 喫水14.5m, 18列となる。第三閘門運河の設計サイズは, 1万TEUコンテナ船の通航を可能とするものであり, 米インターモーダルに対しても, またスエズ運河に対してもひけをとらない競争力を確保できる規模になるとしている。(MP, 3章, p.19)

(ポストパナマックス船対応に動く米東岸主要港)

米東岸の主要港湾の近い将来の拡張計画 (図表3-4) を見ると, ニューヨーク／ニュージャージー (15.24m), サバナ (14.6m), チャールストン

(図表3-4) 米国東海岸主要港の改修工事と投資動向

港湾名	2005年コンテナ荷動き(100万TEU)	キャパシティ(100万TEU)現在	キャパシティ(100万TEU)将来	投資額(億ドル)	最高深度(現行)	主要改修工事
ニューヨーク／ニュージャージー	4.4	4.6	6.2	17	14m (46')	運河の深度 (喫水) を15.24mに, 追加スペース, ポスト・パナマックス用クレーン4機
サバナ	1.7	2.41	4.37	7.07	12.8m (42')	埠頭ライン640m, ポスト・パナマックス用クレーン, 深度14.6mに。
チャールストン	1.98	2	4	8.23	13.7m (45')	新ターミナル建設, スーパー・ポスト・パナマックス用クレーン, パティオ・スペース追加。深度15.2mに。
バージニア	1.98	2.4	10.22	27.56	13.7m (45')	新ターミナルが07年7月完成, アクセス運河の建設で15.2m⇒16.8mに深化。ポスト・パナマックス用クレーン29機, 長期的 (2017～2032年) にインランドポートとしてクラネイ島を建設。

(出所) プロポーザル (p.32) の中の表-17より作成。

(15.2m), バージニア (16.8m) 等, いずれもポストパナマックス船が入港できるように現在の約13～14メートルの喫水から15～16メートル以上の喫水を確保するための再開発を進めている。図表には含まれていないが, バージニア州のハンプトンロード港は, 既に現在130万 m^2 の港湾面積を270万～450万 m^2 に拡大中である。また, ヒューストン港ではウォールマート, ホームデポなどのスーパーマーケットが輸入港として拡張計画を推進しているとしている。(MP, 3章, p.19, プロポーザル, p.32)

(第三閘門運河の補完機能を担うパナマ鉄道とコンテナ港湾)
パナマ運河とほぼ平行して太平洋と大西洋間を走行するパナマ鉄道は, 米カンサスシティ社がコンセッション方式でコンテナ輸送専用鉄道として投資を完了している。両洋間のコンテナ輸送は, パナマ運河を航行するコンテナ船と競合し, ポストパナマックス船が運航するようになれば鉄道輸送は対抗できなくなるのではないかとの見方もある。しかし, ACPの調査結果では, 逆に補完的な機能を持ちながら発展するとしている。それは両洋で操業するコンテナヤードを持つ港湾も同様であるとしている。パナマ国内向け貨物は10%程度であるが, 積み替え(トランシップメント)需要が多いので, 第三閘門運河の建設でより多くの貨物の積み替え需要が発生すると予測している。拡張案が実施されない場合は, 鉄道も港湾も停滞する可能性が高いとも指摘している。(プロポーザル, p.26, 27)

(地球温暖化で北極ルートも出現)
地球温暖化の影響で21世紀末には, 北極海の氷が減少し, アジア⇔北米東岸を北極海経由でも航行できる可能性が高まるという興味深い報告もなされている。「米国北極調査委員会」が05年1月, ACPに調査結果を提出したが, 特に夏の3ヶ月間は北極海が航行可能になるとしている。また, 05年8月にはアリゾナ大学調査チームも同様の調査結果を提出している。[注]

(注) ジョナサン・T・オーバーペックをヘッドとするチームは,「無氷結州への新しい季節的輸送ルートに対する北極圏軌道」という報告書を2005年8月23日に

ACPに提出している。このような調査結果は，地球温暖化の延長線上に発生する可能性のある全く新しい現象であり，パナマ運河の競合ルートとして将来的には出現する可能性があるという点でACPも一応注目している。(プロポーザル，p.27)

3.2.2　乾貨物の通航需要予測

（乾貨物量の予測）

運河通航貨物の45％は乾貨物（ドライバルク）であり，05年の通航隻数の23％（05年2,613隻），貨物量の21％（05年5,520万トン）を占めているが，趨勢的には減少傾向にある。2025年までの予測は，「拡張しない場合」は，05年比マイナス10.9％（4,900万トン），「拡張した場合」でも，32.7％増（7,300万トン）で年率2％台の低成長率となっている。とは言え，2025年における運河通航全貨物量に占める比率は14.4％（7,300万トン）でコンテナ貨物に次ぐ第2位のポジションを維持し続けると予測している。(MP，3章，p.23)

（乾貨物輸送の動向）

図表3-5はドライ貨物の主要海上ルートと商品を示している。この中で，1）米東岸⇒アジア，2）アジア⇒米東岸，3）南米西岸⇒米東岸の3ルートがパナマ運河通航の乾貨物であると判定できる。その中でも，米東岸⇒アジア向けが運河通航乾貨物の76％を占めている。その中で，穀物の占める比率は70％，全運河通航の乾貨物に占める比率は53％であり穀物の占める比率が圧倒的であることが判る。積出港は米ガルフで，仕向け地は北東アジアであり，特に日本向け比率が高い。それ以外の乾貨物としては石炭・コークス，鉱物・鉄鋼製品，肥料等があるが，穀物の前ではかすんで見える。(MP，3章，p.26)

穀物輸送の特色の一つは，多くの荷揚げ港の喫水が10～12メートルで比較的浅いこと，港湾の貯蔵サイロが小さいという問題があり，パナマックス船に対応できないという事情がある。（日本の横浜，名古屋の場合，喫水は12メートル以上で，サイロ規模も比較的大きい。）

(図表 3-5) ドライ貨物の主要海上輸送ルート (05 年実績)

ルート	商品	万トン	比率(%)	比率(%)	比率(%)
1) 米東岸⇒アジア	穀物	2,377	70%		53%
	肥料	272	8%		
	鉱物，鉄鋼	240	7%		
	鉄鋼製品	13	0%		
	木材製品	90	3%		
	石炭・コークス	402	12%		
小計		3,394	100%	76%	
2) アジア⇒米東岸	石炭・コークス	241			
	鉱物，鉄鋼	231			
	鉄鋼製品	151			
	肥料	38			
	木材製品	6			
小計		667		15%	
3) 南米西岸⇒米東岸	鉱物，鉄鋼	383			
	肥料	6			
	木材製品	23			
	石炭・コークス	10			
a) 小計		422		9%	
b) 運河通航合計		4,483		100%	
4) 米東岸⇒中米東岸	穀物	298			
	肥料	38			
	鉱物，鉄鋼	22			
5) 米東岸⇒南米西岸	穀物	244			
	肥料	60			
	木材製品	3			
	鉄鋼製品	2			
	鉱物，鉄鋼	21			

(注) 主要ルートの内，パナマ運河を通るルートは 1)，2)，3)である。
　　 1) 米東岸⇒アジアは，運河通航に占める比率は 76%で最大。
　　　 穀物の比率は，1)の中では 70%，b)全運河に占める比率は 53%である。
(出所) マスタープラン，3 章，図表 3-21 (p.26)より作成。

(乾貨物の将来動向)

穀物需要の将来予測は年率0.9%という低成長率を採用している。その背景要因として，1）日本の人口減少で食糧需要が減少すること，2）高い経済成長で注目の中国では今後穀物の生産増加政策が強化され，生産方法，灌漑，種子の改善等を通じて輸入減少の可能性があるとしている。

また競合ルートの一つとして，鉄道による米西岸からアジア向け穀物輸送が無視できないとしている。さらに，運河を利用しないブラジル，アルゼンチン，オーストラリア，東ヨーロッパからのアジア向けドライ貨物（穀物関連）の輸出動向も無視できない。特にブラジル東北地方の港湾からアジア向け大豆，穀物の輸出は運河通航量に（ネガティブな）影響を与える可能性がある。(コメント；インド洋経由という意味で。)

また，アフリカ，中東，南アジアの新規需要はパナマ運河を通航しない。(MP，3章，p.24, 25)

他のドライバルク（鉱産物）も年率0.9%の増加で，2025年には4,960万トンと予測されている。石炭，鉄鉱石は運河拡張により輸送能力が拡大され7.5万DWTクラスのパナマックス船（6万～8万DWT）の通航が可能となる。南米西岸⇒米東岸，ヨーロッパ向けの鉱産物などである。(同上，p.25)

(乾貨物の価格に占める運河通航料金の比率)

今回のMPでは，しばしば運河通航貨物の価格に占める通航料金の比率の計算結果が提示されている。ドライ貨物の計算結果は下の図表3-6の通りである。これを見ると，石炭の場合が最も比率が高く2.64%である。最も低い比率はチリ産のヨーロッパ向け精錬銅で0.06%である。(MP, p.27)

(コメント)

ここで参考とされた乾貨物に占める運河通航料の比率に関する分析結果は，後述の運河通航料の引き上げ問題で利用されている分析手法でもある。つまり，将来の通航料の引き上げ（年間3.5%，20年間で100%の引き上げ率）は，通航貨物の全体コストに対し，大きなインパクトを与えないという

(図表 3-6) 主なドライ貨物の通航料金のインパクト

	ルート		価格		運河料金
	積出地	荷揚地	貨物価格(C&F)	通航料(ドル)	の比率(%)
とうもろこし	米ガルフ	日本	134.60	2.00	1.49
大豆	米ガルフ	日本	345.75	2.00	0.58
石炭	カナダ	ヨーロッパ	82.35	2.17	2.64
鉄鋼品	アジア	米ガルフ	700.00	2.69	0.38
精錬銅	チリ	ヨーロッパ	3,594.07	2.07	0.06
肥料	チリ	ヨーロッパ	297.70	2.06	0.69

(出所) MP, 第3章, 図表3-23 (p.27) より作成。

理屈である。しかし，この分析手法では料金引き上げがどの程度になった場合，貨物が別ルートに逃げるのかは度外視しているという問題があることは既述の通りだ。

3.2.3 自動車輸送船の通航需要予測

(自動車輸送船)

05年の自動車輸送船のパナマ運河通航は756隻，貨物量は3,460万トンで全体の13％，液体バルク貨物に次ぐ第4位であった。しかし，今後の伸び率は比較的高く，2010年以降25年までは乾貨物に次ぐ第3位の貨物となっておりパナマ運河にとっては相対的な重要度は高まる。

(自動車輸送船の動向と予測)

05年の場合，全世界自動車輸送量の約20％がパナマ運河を通航しているといわれる。しかしパナマ運河を通航する自動車輸送船は，比較的限られた地域間輸送がメインで，主に次の3ルート間の輸送となっている。(図表3-7)
① アジア⇒米東岸，② アジア⇒カリブ，③ ヨーロッパ⇒米東岸である。下の図表3-7は，特にパナマ運河を通航する自動車輸送ルートと輸送量の概念図である。アジア⇒米国間の場合，米西岸向けは60％であり，運河通航の米東岸向けは40％である。ヨーロッパ⇒米西岸向けの22％がパナマ運河経由であり，さらにその85％が運河経由となっている。

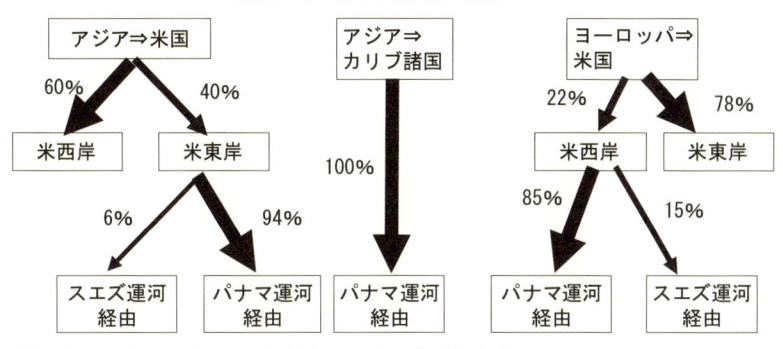

（図表 3-7）　自動車輸送船の輸送ルート

```
アジア⇒米国                  アジア⇒           ヨーロッパ⇒
                           カリブ諸国            米国
  60%    40%                                22%    78%
米西岸   米東岸                100%         米西岸    米東岸
      6%    94%                         85%    15%
スエズ運河 パナマ運河         パナマ運河    パナマ運河 スエズ運河
 経由     経由                経由          経由     経由
```

（出所）　マスタープラン，3章，図表 3-47（p.47）より作成。

　運河通航の自動車輸送船の約 8 割がパナマックス船である。しかし日本，韓国，ポーランド等での自動車輸送船の新造船にはポストパナマックス船がないという事実は注目される。最大の理由は港湾の制限により，深い喫水のポストパナマックス船の接岸は難しいということである。(MP, 3 章, p.48)

　また，自動車輸送船の貨物である自動車の CIF 価格は平均 12,400 ドル ① であり，それに対する運河通航コストは 45.43 ドル ② であるので，その割合（②／①＝0.37%）は小さく，上述のドライ貨物のケースと同様，将来の料金値上げによるインパクトは小さく，通航量への影響もほとんどないという分析がなされている。

　2025 年までの自動車輸送船の運河通航貨物量予測は，年率 2.2%の成長が見込まれている。

3.2.4　液体バルク貨物の通航需要予測

（長期的には運河通航量は減少）

　液体バルクの対象商品は範囲が広い。原油，その派生品，有機化学品，無機化学品，食用油，石油化学ガス，天然ガスなどである。船のタイプはタンカー，化学品輸送船，ガス専用船がある。

　長期的傾向として運河通航量は減少傾向にある。1995 年（3,880 万トン），2000 年（4,000 万トン），05 年（3,690 万トン）であり，2025 年の予測値は

2,800万トンへと減少している。全運河通航貨物量に占める割合でも2010年以降は自動車に3位のポストを明け渡すことになる。

運河を通航する主要輸送ルートは次の5ルートがあり，全輸送量の50%を占めている。

① 米東岸⇒アジア，② 南米東岸⇒南米西岸，③ 南米西岸⇒米東岸，④ 南米東岸⇒中米西岸，⑤ 米西岸⇒南米西岸。

運河通航のタンカーの大部分はパナマックス船である。他方，化学品，ガス輸送船の多くはハンディサイズ（1万〜4万トン），ハンディマックスサイズ（4万〜6万トン）であり，中型船が多い。（MP，3章，p.31）

（液体貨物通航量の減少要因）

近年の運河通航量減少の背景には，① パナマ（カリブ海サイド）での原油精製所の閉鎖によりエクアドル—パナマ間の原油輸送が減少していること，② エクアドルの米東岸向け原油輸出の減少，③ グアテマラ太平洋側でのテキサコ精製所の閉鎖で，ベネズエラからの原油輸出が停止したこと，④ 伝統的な米国からアジア向け石油化学製品輸出が近年は逆転し，ガルフはアジアからの輸入基地に転換していること，等である。

他方，今後の運河通航液体貨物の予測を左右する要因はエクアドルからの対米原油輸出の活発化，ベネズエラの対中米，南米向け原油輸出の活発化である。また，パナマのペトロターミナルでの生産開始でエクアドルの原油，ナフサの輸出増大も期待されるが，パイプラインの活用で運河輸送分は相殺される見込み。（MP，3章，p.33）

（2025年までの通航予測は年0.5%）

製品価格に対するパナマ運河通航料金の比率は1%未満であり，十分競争力があることが判明しているが，年率せいぜい0.5%程度と保守的な予測値となった。エタノール，液体天然ガスが今後有望となるがLNG船の大部分はポストパナマックス船であり，運河通航対象船から外れている。（同上，p.34）

3.2.5 冷凍貨物の通航需要予測

（コンテナ化で冷凍船は減少傾向）

05年の全世界における冷凍貨物輸送量は6,000万トンあったが，その内バナナと海産物が全体の42％を占める。その他，フルーツ，肉，魚介類，酪農品もあるが，いずれも温度に敏感な商品である。

冷凍貨物船のパナマ運河通航量は05年には1,850万トンで運河全通航量の7％を占め，自動車船に次ぐ第5位である。冷凍貨物船の55％は冷凍船，45％は冷凍コンテナである。貨物別ではバナナが全体の約31％，冷凍フルーツが13％，魚介類が13％を占めている。

在来型の冷凍船は，小型船が主流。運河通航上，何ら規制はなく，夜間航行も可能である。近年，冷凍貨物輸送の技術進歩が早く，コンテナの方が大型冷凍庫を持つ冷凍船より急ピッチで進んだ結果，冷凍コンテナの動向に左右されるようになっている。特に，家禽類，魚介類，酪農品はコンテナ化傾向が強い。ハイブリッド船は，冷凍庫とデッキコンテナの両方を持つようになっている。しかし受入れ港湾に冷凍庫が必要となり，ヨーロッパでは喫水が浅い小型船で対応している。(MP，3章，p.43)

（年1％と保守的な予測に）

FTAはチリの対米，EU輸出を促進する要因となっている。05年の運河通航のヨーロッパ向け輸出は03年比57％増加した。

南米西岸⇒ヨーロッパ向けでは，バナナが83％，冷凍フルーツ，冷凍魚介がその他を占めている。

冷凍品輸送は，全世界では年2.4％の増加（03年〜25年）が予測されるが，パナマ運河通航量は，2025年まで年1％という保守的な増加率であり，25年の通航量は2,340万トン，通航隻数は2,745隻と予測されている。

運河主要利用国は，南米西岸，中米西岸⇒ヨーロッパ，米国⇒アジア向けで50％を占めている。運河通航料金の比率は低く，運河の価格競争力は強いが，最大の阻害要因はバナナに対するEUの課金である。06年1月1日

から賦課されるトン当たり176ユーロは，関税率（75ユーロ／トン）より問題が大きく，エクアドルはWTO提訴に踏み切ったが今後の運河通航量を大きく阻害する要因となる。(MP，3章，p.45)

3.2.6 旅客船の通航需要予測

（クルーザー航路として新しく登場）

パナマ運河通航のクルーザー船は，1995年310隻，2000年283隻であり，05年には230隻と減少しているようであるが，その中身を見ると大きく変化している。米国管理下時代には，クルーザー寄港施設は建設されず，大部分のクルーザーは停泊しないで単に通過するだけであった。返還後の数年間で，大西洋サイドに"コロン2000"，"クリストバル6埠頭"などのクルーザー専用埠頭が建設された。その結果，2000年～01年には65隻から5.8万人が，01年～02年には116隻から14.9万人，02年～03年には147隻から16.3万人，そして03年～04年（9～5月）には217隻から30.5万人が下船するようになった。

それでも運河は，05年北米市場の2.6％を吸収しているだけであり，今後のクルーザー客船からの下船ツーリストの増大が期待されている。つまり，ただ単に運河通航のクルーザー船ではなく，下船を前提としたクルーザー船の動向が運河将来予測に加わることになった。(MP，3章，p.49-51)

（スケジュール通りのクルーザー運航）

パナマ運河通航クルーザーのカテゴリーは，

① パナマ運河を観光目的にするケースで，7～10日間の運航ルートが多い。米西岸（サンディエゴ，カリフォルニア）から出航し，米東岸（マイアミ）間を往復する。多くはガツン湖で下船する。

② アラスカ行き，南米行きの世界周航のケース。

クルーザー船は決められた予定の中で運航している。1年以上前から航行日が決められており，予定変更は多くの問題をもたらす。パナマ運河航行の97％が予約制を利用している。54％がパナマックス船で，しかも10月～5

月の時期（パナマの乾季）に集中している。

（順調な増加傾向）

国際ライナークルーザー協会（CLIA）統計では，05年971万，06年1,000万，07年1,170万のクルーザー参加が見込まれている。最大の市場は米国の8,200万人のベビーブーマーと言われる。

05年時点での新造船は23隻で12隻はポストパナマックスサイズである。第三閘門運河の稼動で将来需要を着実に吸収することを前提とすれば，今後も比較的順調な増加傾向が予測されている。（同上，p.51）

3.2.7 一般貨物の通航需要予測

（長期減少化傾向）

運河を通航する一般貨物は，箱，袋，パレットなどで輸送される貨物が多い。特定ルートを持たない不定期船（トランパー）が多く，寄港地，貨物，時間等もまちまちであり，地域内輸送が多い。貨物としては，コンテナ，穀物，肥料，木材製品，その他農産物が中心である。

95年には通航隻数が1,543隻，貨物量1,140万トンもあったが，2000年には1,008隻，790万トン，05年には856隻，720万トンと減少し，2025年の予測値は483隻，421万トンへと一層の減少化傾向が見込まれている。（同上，p.53）

3.3 運河通航需要予測の総表

（セクター別通航量，実績と予測）

MP，第3章では，主要7セクターの通航需要予測分析を行い，その結果は多くの図表やグラフによって表示されている。各セクター別に1995年から2005年までの10年間分は毎年の通航量と通航隻数のデータが，また2006年から2025年までは5年毎に通航量と通航隻数の予測データが表示されている。ここではスペースの関係もあり，95年以降2025年まで，5年毎のデーターで再整理（図表3-8）して見た。通航量，通航隻数のいずれに

(図表3-8) パナマ運河、セクター別通航量、通航隻数(実績と予測)

	1995 実績	1995 比率	2000 実績	2000 比率	2000 伸率	2005 実績	2005 比率	2005 伸率	2010 予測	2010 比率	2010 伸率	2015 予測	2015 比率	2015 伸率	2020 予測	2020 比率	2020 伸率	2025 予測	2025 比率	2025 伸率
1)コンテナ																				
隻数	1,302	11%	1,704	16%	31%	2,862	25%	68%	3,252	26%	14%	4,598	32%	41%	6,077	38%	32%	7,706	42%	27%
通航量(万トン)	3,210	16%	4,910	23%	53%	9,740	38%	98%	11,917	39%	22%	17,006	45%	43%	22,458	51%	32%	28,501	55%	27%
2)乾貨物																				
隻数	3,879	31%	3,117	28%	-20%	2,613	23%	-16%	3,375	27%	29%	3,553	25%	5%	3,658	23%	3%	3,710	20%	1%
通航量(万トン)	7,860	39%	6,710	31%	-15%	5,520	21%	-18%	7,398	24%	34%	7,772	32%	5%	7,956	18%	2%	8,049	16%	1%
3)液体バルク																				
隻数	2,101	17%	2,137	19%	2%	1,806	16%	-15%	1,535	12%	-15%	1,570	11%	2%	1,616	10%	3%	1,691	9%	5%
通航量(万トン)	3,290	27%	3,390	16%	3%	3,490	14%	3%	2,847	9%	-18%	2,954	8%	4%	3,090	7%	5%	3,285	6%	6%
4)冷凍船																				
隻数	2,578	21%	2,004	18%	-22%	2,291	20%	14%	2,202	18%	-4%	2,355	16%	7%	2,518	16%	7%	2,745	15%	9%
通航量(万トン)	1,810	9%	1,520	7%	-16%	1,850	7%	22%	1,766	6%	-5%	1,907	5%	8%	2,128	5%	12%	2,345	5%	10%
5)自動車船																				
隻数	623	5%	723	7%	16%	756	7%	5%	1,107	9%	46%	1,269	9%	15%	1,381	9%	9%	1,505	8%	9%
通航量(万トン)	2,400	12%	3,220	15%	34%	3,460	13%	7%	5,062	16%	46%	5,836	15%	15%	6,387	14%	9%	7,007	14%	10%
6)客船																				
隻数	310	3%	283	3%	-9%	230	2%	-19%	264	2%	15%	334	2%	27%	363	2%	9%	390	2%	7%
通航量(万トン)	690	3%	950	4%	38%	1,000	4%	5%	1,299	4%	30%	1,659	4%	28%	1,809	4%	9%	1,943	4%	7%
7)一般貨物																				
隻数	1,543	13%	1,008	9%	-35%	856	7%	-15%	745	6%	-13%	660	5%	-11%	569	4%	-14%	483	3%	-15%
通航量(万トン)	1,140	6%	790	4%	-31%	720	3%	-9%	649	2%	-10%	574	2%	-12%	496	1%	-14%	421	1%	-15%
合計																				
隻数	12,336		10,976			11,414			12,480			14,339			16,182			18,230		
通航量(万トン)	20,400		21,490			25,780			30,938			37,708			44,324			51,551		

(注) 表中の比率は最下段の隻数、通航量の合計値に占める比率。伸率は対前期(5年前)比の伸び率。トンはパナマ運河トン。前出プロポーザルの図表-14のデータとは若干の差異がある。
(出所) マスタープランの第3章、セクター別の需要、実績、予測データから筆者作成。

おいても，コンテナが突出した増加傾向を示している。それ以外のセクターでは，わずかに自動車船だけが増加傾向を示しているだけである。先述のようにコンテナでは，北東アジアと米東岸間のコンテナ輸送需要の伸びが大きく，ひいては第三閘門運河プロジェクトの妥当性を決定付ける最大要因であるとも言える。この点については，別のデータソースを使用して再度，検証してみたい。なお，前出のプロポーザルから抽出した「図表3-1」のデータと，下のMPの中からピックアップしたデータから作成した「図表3-8」の数値には若干の差異がある。2005年の実績値は両者同じであるが，2025年の予測通航量は，前者では5.08億トン，後者が5.16億トンになっている。これは各セクターの予測値から生じる差異を反映したものと思われるが，許容できる誤差の範囲と言えよう。

3.4 運河通航需要予測の検証

上述のようにパナマ運河の今後20年間の通航需要予測では，北東アジアと米東岸間のコンテナ輸送が最もダイナミックに成長する分野であった。むしろこのルートを利用するコンテナ貨物量が第三閘門運河プロジェクトの成否を左右すると言っても過言ではない。

そのような重要性を考慮して，同ルートを通航するコンテナ貨物量の動向をMPのデータとは別のデータを利用してMPのデータを検証して見たい。

日本海運振興会がとりまとめている「全アジア／米国間コンテナ貨物，荷動き量推移」（05年12月速報）をベースに検証用データーを作成することにする。同速報によると，パナマ運河ルートを含む「全アジア」⇒「全米国向け」の05年のコンテナ数は約1,290万TEUで前年比14%近い増加率であった。この中でパナマ運河ルートを通らない「全アジア」⇒「米西岸向け」は962万TEUで全体の75%（前年比11%増）であった。他方，パナマ運河ルートを通る「全アジア」⇒「米東岸向け」は300万TEUで全体の18%（同18%増）であった。

また，パナマ運河ルートを含む「全米国」⇒「全アジア向け」は455万

TEU（同 8％増），この中でパナマ運河ルートを通らない「米西岸」⇒「全アジア向け」は 317 万 TEU で全体の 70%（同 9.3％増），パナマ運河ルートを通る「米東岸」⇒「全アジア向け」は 124 万 TEU で全体の 28%（同 5％増）となっている。

「全アジア」⇔「全米国間」のコンテナ通航量（1,743 万 TEU）のうち，パナマ運河を通航する分は，a）「全アジア」⇒「米東岸」と，b）「米東岸」⇒「全アジア」の 2 ルートの合計分だけである。この 2 ルートの 05 年の合計は 424.7 万 TEU であった。02 年から 05 年までの両ルートの平均伸び率 17.9% と 10.9% をそのまま延長して 2025 年までの予測値を計算した結果が次の図表 3-9 に示してある。2025 年の予測値の合計は 9,100 万 TEU となった。

TEU データーをトン換算（ACP の換算率 TEU＝13 トンを利用）して見ると，表中（図表 3-9）にもあるように，2005 年で 5,521 万トン，2010 年 1.16 億トン，2015 年 2.49 億トン，2020 年 5.39 億トン，2025 年 11.8 億トン等となる。MP の前出のパナマ運河を通航する予測値（図表 3-8）と検証用データーとを比較して見よう。勿論，この MP の予測値には，「アジア」⇔「米東岸」だけでなく，他に「南米西岸」⇔「米東岸」等の主要航路のコンテナ貨物も含むので両者を単純比較することはできないが，ある程度規模の差を確認することはできそうだ。

検証用のコンテナ貨物量予測値（1.16 億トン）は 2010 年までは MP の予測値（1.19 億トン）の範囲内に収まっている。それが 2015 年には検証用が 2.49 億トンに対し MP は 1.7 億トン，2020 年は 5.4 億トンに対し 2.25 億トン，2025 年は 11.8 億トンに対し 2.85 億トンと検証用予測値が MP 予測値を大幅に上回る結果となっている。両者の予測値の違いは単純に年間増加率の違い（検証用では 15%，MP では 5%）に起因するが，もし「アジア」⇔「米東岸」間のコンテナ貨物の流れが 02 年から 05 年までと同じような成長率（15.1%）を示した場合，2010 年以降は現行運河でも，また 2015 年以降には第三閘門運河が完成しても，コンテナ通航需要は吸収できないという事態が予想される。

現行運河能力（3.3 億トンが限界）を上回る通航需要を第三閘門運河では

3. 運河通航貨物の需要予測　71

どこまで吸収できるのか，2025年時点では1.7億トンまで吸収すると予測されている。しかし2025年以降，増大する需要をどこまで吸収できるのかは今回のMPでは提示されてはいない。

運河操業用水の供給能力の限界，現行運河の操作回数の限界，第三閘門運河が1レーンであることによる通航限界，等，いくつかの阻害要因が想定される。そもそも通航貨物量では約6億トンが限界とする説もある。「アジア」⇔「米東岸」間のコンテナ通航需要が現在の勢いで伸びる場合，2020年頃には再び新運河建設の必要性が議論される可能性もある。

(図表3-9)　パナマ運河(全アジア⇔米東岸)，コンテナ通航量予測

年	a)全アジア⇒米東岸(万TEU)	対前年増減(%)	b)米東岸⇒全アジア(万TEU)	対前年増減(%)	合計 a)+b)(万TEU)	対前年増減	トン換算(万トン)	4,000TEU(隻)	6,000TEU(隻)
2002	185.6	36.8	93.1	13.3	278.7		3,623.1	696.8	464.5
2003	213.9	15.3	109.2	17.2	323.1	15.9%	4,200.3	807.8	538.5
2004	255.4	19.4	117.9	8.0	373.3	15.5%	4,852.9	933.3	622.2
2005	300.8	17.8	123.9	5.1	424.7	13.8%	5,521.1	1,061.8	707.8
4年間平均		17.9		10.9		15.1%			
以下予測						(対5年前)			
2010	685.2		208.8		894.0	110.5%	11,622.0	2,235.0	1,490.0
2015	1,561.0		351.8		1,912.8	114.0%	24,866.4	4,782.0	3,188.0
2020	3,556.2		592.0		4,149.0	116.9%	53,937.0	10,372.5	6,915.0
2025	8,101.3		998.9		9,100.2	119.3%	118,302.6	22,750.5	15,167.0

(注)　02年〜05年は実績値，それ以降は02年〜05年の対前年増加率の平均値で予測した。
　　　右2欄は，コンテナ船2つのサイズ，4,000TEU (パナマックス) と6,000TEU (ポスト・パナマックス) で通航した場合の通航隻数。
　　　年間操業日 (365日) で割ると，2010年の場合，4,000TEUの船では1日当り約6隻，6,000TEUでは1日当り4隻となる。2025年の場合はそれぞれ62隻，42隻と換算できる。2015年以降，第三閘門運河が操業状態に入るので，4,000TEU以上のポストパナマックス船を吸収することになる。トン換算は，TEU=13トンで計算した。
(出所)　(財)日本海運振興会「アジア／米国間コンテナ貨物，荷動き量推移」(05年12月速報) を利用して筆者作成。

3.5 主な運河通航ルート

 2005年のパナマ運河通航貨物量をルート別に見たものが,図表3-10と3-11である。図表3-10は大西洋岸の主な積出港,国,地域から太平洋の国々に向けた場合(1)であり,図表3-11は太平洋岸の主な積出港,国,地域から大西洋の国々に向けた場合(2)である。(1)の場合,大西洋岸⇒太平洋向けのパナマ運河通航貨物総量は05年の場合,約1億トンであった。第1位は,米ガルフからで4,794万トン(全体に占める割合は48%)の貨物が積出され,日本(1,934万トン),中国(615万トン),韓国(485万トン),チリ(235万トン),米西岸(223万トン),台湾(146万トン)向けにパナマ運河を通航している。第2位は,米南大西洋岸からの1,249万トン(全体に占める割合は13%)で,中国,日本,韓国に向けて積み出されている。第3位はヨーロッパからの1,060万トン(同11%)で,米西岸(413万トン),南米西岸向け(286万トン)の貨物である。それ以下は,第4位が北米北大西洋岸(592万トン),第5位ベネズエラ(540万トン),第6位ブラジル(299万トン)等となっている。
 一方(2)は,太平洋岸から大西洋岸向けの場合(図表3-11)である。05年の場合,太平洋岸⇒大西洋岸向けのパナマ運河通航貨物総量は約8,600万トンであった。第1位は,中国からの1,873万トン(全体に占める割合は22%)で,仕向け地はガルフ(623万トン),北大西洋岸(468万トン),南大西洋岸(440万トン)等となっている。第2位は南米西岸のチリからの1,288万トン(同15%)で仕向け地は米東岸(641万トン),ヨーロッパ(437万トン)であった。第3位は韓国からの734万トン(同9%)で主に米東岸向け(603万トン)である。それ以下は,第4位ペルー(721万トン),第5位日本(635万トン),第6位エクアドル(625万トン),第7位米西岸(579万トン)等となっている。

3. 運河通航貨物の需要予測　73

(図表3-10)　パナマ運河主要ルート通航量　(1) 大西洋⇒太平洋 (2005年)

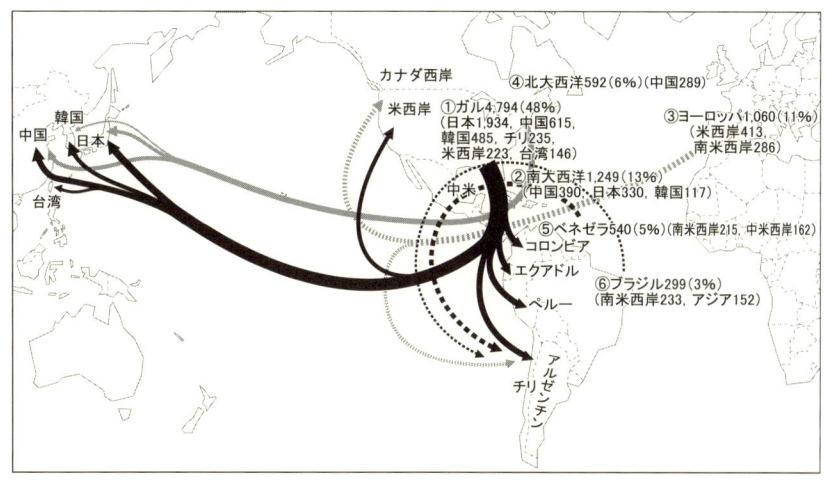

カナダ西岸
米西岸
④北大西洋592(6%)(中国289)
①ガルフ4,794(48%)
(日本1,934, 中国615,
韓国485, チリ235,
米西岸223, 台湾146)
③ヨーロッパ1,060(11%)
(米西岸413,
南米西岸286)
中国　韓国　日本
台湾
中米
②南大西洋1,249(13%)
(中国390, 日本330, 韓国117)
⑤ベネズエラ540(5%)(南米西岸215, 中米西岸162)
コロンビア
エクアドル
ペルー
⑥ブラジル299(3%)
(南米西岸233, アジア152)
アルゼンチン
チリ

(注)　ルートの太さは1位を最大にした場合のイメージ。主要積出港・国・地域の前の番号は積出量の順位、上位5位まで図示した。単位は万ロング・トン、( ) 内は全体に占める割合 (%) および主な仕向国・地域。2005年 (大西洋⇒太平洋) の通航貨物総量は約1億トン。
(出所)　パナマ運河庁2005年年報「表-8」から筆者作成。

(図表3-11)　パナマ運河主要ルート通航量　(2) 太平洋⇒大西洋 (2005年)

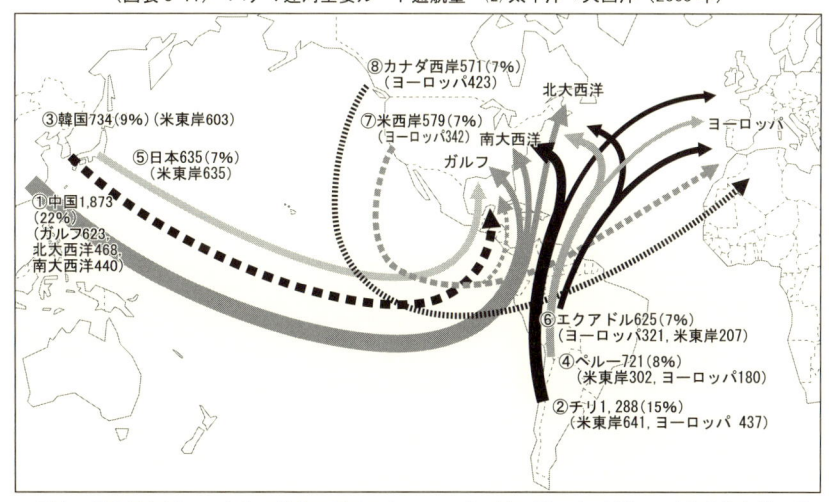

⑧カナダ西岸571(7%)
(ヨーロッパ423)
北大西洋
③韓国734(9%)(米東岸603)
⑦米西岸579(7%)
(ヨーロッパ342)
南大西洋
ガルフ
ヨーロッパ
⑤日本635(7%)
(米東岸635)
①中国1,873
(22%)
(ガルフ623,
北大西洋468,
南大西洋440)
⑥エクアドル625(7%)
(ヨーロッパ321, 米東岸207)
④ペルー721(8%)
(米東岸302, ヨーロッパ180)
②チリ1,288(15%)
(米東岸641, ヨーロッパ 437)

(注)　前出図と同じ、上位7位まで図示した。2005年 (太平洋⇒大西洋) の通航貨物総量は約8,600万トン。
(出所)　パナマ運河庁2005年年報「表-9」から筆者作成。

4. 運河通航料金政策

4.1 運河通航料金引き上げ政策と主要運河利用国経済への影響

　パナマ運河庁（ACP）は第三閘門運河を建設するための原資は，運河通航料金の引き上げを通じて確保することをプロポーザルの中で明言している。それにしてもその記述は余りにも簡単である。2025年までの20年間，運河通航料金は毎年3.5％ずつ引き上げるとだけ書いてあり，付帯条件等については一切言及しない簡単な内容となっている。

　今回公表された関連調査をチェックして行くと，料金引き上げに関連する「関連調査」は，ACPの委託でマーサー・マネジメント・コンサルティング社（MMC）が実施している。その調査結果は，「パナマ運河の料金引き上げによる主要利用国経済へのインパクト評価」[注1] によって公表されている。この調査結果を踏まえてACPは20年間，毎年3.5％の料金引き上げを行うという正当性を確立したものであろう。しかし，MMCの調査手法や利用データーを検討して行くと多くの疑問点が出てくる。従って調査結果そのものの有効性も疑わしくなる。なぜこのようなレベルの調査結果をACPが受領したのであろうか？

　　（注1）　報告書の正式タイトルは，"Assessment of the Impact of Changes in Canal Transit Costs on the Economies of Ecuador, Chile, Peru, US. and Japan", by Mercer, Management Consulting，最終報告書は05年4月にACPに提出され，06年4月25日に公表されたマスタープランと同時に他の100件近い関連調査の一部として一般公表された。

　近年のパナマ運河通航料金の引き上げの場合，運河利用国の荷主や海運会社の反発を招いてきた。特にパナマ運河を利用して米東岸向けやヨーロッパ

向けの輸出促進戦略を推進している南米太平洋岸諸国（チリ，ペルー，エクアドル，コロンビア等）は，通航料金引き上げには敏感のようである。

他方，運河返還後，パナマ政府にとり運河収入から産み出される国庫納入金は各種社会経済政策の遂行上，重要な財源となりつつある。今回の「国民投票」に向けて，第三閘門運河プロジェクトはパナマ国民に新たな債務をもたらすプロジェクトではないこと，運河工事費用は料金政策によって確保されることをパナマ国民に明確に伝達しようとしている。しかしこれに反し料金政策についての情報が MP ではゼロに近いのはなぜだろうか。利益極大化を狙うパナマ側に立ってみると，運河利用者は料金負担に関しては面倒な交渉相手でもある。運河通航料金の引き上げを行う際，できるだけ拘束されないフリーハンドを維持しておきたいという気持は分からないではない。

以下では，運河通航料金政策の理由付けとなった MMC の「関連調査」の内容を紹介し，その問題点や疑問点を抽出し，この種の調査結果を公開した ACP の意図についても触れて見たい。

4.2 分析対象国は主要運河利用 6 ヶ国

MMC の調査で分析対象とした国は，米国，中国，日本，チリ，エクアドル，ペルーの 6 ヶ国である。これら 6 ヶ国は，運河利用国（ACP の 04 年年報によれば運河利用国は全部で 111 ヶ国）のトップ 10 に含まれるパナマ運河主要利用国である。

参考までに運河利用トップ 10 ヶ国の 03 年と 04 年の利用状況は下表の通りである。（図表 4-1）日本は長年，米国に次いでパナマ運河利用国として第二位であった。しかし 04 年に初めて中国（3,998 万トン）が日本（2,990 万トン）を上回り第二位になるという歴史的転換点があった。また 04 年の積出量（Origin，運河ルートを通る当該国の輸出量）だけを見ると，中国（1.71 億トン），チリ（1.23 億トン），カナダ（8,300 万トン），エクアドル（7,550 万トン），ベネズエラ（7,980 万トン），韓国（5,780 万トン），ペルー（5,620 万トン）が，全て日本（499 万トン）を上回っている。日本が運河利

(図表 4-1) パナマ運河；主要利用国（単位；10 万ロング・トン）

順位	国	04年 積出 (Origin)	04年 仕向け (Destination)	04年 同国向け (Intercoastal)	04年 合計①	04年 合計② (同国向けを除く)	05年 積出 (Origin)	05年 仕向け (Destination)	05年 同国向け (Intercoastal)	05年 合計①	05年 合計② (同国向けを除く)
1	米国	814.5	542.3	23.3	1,356.8	1,333.5	763.7	520.1	21.5	1,283.9	1,262.3
2	中国	171.1	228.4	0	399.4	399.4	108.8	162.9	0	271.7	271.7
3	日本	49.9	249.1	0	299.0	299.0	57.9	249.3	0	307.2	307.2
4	チリ	123.3	58.6	0	181.9	181.9	124.3	48.8	0	173.2	173.2
5	韓国	57.8	98.8	0	156.7	156.7	65.4	79.4	0	144.7	144.7
6	エクアドル	75.5	45.7	0	121.2	121.2	58.5	37.1	0	95.6	95.6
7	ペルー	56.2	64.0	0	120.2	120.1	57.3	57.6	0	115.0	115.0
8	カナダ	83.8	25.3	0.6	109.1	109.1	82.9	24.1	0.5	107.0	107.0
9	ベネズエラ	79.8	9.9	0	89.7	89.7	58.6	7.0	0	65.7	65.7
10	台湾	34.6	53.9	0	88.5	88.5	33.1	57.6	0	90.8	90.8
	合計	1,546.5	1,376.0	23.9	2,922.5	2,899.1	1,410.5	1,243.9	22	2,654.8	2,633.2

(注)「積出」(Origin)は当該国から積み出される貨物で輸出，「仕向」(Destination)は当該国向けの貨物で輸入。

03年までは日本が二位であったが，04年には中国が二位となった。04年の場合，積出（輸出）だけでは，中国，チリ，カナダ，エクアドル，ベネズエラ，韓国，ペルー等が全て日本を上回っている。

米国とカナダの場合，運河を通航して同じ国の東海岸⇔西海岸の間の輸送貨物はIntercoastal としてダブル計算を回避している。

合計①は，Intercoastal も含めた合計，②は除外した合計。上記 10ヶ国合計は，運河通航貨物量合計（03年 1.88億トン，04年 2億トン）をそれぞれ 7,500万トン，9,000万トンも上回る。その理由は必ずしも ACP データーには記載されていない。

(出所) ACP 年報（03年，04年）から筆者作成。

用国として総合三位に留まっているのは，主に仕向け量（Destination, 運河ルートを通る当該国向け輸入量）が二位（2,491万トン）となっているからである。これは米国の東岸港（ガルフを含む）から積み出される，とうもろこし，大豆等の穀物類がパナマ運河経由で日本仕向けとなっていることによる。

4.3　調査目的，結論

以下はMMCの調査内容の検討であるが，疑問点には一連番号をつけた。MMCの調査目的は，1) 運河通航料金の引き上げによる運河通航量への

影響，2) 運河利用国への経済的影響を評価することであるとしている。そのため各国別の全貿易量をチェックし，その中に占める運河通航貨物量について8割まではチェックしたとしている。

その結果，米国，中国，日本の場合，経済規模に対する運河通航貨物量は小さく，料金引き上げ（最高200%，すでにこの前提があった！）による影響はほとんどないこと，チリ，エクアドル，ペルーの場合，影響は多少あるが，料金引き上げに伴う経済（対GDP，インフレ）に対する影響は大きなものではないと結論付けている。

(疑問①；不思議なことに，上記調査目的のトップに掲げられている"運河料金引き上げによる運河通航量への影響"に関するデーターはMMCの調査結果の中には全く表れてこない。当初から料金引き上げに伴う運河通航量への影響分析はやらないことにしていたとしか思えない。そのことはMMCの下記の分析手法の説明の中でも全く言及していないことからも明らかである。つまりMMCの調査目的は，200%の料金引き上げによる運河通航量への影響を評価することではなく，運河利用国側が受ける影響に焦点が絞られていたと言うことができる。）

各国別の分析結果を紹介する前に，MMCがどのような分析手法により作業を進めたのかを先ず明らかにしておきたい。

4.4 運河通航輸出品目の分析

MMCの調査では，各国別にかなり細かい統計データーの分析を行っていることは事実だ。MMCがやった分析作業は，1) 当該国の海上貿易の分析と各品目の各国経済への影響，2) 運河通航品目の特定化，3) 運河通航品目の分析，料金引き上げの影響分析，4) 当該国の貿易，経済への料金引き上げの影響分析等であるとしている。つまり，国別に運河を通航している品目を特定化した後，料金引き上げによる輸送コストに対するインパクト分析を行うために次の6項目のデーターを算出している。

1) 品目別の運河通航輸出額（FOB額），2) 全輸出額に対する運河通航品目の割合（＝1）/3)），3) 当該品目の全輸出額，4) 全輸出額に占める運河通航品目の金額比率，5) 各品目のCIF価格に占める運河通航コストの割合，6) 200％料金引き上げによるCIF額へのインパクト。

4.4.1　米国のケースで検証

上記のデーター分析が実際どのように行われたのかを米国のデーター分析結果を検証し，疑問点等を明らかにして見たい。（図表4-2,「パナマ運河通航の米国輸出品分析結果」を参照）

米国の運河通航主要貨物は12品目が対象となっている。MMCの報告書ではトップに例示してある「とうもろこし」の場合を例にデーター分析作業の中身を次のように説明している。（MMC報告書，p.10）筆者の疑問点ないしコメントは括弧内に記述した。

図表4-2（以下同じ）のヨコの欄の1）には，運河を通航する「とうもろこし」の金額（FOB）（18.9億ドル）が記入されている。
　（疑問②；この品目別の金額データーは，どのように計算したのだろうか？　下記の疑問⑤と同じ疑問である。）

図表のヨコの欄の3）は，03年の米国産「とうもろこし」の輸出額50億ドルが記入されている。
　（コメント①；このデーターは米国の輸出統計から簡単にピックアップできるはず。）

図表のヨコ欄の2）は，3) の金額（50億ドル）に対する1) (18.9億ドル）の割合37.8％が記入されている。
　（疑問③；「大豆」は41.7％とかなり高い割合である。ちなみに12品目の平均運河通航割合を計算して見ると18.6％になる。後述のエクゼクティブ・サマリーでは米国輸出品のパナマ運河依存度は小さいとする記述があるが，

4. 運河通航料金政策　79

(図表 4-2)　パナマ運河通航の米国輸出品分析結果

	商品	1) 運河通航輸出FOB額(10億ドル)	2) 運河通航額／全輸出額	3) 全輸出額(10億ドル)	4) 全米輸出額に占める比率	5) CIF額に占める運河通航コスト割合	6) 200%引上げによるCIF額へのインパクト
1	とうもろこし	$1.89	37.8%	$5.02	0.7%	1.5%	2.4%
2	大豆	$3.31	41.7%	$7.94	1.1%	0.7%	1.2%
3	雑化学品	$5.16	20.9%	$24.62	3.4%	0.2%	0.3%
4	雑肥料	$0.51	22.0%	$2.34	0.3%	1.4%	2.1%
5	石油コークス	$0.13	11.8%	$1.13	0.2%	3.7%	5.8%
6	小麦	$0.41	10.4%	$3.96	0.5%	1.2%	1.9%
7	雑木材	$0.05	1.2%	$3.75	0.5%	0.9%	1.5%
8	スクラップメタル	$0.75	16.0%	$4.73	0.7%	0.6%	1.0%
	コンテナ貨物	$13.60					
9	木材パルプ	$0.39	28.4%	$1.37	0.2%	1.9%	2.9%
10	塩, 硫黄, 土, セメント	$0.18	12.0%	$1.53	0.2%	1.2%	1.8%
11	紙	$1.05	10.2%	$10.26	1.4%	0.5%	0.7%
12	プラスティック	$2.91	10.4%	$27.92	3.9%	0.3%	0.4%
	7) 合計	$30.34	222.8%	$94.57	13.1%	14.1%	22.0%
	7) 品目平均値		÷12=18.6%		÷12=1.1%	÷12=1.2%	÷12=1.8%

(注)　表中の1)は，各商品の運河通航商品総額，2)各商品の全輸出額に対する運河通航額の割合，3)当該商品の全輸出額（輸送モードに無関係），4)各商品の全米輸出総額に占める比率，5)各商品の最終陸揚げコストに占める運河通航料金（通航料金，その他サービス料）の割合，6)通航料金200%の引き上げによるCIF価格の上昇率。7)元の表には合計額はなく，筆者が計算し追加したもの。

(出所)　Mercer Management Consulting, (ベースデーター) ACP, US WaterbN COMTRADE, US Census Bureau.

(図表 4-3)　運河通航の米国輸入品目の分析結果

		1) 運河通航割合	2) 03年, 運河通航トン(100万トン)	3) 平均単価 CIF/ton	4) トン当たり運河通航単価(米ドル)
1	鉄鋼品	10.9%	5.74	$748	$4.23
2	塩	7.7%	4.05	$21	$0.08
3	原油	5.5%	2.89	$208	$0.59
4	石油製品	2.0%	1.03	$303	$0.31
5	コークス, 石炭	4.2%	2.22	$109	$0.24
6	石油コークス	0.6%	0.34	$64	$0.02
7	ガソリン	4.8%	2.54	$222	$0.55
8	鉄鉱石	4.7%	2.49	$48	$0.12
9	雑化学品	4.1%	2.17	$1,093	$2.33
10	セメント	3.9%	2.06	$48	$0.10
11	自動車, トラック	3.3%	1.72	$10,618	$18.02
12	コンテナ貨物	26.3%	13.81	$4,177	$56.81
13	その他	21.9%			
	合計 (注1)	99.9%	41.06		
	平均 (注1)	÷13=33.3			
	パナマ運河通航 CIF 金額合計				$83.40

(注1)　筆者が計算。
(出所)　ACP, Mercer 分析結果。

18.6％は決して小さいとは言えないはず。）

　図表のヨコ欄の4）は全米輸出額に占める3）の割合。つまり，03年の米国の全輸出額（7,240億ドル）に対しての個々の輸出商品（とうもろこし）の輸出額（50億ドル）の比率（0.7％）である。

　(コメント②；全輸出額に占める当該輸出品目の比重は確かに小さい。これは2）で算定された比較的大きな計算結果，例えば「大豆」の41.7％等を相殺するための役割を持たせているデーターにすら見える。"200％の料金引き上げ"があっても輸出全体に対する影響は微々たるものであることを印象づけるためのデータであるとも言える。とにかく，運河料金引き上げは世界の片隅のミクロ的事象であるかのような印象を作り上げるために作成された分析結果であるかのように見える。）

　図表のヨコ欄の5）はCIF額に占める運河通航コストの割合。MCCの説明では，「とうもろこし」のトン当たり運河通航価格（USドル）は，次のように計算されている。

　〈FOB価格（111.99ドル）＋フレート＆保険料（17.62ドル）＋運河コスト（料金＋その他サービス料）（2.01ドル）〉＝131.62ドル（CIF合計額）。

　CIFに対する運河コスト比率は，2.01÷131.62＝1.53％，従って5）には1.5％が記載されている。

　(疑問④；上記疑問②と同じ疑問である。米国から輸出される「とうもろこし」のFOB価格は，荷主によってまちまちのはずである。ここで使用されているFOB価格がどのように算出されたのか何ら説明がない。ACP公表の運河通航貨物量は2種類しかない。一つはロング・トンで，もう一つはACP独自の計算方式による貨物量[注]である。従ってここで利用しているFOB価格を入手しようとすればACPが別途未公表のまま保有していると思われる全貨物のインボイス価格をチェックして品目別の平均FOB価格を算定するしかない。又は，米国の貿易統計から輸出量と額を引用し，その中から運河通航分を抜き出した上，合計額から価格を逆算する方法があるか

も知れないがいずれも膨大な時間を要するはず。いずれにしても，品目毎のFOB 価格の情報を使用せざるを得なかったのは，最終的に運河通航料金の引き上げによる影響（対 GDP，対経常収支，対インフレ率等）を全て価格ベースで推計する必要があったからだと思われる。しかし，計算方法やデーターソース等が不明のため，データーそのものの信頼性も損なわれている。）

（注）パナマ運河庁（ACP）の独自の算定方式は，Panama Canal/Universal Measurement System（PC/UMS）と称し，ロング・トンと比較し約 1.29 倍の数値となっている。ACP 年報に公表される運河通航関連資料の中で金額データーは，料金及びサービス料と収入額だけであり，個々の貨物の FOB 価格データーはない。

4.4.2 運河通航輸出貨物の合計額

米国の運河通航主要輸出品目は 12 品目（「とうもろこし」以下「プラスティック」まで）である（図表 4-2）。この中で「コンテナ貨物」（FOB 総額は 1,360 億ドル）は 12 品目とは別扱いとなっている。これは「木材パルプ」以下 4 品目はコンテナ貨物で輸送されダブル計算を避けるための措置であると思われるが，例にもれずその理由は明記されていない。コンテナ貨物を除いた額を合計すると運河通航輸出額は 167.4 億ドルとなる。03 年の全米輸出総額 7,248 億ドルに対する運河依存度を推計して見ると 17.7％となる。また 12 品目平均では前述のように 18.6％という比較的高い割合となる。

（コメント ③；MMC の調査報告書では 6 ヶ国とも運河通航輸入合計額は表中には表記されていない。図表 4-2 にある合計額は，運河通航貨物額の全輸出額に占めるマグニテュードを評価するために筆者が別途計算して追加したものである。）

4.4.3 CIF 価格に占める運河通航コストと"センシティビティ調査"

MMC の調査目的の一つは既述のように，運河通航料金の引き上げは当該品目の輸送コストアップ要因にはならないことを証明することであった。しかし，報告書の中で行われている最も奇妙なデーター処理は，図表 4-2 のヨコ欄の 6）「200％引き上げによる CIF 額へのインパクト」の計算結果であ

る。米国の「とうもろこし」の場合，2.4%という数値になっているが，この計算根拠が全く不明なのである。

既述のように，海上輸送コスト（CIF額）は，〈FOB（111.99ドル）＋（運賃＋保険料）（17.62ドル）＋（その他サービス料）（2.01ドル）⇒ CIF価格（131.62ドル）であり，「その他サービス料」もパナマ運河通航料として捉えることができる。「とうもろこし」の場合，運河通航料金は2.01ドルだったので，対CIF価格比率は1.53%（2.01/131.62）となる。MMCは，運河通航料金を段階的に50%，100%，150%，200%としてCIFの上昇率を計算してセンシティビティ分析を行ったとしている。しかし，例えば通航料金を2倍引き上げたとすると，2.01の2倍⇒4.02　4.02/131.62＝3.05%のはずだが，表中の6）では2.4%となっている。

（疑問⑤；MMCの計算結果は，このように不可解なものが多い。通常の調査報告書ではあり得ないようなデーター処理が行われたとしか言いようがない。）

4.5　運河通航輸入品目の分析

一方，6ヶ国が運河を通航して輸入している主要品目については，次の4項目のデーターの算出が行われている。こちらの方でも以下のようにいくつかの疑問が出てくる。やはり米国のケースを参考にデーター内容を再確認して見る。（図表4-3「運河通航の米国輸入品目の分析結果」参照）

図表4-3のヨコ欄の1）では，「鉄鋼品」を初めとする13品目の運河通航割合が算出されている。（以下の疑問では，いずれも同表のヨコ欄に関する記述となるので，ヨコ欄の数字だけを示す。）

（疑問⑥；前出の輸出では価格が計算ベースとされていたが，輸入ではなぜか重量が計算ベースとなっている。1）欄には各品目の運河通航割合がパーセンテージで示されている。しかもこの比率が金額ベースなのか，重量ベースで計算されたのかの説明は全くない。13品目の平均運河通航割合を

試算して見ると33.3％にもなる。後述のエクゼクティブ・サマリーでは米国の輸入が運河に依存する度合いは低いとする記述があるが，輸入の3割以上が運河を通航している現実を低いと評価できるのか，一体何を基準として低いと評価しているのだろうか。)

2) は，各品目別の03年の運河通航量がトンベースで表示されている。
(疑問⑦；前出の輸出の場合は価格ベースであった。なぜ輸入の場合は重量ベースを使用したのか理由は不明。)

3) は，トン当たりCIF価格の平均単価が算定されている。
(疑問⑧；先の輸出の場合，CIF価格に占める運河通航コストの割合を算出していた。輸入の場合は，トン当たりのCIF価格を算定することで運河通航平均単価を表示している。両者が異なる基準（価格と重量）で計算されている理由の説明はない。恐らく，輸出と輸入でMMCの調査担当者が異なり，しかも相互調整がなされていなかったとしか言いようがない。調査委託側のACPがこのような統一性に欠けた欠陥だらけの調査報告書を受理し公表した理由が問われる。)

4) は，トン当たり運河通航単価が算定されている。
(疑問⑨；輸出ではCIF価格に占める運河通航コストの割合を表示していたが，輸入ではトン当たり運河通航単価を表示している。4)欄は比率ではなく，小数点以下まで表示した単価が記載されている。つまり，これだけ低い単価の運河通航料金なので多少の引き上げがあっても，商品別の平均単価へのインパクトは限られたものであることを強く印象付けようとしたデーターである。しかしここまで来るとデーターの恣意的操作をした調査報告書であるとしか言いようがない。)

4.6 料金引き上げによる経済的影響

　MMC の調査報告書では，上記（図表 4-2）「運河通航の輸入品分析結果」に示めされたデーターとは別に，各国への経済的な影響に関しては特にデーター分析の形跡がないまま，結論だけを記述している箇所がある。

　例えば，03 年の全米輸入総額に占めるパナマ運河通航額（CIF 額）は 6.4％であること，運河通航輸入額は，03 年の米国の GDP の 0.8％であること，また，03 年の米経常収支の赤字額は 5,300 万ドルであり，対 GDP 比 4.88％であるなどと記述した後に，パナマ運河通航料金の引き上げによる，米経常収支，GDP へのネガティブ・インパクトは無視できるレベルであると述べている。そして 200％の料金引き上げがあった場合，GDP は 0.003％の減少を示すであろうこと，インフレ率に対する影響は無視できる程度であるとも結論付けている。

　これらの結論（数値）は，エクゼクティブ・サマリーの中の各国別分析を記述した上，総括表「パナマ運河，料金引き上げ―200％―による主要運河利用国へのインパクト」の中で再整理している。（図表 4-4 参照）

　（コメント ④；各国経済への影響調査の分析結果の中には，なぜか経常収支赤字額だけは各国とも記載しているが，GDP 額の記載はない。また，米国では運河通航輸入総額の記載がないが，それ以外の 5 ヶ国の場合は，それが記載されており，MMC の調査における統計処理の整合性の欠如ぶりを表している。経済的影響の記述中，運河通航輸入割合は全米輸入総額（1 兆 2,570 億ドル（米商務省データー））の 6.4％であるとしているところから，運河通航輸入額を逆算して見ると 804 億ドルになる。さらに運河通航輸入額は 03 年米国の GDP（10 兆 9,712 億ドル（同上データー））の 0.8％であるとしているので，やはり逆算して見ると 878 億ドルとなり，双方とも 800 億ドル台の値いとなる。米国の輸入に占める運河依存度は決して低いとは言えない。）

(図表4-4) パナマ運河，料金引き上げ（200％）による主要運河利用国へのインパクト

国	海上貿易への依存	パナマ運河への依存	分析対象の運河関連品目	200％引上げの影響 輸入コストへのインパクト	200％引上げの影響 GDP削減率	影響品目，新たな傾向	インフレへの影響
米国	大	小	12品目，とうもろこし，大豆，木材パルプ（運河通航量25％以上）等	0.0028	0.003	・サービス経済化で，海上貿易の増加は減る。	無視できる
中国	大	小	14品目，コンテナ貨物（家具，玩具，ゲーム品，靴，アパレル）	0.007	0.003	・製造業品が輸出の半分，コンテナ貨物が増加。	無視できる
日本	大	小	8品目，天然コークス石炭等	0.0018	0.002	・労賃の安い国に部品を輸出。特に中国へ。	無視できる
チリ	中	中	13品目，フルーツ，銅，木材等。塩だけが影響あり。	0.11	0.03	・アジア市場への参入傾向拡大。	無視できる
エクアドル	大	中	5品目，バナナ，原油，コーヒー等。	0.18	0.04	・原油は海上からパイプラインへ移る可能性大。 ・バナナはEU関税率上昇，フレートコスト上昇の影響が大。	無視できる
ペルー	大	中	17品目，塩，鉄鉱石，鉛，銅，魚粉等。	0.17	0.02	・輸送コスト上昇の影響は塩，鉄鉱石のみ。 ・アジア市場への参入傾向拡大。	無視できる

(出所) Mercer Management Consulting, "Assessment of the Impact of Changes in Canal Transit Costs on the Economies of Ecuador, Chile, Peru, China, US and Japan", Exective Summary より作成。

4.7　MMC調査手法の構造的問題

4.7.1　他の代替ルートとの競合コスト比較は皆無

　MMCの調査結果と調査手法を検証する段階で，既にいくつかの疑問点（①～⑪）とコメント（①～④）を付記しておいた。これらに共通する問題点は，統計処理の整合性の欠如，本来表示すべきデーターに対する説明不足等であった。しかし，MMC調査が持つより構造的な問題がある。それは当初の調査目的に含まれていたはずの運河通航料金の引き上げによる運河通航

量に対する影響調査は全く存在していないという点にある。
(この点は 2.2 調査目的や疑問 ① でも指摘済みである。)

元々，運河通航料金が輸送コスト又は CIF 価格に占める比率はそれ程大きくはないかも知れない。しかし，理論的には運河通航料金を段々と引き上げて行くと，どこかの時点で船はパナマ運河以外のルートを選択するようになる。つまりパナマ運河ルートと他の輸送ルートとの損益分岐点がどこにあるかという問題である。

MMC の調査では，主要運河利用国別に詳細な関連データーの分析を行っている。200%（3倍）の料金引き上げがあってもパナマ運河通航の輸出価格への影響は軽微であること，また 200%の料金引き上げがあっても輸入品コストの上昇を通じて当該国の経常収支，マクロ経済（GDP 成長率），インフレ率に対しての影響は全くないか，あっても軽微であるとの結論が導き出されている。一見精緻な統計的分析を行っている印象がある。しかしそれらは全てパナマ運河通航コストについてだけの利用国，利用企業に対する経済的インパクト調査である。運河と他の代替ルートとの相対的なコスト競争力の分析ではない。いわば 20 年間のプロジェクト期間において 200%の料金引き上げがあってもパナマ運河の価格競争力は絶対的であるとの前提で行われた調査結果である。

4.7.2 「3ヶ国調査委員会」の調査結果との対比

1993 年に提出された「3ヶ国調査委員会」の「最終報告書」でも通航料金の引き上げ政策に対する提言がなされている。「3ヶ国調査委員会」の場合，パナマ運河通航料金と他の競合ルートとの相対的な価格関係を考慮し，運河通航料金引き上げの許容範囲を確定するためのセンシティビティ調査を行っている。その結論は，2020 年（第三閘門運河完成が 2015 年前後）から 2060 年までの 20 年間に 100%の引き上げをしても他のルートに貨物は逃げないであろうというものであった。それを超えた引き上げをすると利用者の反発を招き，パナマ運河ルートは価格競争力を失い他の輸送ルートに船が逃げる可能性があるとしている。

もう1点、「3ヶ国調査委員会」の結論と今回のACPの調査結論の違いは、料金引き上げのタイミングである。前者は第三閘門運河が完成（2015年頃）した後の2020年以降に料金を引き上げるとしているが、今回は第三閘門運河工事が始まる前から料金を引き上げることにしている。つまり工事開始前の2005年からプロジェクト終了の2025年までの20年間、年3.5%、20年間で100%の引き上げを建前としている。この種ビッグプロジェクトが予定工期内に完成する保証は少ないにも関わらず、第三閘門運河工事は予定通りに進捗し完成もするという大前提に立っている。しかも今回のMPやプロポーザルでは工事監理体制が明確でないどころか、主な工事仕様もこれから作製する状況にある。いわば未知数が余りにも多いマスタープランなのである。

4.8 MMC調査の背景と過去の運河料金トレンド

参考までに過去30年間の運河料金の推移を辿って見た。パナマ運河の通航料金は、運河開通（1914年）にセットされたトン当り90セントという価格水準が1973年まで維持されてきた。（図表4-5参照）米国の管理下で運河経営は利潤を目的としないという原則の下、通航料金は操業経費を賄う程度に抑えられていた。しかし1974年の石油危機後、インフレ、石油価格上昇という事態に直面して初めて20%近い大幅な引き上げが行われた。

「積荷」と「空荷」で多少の違いはあるが、右欄に記載されている引き上げ率は平均値である。2000年以降、経営権はパナマに移り、運河経営に収益性が加味されるようになった。特に運河返還が近くなり、「運河近代化」投資が始まる1997年頃からは引き上げ率が大きくアップし、引き上げ頻度も高まった。

興味深い点は、1978年から2003年までの25年間の累計引き上げ率は約100%、年平均4％という数字である。今回の引き上げ率と比較的近い数字となっている。どうやら今回の料金引き上げ率は過去のトレンドを単純に踏襲し利用者の抵抗の回避を狙った要素が強い。もしそうだとすれば、MMC

88 第1部 パナマ運河第三閘門運河案マスタープランの概要と検証

(図表4-5) パナマ運河（現行運河）；通航貨物量，通航料金の引き上げ，料金収入の変化

年	通航隻数	前年比伸び率(%)	①通航貨物量(100万ロング・トン)	前年比伸び率(%)	②通航料収入(100万ドル)	前年比伸び率(%)	トン当たり通航料②÷①	前年比伸び率(%)	引き上げ年月日	積荷	空荷	平均引き上げ率
1973	13,841		126.1									
1974	14,033	1.4%	147.9	17.3%					74年7月8日以前	0.9	0.72	
									74年7月8日以降	1.08	0.86	19.7%
1975	13,609	-3.0%	140.1	-5.3%								
1976	12,157	-10.7%	117.2	-16.3%					76年11月18日以降	1.29	1.03	19.5%
1977	11,997	-1.3%	123.2	5.1%	164.6		1.336					
1978	12,785	6.6%	142.8	15.9%	195.7	18.9%	1.370	2.6%				
1979	13,056	2.1%	154.5	8.2%	209.4	7.0%	1.355	-1.1%	79年10月1日以降	1.67	1.33	29.3%
1980	13,614	4.3%	167.6	8.5%	293.4	40.1%	1.751	29.2%				
1981	13,984	2.7%	171.5	2.3%	303.0	3.3%	1.767	0.9%				
1982	15,271	9.2%	185.7	8.3%	325.6	7.5%	1.753	-0.8%				
1983	12,954	-15.2%	145.9	-21.4%	287.8	-11.6%	1.973	12.5%	83年3月12日以降	1.83	1.46	9.8%
1984	12,523	-3.3%	140.8	-3.5%	289.2	0.5%	2.054	4.1%				
1985	12,766	1.9%	138.9	-1.3%	300.8	4.0%	2.166	5.4%				
1986	13,278	4.0%	140.1	0.9%	322.7	7.3%	2.303	6.4%				
1987	13,444	1.3%	148.9	6.3%	329.9	2.2%	2.216	-3.8%				
1988	13,441	0.0%	156.8	5.3%	339.3	2.8%	2.164	-2.3%				
1989	13,389	-0.4%	151.9	-3.1%	329.8	-2.8%	2.171	0.3%	89年10月1日以降	2.01	1.6	9.8%
1990	13,325	-0.5%	157.3	3.6%	329.8	0.0%	2.097	-3.4%				
1991	14,108	5.9%	163.2	3.8%	374.6	13.6%	2.295	9.5%				
1992	14,148	0.3%	159.6	-2.2%	368.7	-1.6%	2.310	0.6%	92年10月1日以降	2.21	1.76	9.9%
1993	13,720	-3.0%	158.0	-1.0%	400.9	8.7%	2.537	9.8%				
1994	14,029	2.3%	170.8	8.1%	419.2	4.6%	2.454	-3.3%				
1995	15,136	7.9%	190.4	11.5%	462.8	10.4%	2.431	-1.0%				
1996	15,187	0.3%	198.5	4.3%	486.7	5.2%	2.452	0.9%				
1997	14,747	-2.9%	189.9	-4.3%	493.6	1.4%	2.599	6.0%	97年1月1日以降	2.39	1.9	8.2%
1998	14,244	-3.4%	192.2	1.2%	545.7	10.6%	2.839	9.2%	98年1月1日以降	2.57	2.04	7.5%
1999	14,337	0.7%	196.0	2.0%	568.9	4.3%	2.903	2.2%				
2000	13,653	-4.8%	193.7	-1.2%	574.2	0.9%	2.964	2.1%	2000年1月1日以降			13.0%
2001	13,492	-1.2%	193.2	-0.3%	579.5	0.9%	2.999	1.2%				
2002	13,185	-2.3%	187.8	-2.8%	588.8	1.6%	3.135	4.5%	02年10月1日以降			8.7%
2003	13,154	-0.2%	188.3	0.3%	666.0	13.1%	3.537	12.8%	03年7月1日以降			4.5%
合計＊		12.2%		49.1%		152.9%		104.7%				100.7%
÷25年		0.5%		2.0%		6.1%		4.2%				4.0%
2004	14,035	6.7%	200.3	6.4%	757.7	12.1%	3.783	7.0%				
2005	14,011	-0.2%	193.8	-3.2%	847.6	11.9%	4.374	15.6%				
2006	14,194	1.3%	211.7	9.2%	1,026.4	21.1%	4.848	10.8%	2006年5月1日(注)			

(注) 第三閘門運河案の料金値上げ案の参考データーとして，合計＊は対前年比伸び率25年間（1978年以降）分を累計し年平均値を出した。
通航貨物量が安定化傾向を示す第二次石油危機前後（1978年）以降を統計対象とした。
通航隻数は小型船など全てを含む。通航貨物量はPCUトンでなくロング・トンを採用した。04年以降，PCUトンはロング・トンの約1.4倍の換算率。
06年5月1日以降，コンテナ貨物は1TEU当り49ドル（積荷），39.20ドル（空荷），一般貨物は03年7月1日以降，トン（PCU）当り2.96ドル。
(出所) 99年までは「運河委員会」(PCC)，2000年以降のデータは現「運河庁」(ACP)の年報をベースに筆者作成。

の調査手法や統計的不統一や説明不足，そしてその結果に対するいくつかの疑問点は依然として残るものの，100％程度の料金引き上げは大きな問題ではないというイメージを形成するための調査であったとすれば，ACPの目的はある程度達成していたのかも知れない。しかし，今後，実際に料金引き上げ率を設定する際，明確な条件を設定してないことから，議論が複雑化し，場合によっては，プロジェクト全体の進行を阻害する場合もありうる。

5. 現行運河と第三閘門運河の関係

　今回のマスタープラン（MP）には，第三閘門運河建設工事だけではなく，現行運河の容量最大化に向けた改良工事も含められている。第三閘門運河は現行運河と平行したルート上に建設され，一部区間（主にクレブラカットとガツン湖内）では，両運河を航行する船が全く同じ航路を走行するという関係が生じる。このため第三閘門運河の完成までに大型船（ポスト・パナマックス船）が航行できるよう現行運河の航路の一部区間を深くしたり，幅を広げたりする工事は，第三閘門運河建設に向けた工事の一部ともなるという前提に立っている。それと同時に，第三閘門運河が建設されない場合でも，現行運河の容量を最大限に活用するため関連設備に改良を施しておくための工事でもある。

　重要なことは，現行運河の改良工事の経費は約5億ドルと見積もられているが，それは第三閘門運河工事の経費とは全く別の経費（これまでの通航料金の値上げ分）で賄われるということであろう。

　本章では，MPの第5章「現行運河の能力最大化」を主に紹介する。

5.1　現行運河の容量最大化

5.1.1　現行運河容量

　現行運河は現状のままで行くと，08年～09年に容量限界に到達し，年間通航貨物量は2.8～2.9億トンレベルでそれ以降は横ばいとなる。その後，第三閘門運河の工事が実施されても操業開始までの5～10年間は，より効率

的なサービスを提供するために改良工事が必要となると MP では述べている。(注)

> (注) MP 第5章の冒頭1ページ目。ここで注目されるのは，5～10年間という年数の幅であろう。第三閘門運河が予定通り07年に建設工事が開始されれば，2015年には操業開始予定となっている。しかし，5～10年という幅をそのまま受け取ると3年ないし4年の遅れで操業開始は2018年か2019年となる。この種のビッグ工事は遅れるのは常識と言われればそれまでだが，工事の完成は予定より3～4年の遅れを既に見越していると言うことかも知れない。このような工事の遅延があるからこそ工事完了前の料金引き上げの妥当性についても事前の議論が必要となるのである。
>
> また，上記 MP の通航トンによる容量レベルの表現は読者に無用の誤解をもたらすので注意が必要だ。05年の通航量は既に2.78億トンに達しているので，読者は既に容量限界に限りなく近い状態になっているものと推定してしまう。しかし運河の通航容量は，実際には閘門の操作回数が問題となるはずだ。なぜなら，大型船の比重が増えると，閘門の操作回数は同じでも，通航貨物量は増大することもあるからだ。
>
> 太平洋側のペドロミゲル閘門の操作回数（33回/日）が現行運河容量の限界点ともされている。そこから現行運河容量，消費水量は次のように推計することもできる。
>
> 33回×365日＝年12,045回（隻），12,045隻×2.2万トン/1隻の平均積載トン＝2.65億トン，12,045×3万トン＝3.6億トン。水使用量は，12,045隻×20万m³/（1隻の平均使用水量）＝24.1億m³。
>
> つまり，ペドロミゲル閘門の操作回数能力は33回（33隻）であるが，1隻の貨物量の平均トン数が2.2万トンから3万トンに増えれば通航貨物量は3.6億トン強へと1億トン近くも増える。つまり容量限界を通航量（トン）で推定すると，かなりの差異が生じるということで注意が必要となる。
>
> 消費水量は現行運河の閘門サイズから1隻の船が両洋間を通航するのに必要な消費水量は約20万m³（今回のMPでは20.8万m³という数字を使用している）でほぼ一定量であるので，年間通航隻数が分かれば年間消費水量は上のように簡単に推計できる。

5.1.2　現行運河容量の最大化プロジェクト

MP では現行運河容量を最大化するため次の8項目の戦略を掲げ，それに対応した関連工事10件を予定している。（図表5-1参照）

上記改良工事の実施により，現行運河の容量は20％アップして5,000万トン，1日2回（隻）分，年500回（隻）分の改善が実現されるとしている。

(図表 5-1) 現行運河容量の最大化戦略，改良工事，工期，コスト

	戦略	戦略	コスト(100万ドル)	改善，備考	5	6	7	8	9	10
1	閘門内の夜間航行の改善	閘門内の照明改善	7		2.3	2.3	2.3			
2	太平洋側閘門利用の拡大	ペドロミゲル閘門の北側に船の待合場所を新設	22			7.3	7.3	7.3		
3	クレブラカットでの通航弾力化	クレブラカット（距離12.7キロ）のカーブ区間の拡幅（218m）	215	夜間航行のためには245m必要	36	36	36	36	36	36
4	ガツン閘門内の航行時間の短縮化	ガツン閘門の牽引機関車を回転（ロータリー）方式に転換	6			2	2	2		
5	船舶ミックスによる通航量最大化	船舶の航行プログラムを改善	2			1	1			
6	喫水の深化により，大型船の通航を可能にする	最大喫水 12.35m に（現行12m）	1	4,500TEUの場合，13.3m の喫水が必要	0.5	0.5				
7	ガツン湖の貯水能力の拡大（航行水路の深化で通航のスピードアップも実現）	ガツン湖標高 10.4m に深化（現行 11.28m から 0.9m深化）。ガツン湖 39キロ，クレブラカット 13キロ（合計 52キロ）が対象	77	4億m^{3}の貯水量の追加，現状 34 億m^3 ⇒ 38 億m^3 に。既に 02年から工事開始，16年完成。	26	26	26			
8	チャグレス川の増水による航行停止リスクの削減	ガツン湖の増水リスク対策。新規余水はきを1キロ南西に建設。	90	ガツンダムの余水はきダム（1908年設計）の近くに新規建設。				30	30	30
9		タグボートの能力強化（プル能力36トンへ），隻数増大	48				16	16	16	
10		太平洋，大西洋運河入口の深化	28	上記工事6の関連工事。	14	14				
			496		80	105	91	89	66	66

(注) 年別（2005年～2010年）コストは，各工事の総額を工期で単純に割って出した数字。
(出所) MP第5章の図表（5-6, 5-7）と p.13-p.33 までの工事説明内容を集約し筆者整理。

主な工事内容をチェックして見よう。

1. 閘門内の夜間航行の改善；

既に現行運河の閘門内では夜間航行ができるように照明設備は完備している。しかし大型船は夜間航行ができない。新しく設置される照明設備は，例えば閘門壁面への埋め込み式にするなどにより，閘門壁面をぎりぎりで航行する大型船でも安全な夜間航行を可能とするものである。

2. 太平洋側閘門（ペドロミゲル）の利用拡大；

現行運河の閘門操作を制約している太平洋側のペドロミゲル閘門は、運河の中で最小である一段閘門で設計されている。つまり太平洋側から運河に入った船はミラフローレス閘門（二段）を上がり、その上のペドロミゲル閘門を通過してクレブラカットに進む。このペドロミゲル閘門は、構造設計上、1日38回の操業が可能とされているが、実際には33回に留まっている。その理由は明記されていないが、対策として閘門の北側（クレブラカット側）に「船の待合場所」を設置することで操業回数を35回に増加できるとしている。

（コメント；後述の 7. 水資源の部の最後に掲載されている図表7-7では、現行運河の操作回数は37.2回となっているが、MPでは、基本的な数字が調査セクションによって違うため読者を混乱させることになっている。）

3. クレブラカットのカーブ区間の拡幅工事；

運河内の12.7キロがクレブラカットである。クレブラカットという名称がスペイン語で「蛇」を意味しているようにこの区間は蛇行し主要カーブ区間は4ヶ所ある。航行の安全性を高めるため過去何回か拡幅工事が行われてきた。しかし現在でも大型船（パナマックス船）の双方向通航はできない状態にある。このため、現行運河の航行は「セミコンボイ方式」が採られている。早朝太平洋側と大西洋側の双方から運河に入った一団の船（それぞれ6～7隻、その時の船の構成で変化する）は、クレブラカット航路内では双方が遭遇しないような運航スケジュールとなっている。クレブラカットから少し先のガツン湖に入る付近（ガンボア）に航路が一挙に広くなる場所がある。ここで双方の船団が交差しそれぞれ反対方向に向かう。従ってクレブラカット（特にカーブ区間）は、現行運河の通航容量を制約する一要因となっている。しかもこのクレブラカットは将来の第三閘門運河を通航するポスト・パナマックス船の通航路になる区間でもある。現行運河の拡幅工事は第三閘門運河の有効性を増大する性格も併せ持っているとも言える。もう一つ、クレブラカット区間は、分水嶺に当たり9月～11月には霧の発生が多いことでも知られる。安全航行の面からも拡幅工事は重要視されている。

4. ガツン閘門内の航行時間の短縮化；

　大西洋側のガツン閘門（三段）では，閘室に入った大型船は両壁の上を走る牽引機関車に誘導される。船の前後を両側からロープで牽引する機関車の走行パターンをロータリー方式にして方向転換させることで，作業をスピードアップしようという工事だ。他の閘門では既にロータリー方式が採用されている。

5. 船舶ミックスによる通航量最大化；

　運河通航の船は大型船もあり小型船もある。船の運航スケジュールにうるさいクルーザー船，コンテナ船，自動車輸送船等は事前に通航予約をとっている場合が多い。このように色々の船の事情を勘案して船舶ミックスを作成し通航スケジュールが設定される。そのための特別ソフトの開発が必要となる。経費は100万ドル。07年に新システム開発が開始される模様。

6. 喫水の深化で大型船の通航を可能に；

　現行運河の喫水は12メートルである。パナマックスのコンテナ船（コンテナを満載した場合は4,500TEU）の喫水は13.3メートルであるとされる。このため，コンテナを満載したパナマックス船の通航はできないので，貨物量を減らして通航している状態である。現行運河の航路の中で喫水条件ぎりぎりの個所はペドロミゲル閘門である。しかし閘室の底面を深くするための工事は数週間の運河閉鎖を必要とする。今回の改良工事はミラフローレス湖の湖面を30センチ深くすることで対応することになった。工事費用も100万ドル程度の内容である。パナマックス船で喫水が深い船は完成する第三閘門運河の方を利用することになろう。

　　（注）　パナマックス船（4,500TEU）の設計喫水は13m（熱帯海水）であるが，パナマ運河の場合は熱帯淡水のため13.3mに換算される。淡水は海水に比べ浮力が小さく，船がその分沈むからだ。

7. ガツン湖の貯水量の増加＝ガツン湖とクレブラカットの航路深化；

　ガツン湖（面積は琵琶湖の6割）は運河操業用の水を供給するだけでな

く，船舶（現行運河と第三閘門運河を通る両方の船）の航路でもある。そのため運河操業用に全ての貯水量を消費する訳には行かず，一定の水位を保っておく必要がある。貯水量を増やしながら水位を深くするという目的を満たすためにこの工事が行われる。具体的にはガツン湖とクレブラカットの航路を約 1m（MP では 90 センチ）深くするという工事である。これによりガツン湖底の標高は現在の 11.3m から 10.4m になる。また湖面水位は現在の 24.8m から 23.9m へと約 1m 下がる（つまり，1m 分の貯水量が増えるということ）。現行喫水 12m は維持され，船底（竜骨）から湖底までの間隔 1.5m が維持される。

（ガツン湖の標高，水位，喫水等の表現方法は混乱し易いので，表示して見た。次ページの図表 5-3 参照）。

航路の深化工事により貯水量は年間 4 億 m³ が追加され 38 億 m³ となる。1 日当り 50 隻分（年間 18,250 隻）の貯水量に匹敵する。（計算は，50×365＝18,250　×20.8 万 m³＝38 億 m³）（MP，5 章，p.29）一見大量の貯水量が追加される印象だが 38 億 m³ から水力発電用 14 億 m³ を除くと運河操作用は 24 億 m³ となる。

ガツン湖とクレブラカットの深化掘削工事は，ガツン閘門からペドロミゲル閘門までの 52 キロの工事区間である。ACP はこの深化工事を独自の資金と設備で既に 02 年から開始している。そしてこの航路深化工事は，07 年か

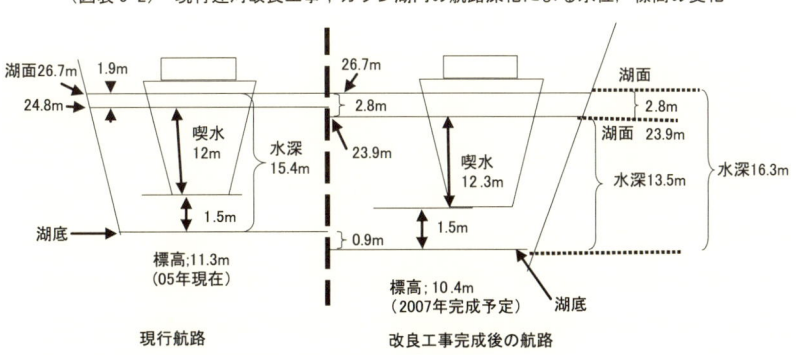

（図表 5-2）　現行運河改良工事；ガツン湖内の航路深化による水位，標高の変化

（出所）　MP の第 5 章（図5-20, 21）を参考に筆者作成。

(図表5-3) ガツン湖の標高と水深の関係

	A) 現状					B) 0.9m 深化		
	標高		水深		計算	標高		水深
湖面(1)	26.7	①	15.4	④	①−③	26.7	⑥	16.3
湖面(2)	24.8	②	13.5	⑤	②−③	23.93	⑦	13.5
湖底	11.3	③	0			10.4	⑧	0
船の喫水			12	⑥	⑤−⑦	12.3		
湖底と竜骨の間隔			1.5	⑦		1.5		

ら始まる第三閘門運河の工事とダブっている部分が多い。

　第三閘門運河の工事では，第三閘門運河を通航するポスト・パナマックス船の喫水（14m）を確保するために，ガツン湖底の標高は10.4mからさらに9.15mへと1.25m深化することになっている。つまり，現在の11.3mから改良工事によって10.4mへと1m深化し，さらに第三閘門工事で9.15mへと深化し，合計2m強の深化が実現することになる。

　なお，7のガツン湖の深化工事の工期は07年までとなっているが，ACP技術部に06年11月時点で確認したところ，08年までの工事となり第三閘門工事とダブる形になるとのこと。しかし仕様面では別工事として区別されているとのことなので，ACPでも現行運河と第三閘門運河工事とは区分している模様である。

8．ガツン湖の増水対策；

　ガツン湖に流入している主要河川はチャグレス川である。この川をせき止めているのがガツンダムである。(注) ダムの「余水はき」は1904年当時の設計のままである。MPでは今後，チャグレス川が増水した場合，現状の「余水はき」のままでは対応できないリスクがあるとしている。その対策として新たな「余水はき」ダムを建設する計画であり，現在のダムから南西1キロの場所に設置される。同地点はエスコバル村方面に向かう道路にかかるため，新しく橋も建設する。新しい「余水はき」ダムは，長さ110.6m，高さ22m，幅12.8mの円形ダム。工期は2年，経費9,000万ドル。

　(注) ガツンダムはガツン湖の一方の側をせき止めるためのダムである。もう一方のダ

ム機能はペドロミゲル閘門が果している。

9. タグボートの能力強化；

　運河通航船舶の大型化に対応してタグボートの性能向上が求められる。国際海事協会が定める排出基準などを考慮して ACP が定めた性能基準に対し，現状では 70% が基準を満たすだけとなっている。性能面では 3,000 馬力のモーターで，牽引力 36 トンレベルが求められている。また既存のタグボートの船齢も古くなっていることから，06 年から 07 年にかけて順次交換を始める。経費 4,800 万ドル。

10. 大西洋，太平洋の運河入口の深化；

　この工事は上記 6. の工事と関連している。両洋から運河にアクセスするための航路部分の深化工事である。現行運河へのアクセス航路は既にパナマックス船対応の深度は確保しているはずなので，追加的な一部航路の拡幅工事であると考えられる。

5.1.3　改良工事の経費負担

　上記は，今回の MP で公表された現行運河の改良工事 10 件に関する概略である。工期は約 6 年（2005 年～2010 年），総工事費約 5 億ドル弱，単純に年間平均すると 8,300 万ドル程度の経費規模である。ACP は過去 10 年間（97 年～06 年）に総額 14 億ドルに及ぶ「運河近代化」投資を実施してきた。こちらも単純平均すると年平均 1.4 億ドルで，今回の改良工事よりはるかに規模は大きかった。これら工事は運河通航料金の引き上げを通じた運河収入の増加分から賄われてきた。07 年開始予定の第三閘門運河の工事費用に対する経費負担を議論する際，問題を複雑にしているのは，現行運河の改良工事が 07 年以降も継続して実施されるところにある。具体的には，上記工事 10 件のうち，3. クレブラカットの拡幅，7. ガツン湖の貯水能力の拡大の 2 件は，第三閘門運河工事が開始されればそのまま継続されていく改良工事の一部でもある。この辺の問題は，次章の第三閘門工事でも触れてみたい。

6. 第三閘門運河の建設

　本項ではマスタープラン（MP）の中で第三閘門運河建設の技術的側面を扱っている第6章「需要を活用するための運河拡張」を中心に紹介する。

6.1　第三閘門運河建設の促進要因と目的

　MP第6章では，2010年，2012年までの通航需要は現行運河の改良工事でも吸収可能だが，それはあくまでも限界的な対応であり，もたらされる利益も小さい。2012年以降は第三閘門運河で対応すべきであるとし，その促進要因や目的を次のように記述している。

（拡張促進要因）
　第三閘門運河を建設して運河能力の拡張を促進する要因は次の3点である。
1) 運河の競争力の維持，運河ルートの価値を維持すること，長期的な収益の確保，
2) 増大する需要の活用，05年には2.79億トンであったが，2025年には5.08億トンと80％の増加が予測される[注]，
3) 特に，アジア⇔ヨーロッパ，北東アジア⇒北米東岸間のポストパナマクス船によるコンテナ船の増加が著しいこと等である。（MP，第6章，p.2）

　　[注]　悲観的シナリオでは50％の増加で4.3億トン，楽観的シナリオでは110％の増加で6.6億トンが予測されている。（プロポーザル，p.30）

6. 第三閘門運河の建設　99

(拡張の目的)
　拡張の目的は，1) 運河収益の維持，長期的にパナマ国家に貢献，パナマのサービス経済の強化，2) パナマ・ルートの価値の維持，3) 各貨物に対する適切なサービスを提供し，増大する需要を吸収する能力を拡大する，4) パナマックスを越える船の通航を可能とすることで，少ない通航隻数で，通航貨物量の増大を実現し，ユーザーは規模の経済を推進できる。運河の競争力を維持，特に米インターモーダル・ルート，スエズ運河ルートに対抗できる。拡張運河によりメンテナンスのための閉鎖が減少でき，サービスの質の低下を最小限にとどめることができるとしている。(MP，6章，p.3)

(統合的輸送システムとしての拡張運河)
　拡張運河は現行運河に代替，交代するものではない。現行運河に追加される需要を吸収するものであり，現行インフラと新インフラのシナジー効果を狙う。航路，閘門を統合的に利用して収益増大を図る必要があるとしている。(同，p.12)
　(コメント；第三閘門運河案を特別プロジェクトではなく現行運河効率化のための統合的な一部分であるとする論理である。運河収益の極大化を狙うパナマはこの論理とプロジェクトの経費負担，つまり通航料金の引き上げ戦略とを強いて混同させようとしているとも解釈できる。)

(過去の関連調査の検討)
　現行運河の拡張や代替運河の検討に関する過去になされた多くの調査結果も検討したとしている。例えば，「3ヶ国調査委員会」が検討した代替案は全部で37件あり，18件は海面式，19件が閘門式であった。特に海面式運河の可能性は海洋生物の混合問題やカリブ海のさんご礁の破壊問題があり，「3ヶ国調査委員会」と同様排除したと述べている。つまり今回のMPは過去の全ての関連調査を総括した結果であることを印象付けている。その他新しい技術の応用では，閘門内の船の移動に関し電子磁石方式の検討もなされたが，人体や積荷（特にエレクトロニクス製品）への影響等が未解明のため

排除したとしており，MPの技術面の検討は，最新の関連技術情報に対しても目配りを欠かしてはいないことを示唆している。(同，p.11)

(コメント；多くのテーマに関連し「3ヶ国調査委員会」が提示した内容を引用しているが，料金引き上げのタイミングや引き上げ率に関する委員会の結論への言及は，第6章においてもそれ以外の章でも全くなされていない。委員会の結論は，第三閘門運河の完成 (2012年頃) 後，2020年以降2060年までの40年間に100％の引き上げを提案していたことは既述の通りである。)

6.2 第三閘門運河の形状決定と主な工事

6.2.1 10の評価基準

第三閘門運河の形状は，5年間，150人以上のエキスパートの参加による検討を経て決定された。決定に当り次の10の評価基準を採用したとしている。
① パナマ，ACPの利益の最大化，② 将来のオプションも配慮，③ 投資コスト，④ 操業コスト，⑤ 水の使用量，⑥ 操業の弾力性，⑦ 航行の安全性，⑧ 建設の可能性，⑨ 環境インパクト，⑩ 技術リスク。(MP，6章，p.14-15)

6.2.2 主な工事

第三閘門運河の主要工事とその実施方針は次のように整理できる。(括弧内は筆者のコメント)
1) 第三閘門運河の建設により，航路の改善を図り，水の節約を行い，水の供給改善を図る。
　(水の確保と供給問題は，第三閘門運河と現行運河双方の操業を左右する最大の技術的テーマである。運河操業に必要な水はガツン湖に貯水された水から供給される。そしてガツン湖の水は同時に首都圏のパナマ市及びその周辺地域での上水源でもある。MPでは繰り返し運河操業に使用する水より上水用の水の確保を優先すると述べている。第三閘門運河の建設によって生じる運河操業用水の増大は，同時に市民生活にも重大な影響を及ぼす。

その意味でも水資源の確保問題は極めてセンシティブなテーマでもある。)

2) 水の供給, 節約のための工事；
　① ガツン湖内の操業水位の上昇, ② ガツン湖内の航路深化, ③ 節水槽の付設で水を節約する。①②でガツン湖の貯水能力を増加する。③の節水槽はこれまでになかった新しい方法である。
　(第三閘門運河建設に当たっては, 「3ヶ国調査委員会」の調査では新規ダム (3～4ヶ所) の建設を前提としていた。しかし今回の MP ではダムの建設案は排除され, ガツン湖の航路深化と節水槽を通じて必要水源が確保できると結論付けている。既述のようにガツン湖内の操業水位の上昇, 航路深化は現行運河の改良工事でも一部実施されるが, 第三閘門運河の建設工事でも更に航路の深化が図られる。③ の節水槽については後述。)

3) 第三閘門の建設場所；
　太平洋側では現行閘門ミラフローレスの西側となる。また大西洋側では現行運河の東側に建設される。(図表 6-1, 6-2 を参照, 出所, 拙著 (共著「パナマを知るための 55 章」明石書店, 2004 年 8 月。) この 2 つの図は第三閘門運河の建設場所をイメージするため ACP のオリジナル資料を利用して筆者が作成した。太平洋側に比べ大西洋側の方の尺度が少し大きくなっているのは, 現行閘門のサイズを船の大きさと比べてイメージしやすくしているため。)
　(今回提案されている第三閘門運河の建設場所は, 第二次大戦中の 1939 年から 1942 年まで, 米国が掘削を開始し放棄した場所でもある。そのため, 新規掘削土石量は大幅に節約できるというメリットがある。しかし不思議なことに工事費用の主要部分を占めるはずの掘削土量のデーターは今回の MP には一切公表されなかった。)

4) 閘門はローリング・ゲートを採用
　ゲートは現行運河のマイター・ゲート方式ではなく, 第三閘門運河では

102　第1部　パナマ運河第三閘門運河案マスタープランの概要と検証

（図表 6-1）　太平洋側の第三閘門運河建設ルート（ACP 資料より作成）

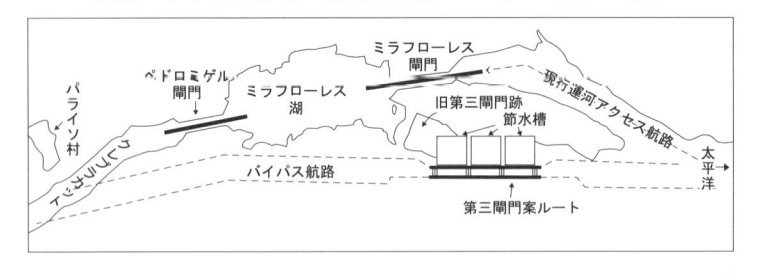

（図表 6-2）　大西洋側の第三閘門運河建設ルート（同上）

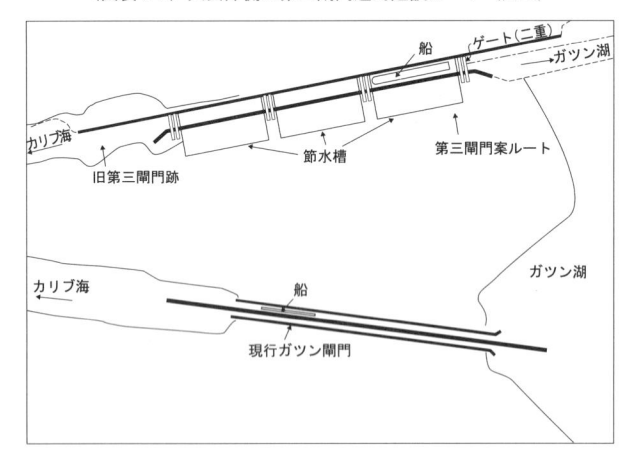

ローリング・ゲートを採用することになった。（ゲートについては後述。）

5) ポスト・パナマックス船の航行を可能とするために，太平洋，大西洋の入口の航路の深化，拡幅，ガツン湖内航路の深化，拡幅を行う。
　（既述のように現行運河の改良工事の中で，その一部は実施されるが，第三閘門運河工事の実施が決定された場合には，後者の工事工程の中で実施されることになる。）

6) 第三閘門運河の閘室内での大型船の方向決めは，現行運河の牽引機関車方式ではなく，タグボートを利用する。

(現行運河を航行する最大船舶パナマックス船は4万トン前後，第三閘門運河では8万〜15万トン規模と桁違いに大型化する。牽引機関車でロープを使って両側から船を牽引することは安全性の面から無理があるとされ，結論として，タグボートを利用することになった。しかし，その場合，第三閘門内をポスト・パナマックス船だけでなく，中小型船も合わせて通航させようとした場合，方向決めはどうするのかという課題は残されている。）

7) 工事費用は総額52.5億ドル。これにはコンティンジェンシー（予備費10.3億ドル）とインフレ分5.3億ドルが含められている。工期は07年から2014年までの8年間である。
（ネットの工事費用は，52.5−(10.3＋5.3)＝36.9億ドル）

工事内容や工事費用，工期等をもう少し詳細に検討して見よう。

6.2.3　第三閘門運河の閘室サイズと節水槽

6.2.3.1　第三閘門運河の閘室サイズ
- 幅55m，長さ427m，高さ31.08m，深度（最低喫水）18.3m。
- 閘室数は3段に決定された。その理由は，閘室数と水の消費量の倍率から見て最も少ないケースが3段であるためであった。

（不思議なことに第三閘門運河閘室の水使用量はMPの第6章には出てこない。第7章で初めて閘室の段数と現行運河との比較，使用水量が次のような形で掲載されている。そしてこれが唯一，第三閘門運河の閘室の水使用量データーでもある。第三閘門の閘室1段では7倍近い水の消費量となるが，採用された3段では現行運河の閘室の2.3倍に収まるということである。）

1段；6.94倍，144万m^3
2段；3.47倍，72万m^3
3段；2.31倍，48万m^3

6.2.3.2　第三閘門運河を通航できる船
- 第三閘門の閘室サイズにより，コンテナ船の場合はポスト・パナマック

(図表 6-3) 第三閘門運河と現行運河閘室サイズと通航可能船舶

	現行運河		第三閘門運河	
	閘室サイズ	通航可能船舶（パナマックス）	閘室サイズ	通航可能船舶（ポストパナマックス）
容量(TEU)		4,500		12,000
幅	33.5m	32.3m	54.9m	49m
長さ	305m	294m	427m	366m
喫水	13m	12m	18.3m	15m

(出所) MP 第 6 章（図表 6-18) から作成。

(図表 6-4) 8,000TEU 以上のポストパナマックス，コンテナ船のサイズ

船名	船主	TEU	船の長さ(m)	船の幅(m)	最大喫水(m)	重量トン(万DWT)	積載列個数
CMA CGM Hugo	CMA CGM	8,238	334	43	14.5	10.2	17
Axel Maersk	Maersk Sealand	6,600	352	43	14.5	10.9	17
Samsung 1509	MSC	9,200	334	46	14.5	10.9	18
Seaspan	Seaspan	9,600	335	46	14.5	10.2	18
Hyundai 1801	COSCO	10,000	349	46	14.5	11.5	18

(注) 05 年現在世界最大サイズのポストパナマックス船が掲載されている。
韓国現代社製 1801 号が 10,000TEU で最大のコンテナ船。
(出所) MP（図表 6-17) から筆者作成。

ス船で 12,000TEU 積載船が，バルク貨物船の場合は 15～17 万 DWT まで対応が可能となる。

・ 上表（図表 6-4）参考データーにより，05 年現在の世界の 8,000TEU 以上のコンテナ船の中では，韓国の現代社製の "Hyundai 1801 号" が世界最大の 10,000TEU の積載能力を持つが，問題なく第三閘門運河を通航できることが分かる。

6.2.3.3 節水槽は各閘室に 3 段付設

・ 第三閘門運河では，水を節約するために各閘室に「節水槽」が各 3 段付設される。太平洋と大西洋の合計で 18 段が付設されることになる。節水槽と閘室の間の水の移動はモーター等を利用せず自然の重力差で行う。（現行運河の上下間の閘室の水の移動も重力差による。）

6. 第三閘門運河の建設　105

- 節水槽の効果はドイツで実証済みであるとしている。節水槽の数による水の節約効果は，1段で33%，2段で50%，3段で60%と3段が最も効果的であるとしている。(MP，6章，p.44)

（しかし，今回のMPでは節水槽の具体的なサイズや節約水量に関するデーターは発表されていない。）

下の2つの図表（6-5，6-6）は，節水槽のイメージ図である。図表6-5では，一番手前の閘室には船が入っている。各閘室の右サイドにそれぞれ3段

（図表6-5）　節水槽と閘室の位置関係イメージ図（ACP情報公開センターで筆者撮影，06年5月）

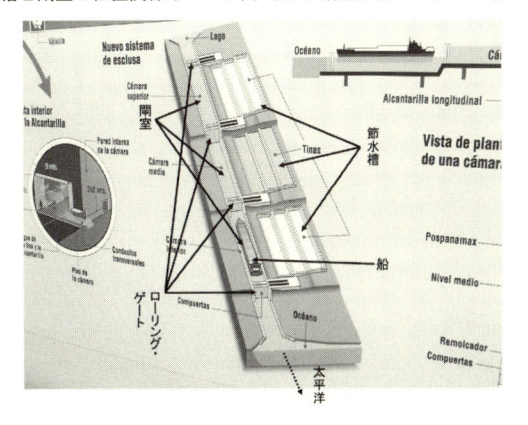

（図表6-6）　節水槽と閘室の間の水の移動（同上）

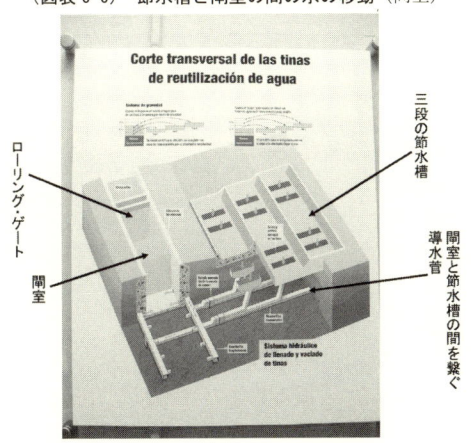

の節水槽が階段状に設けられていることが分かる。また，図表 6-6 では，閘室と節水槽とが下部で導水管によって結ばれ水の移動のメカニズムが描かれている。

6.2.4 閘門はローリング・ゲートを採用

・ 現行運河で利用されている「マイター・ゲート」（観音開きパターン）ではなく，「ローリング・ゲート」が採用される。ローリング・ゲートは，ヨーロッパではベルギー（アントワープ港），オランダ，フランス等での利用例があるとしている。（MP，6 章，p.28）

「ローリング・ゲート」は，いわゆる雨戸を戸袋に収納するパターンのゲートと言える。第三閘門運河では 1 レーン（一方通航）となるため，現行運河で使用されている「マイター・ゲート」のように，メンテナンスのために数週間も運河の通航をストップさせることはできない。この点，「ローリング・ゲート」では，戸袋にゲートを収納してメンテナンス作業を行うことができるというメリットがある。

下の写真はマイター・ゲート（写真 6-7）とそのメンテナンス光景（写真 6-8），及びローリング・ゲートの概念図（図表 6-9）である。概念図には実際の第三閘門運河で適用される 2 枚ゲートが示されている。一枚のゲートが

（写真 6-7） 閉じた状態のマイターゲートの上を通る人

6. 第三閘門運河の建設　107

（写真6-8）　ゲートを外してメンテナンス中の運河閘室，反対
　　　　　　　レーンにはコンテナ船が航行中（筆者撮影）

（図表6-9）　ローリング・ゲートのイメージ図

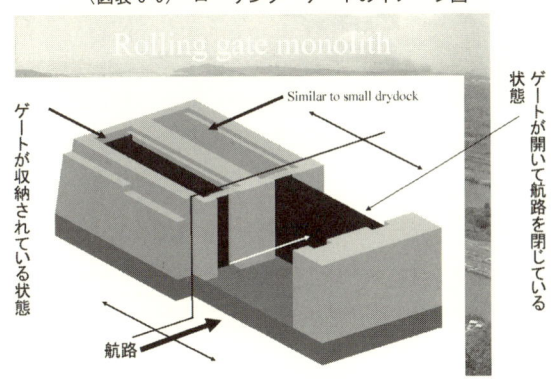

航路に出て水の流れをせき止めている。もう一枚のゲートは戸袋に収納されている。戸袋から水を抜けばドライドックに変化しメンテナンスが可能となるところを示している。写真6-8の現行運河ではメンテナンスの都度，水路（閘室）の水を抜きゲートを取り外す必要がある。）

6.2.5　新閘門での船の位置決め

・　2つの代替案が検討された。1つは現状と同じ牽引機関車（写真6-10），2つ目はタグボートの利用。タグボートはベルギーでのポスト・パナマック

108　第1部　パナマ運河第三閘門運河案マスタープランの概要と検証

(写真 6-10)　牽引機関車（290馬力，200万ドル）

ス船の操船で利用されている。しかし段差のある閘門でのタグボートの利用例はない。選択基準としては，① 投資額，② 水使用量，③ 技術，④ 操作リスク等が検討されたが，結論はタグボートの使用が採用された。

（コメント；現行運河では閘門内を航行する船は，閘室の両側のレールを走行する牽引用機関車によってロープで曳航されながら前進する。第三閘門を航行するポスト・パナマックス船は極めて大きいため，牽引機関車での牽引では安全性が確保できないということでタグボートの利用となったと考えられる。しかし，ポスト・パナマックス船以外にも中小型船を通航させようとした場合，同じ閘室内に入る船の衝突を回避するための方向決めをどうするのかという課題は残されていると思われる。）

6.2.6　アクセス航路の建設

・　第三閘門運河のためのアクセス航路は次のように3ヶ所建設される。（前出の第三閘門運河建設場所の図から位置は確認できる）

1)　太平洋側では2本の新アクセス航路；
① 1本はミラフローレス閘門とペドロミゲル閘門を迂回しクレブラカットに接続するアクセス航路（図表6-1のバイパス航路）で距離は6.2キロ。

②もう 1 本は現行運河の太平洋側アクセス航路と海上で接続する新航路（図表 6-1 の太平洋と第三閘門までの間）で距離は 1.8 キロ。

新航路は幅 218 メートル，直線ではポスト・パナマックス船が一方向一隻の通航が可能となる。（新閘門が 1 レーンであるので，いずれにしても一方向の航行に限られる。）

2) 大西洋側での新アクセス航路は 1 本で距離は 3.2 キロ。

6.2.7 ガツン湖とクレブラカットでの航路拡幅と深化工事

- 第三閘門運河を航行する大型船向けの工事は次の 5 件である。まず，クレブラカットとガツン湖の深化工事。（この 2 件の工事は現行運河改良工事の中にも含まれていたものである。）

1) クレブラカットの航路を 1.20 メートル深くする。
2) ガツン湖の深化工事

- 現行運河の改良工事を通じて，07 年にはガツン湖の湖底は 11.3m から 10.4m の標高になっている。第三閘門工事ではさらに 1.2m 掘り下げて 9.15m にするとしている。

（上のクレブラカットの航路の深さ 1.2m は 1.25m のはず。この種の数字の細かい違いは MP では随所に見られ読者を混乱させる原因となっている。）

- それによって，航行可能水位は現行の 26.7m（現行運河改良工事で 07 年には完成予定）をさらに 45 センチ引き上げて 27.1m にする。

（水位を引き上げるということは，流入量を増やして"水かさ"を上げることを意味するものと理解できる。つまり，上の深化工事で 1.25m，水位を 45cm 上昇させることで水深は計 1.7m 深くなることを意味し，07 年完成予定の水深 16.3m＋1.7m＝18m の水深が確保されると理解できる。プロポーザルと MP に掲載されている図表 6-11 の右側の下にある完成年は 07 年〜10 年となっている。現行運河の改良工事と第三閘門工事期間が大きくダブっているためかも知れない。）

- 船の竜骨（船の最低部，キール）と湖底との間隔は 1.5m が必要とされる。航行可能喫水は最高 16.5m，最低 14m となる。

(前出表にあるポスト・パナマックスコンテナ船の喫水 14.5m は確保されることになる。しかし最低水量の場合は 14m 喫水となり，喫水制限を行う必要があることを意味している。)

・　ガツン湖とクレブラカットの深化と拡幅及び水位アップを通じて利用可能貯水量も増加する。プロポーザルの中では，深化と拡幅で 1 日当り 3.85 億ガロン分（7 隻分，年換算約 5.3 億 m³）プラス水位アップで 1 日当り 1.65 億ガロン分（3 隻分，年換算約 2.3 億 m³），合計約 8 億 m³ の貯水量増加があるとしている。(プロポーザル，p.60)

(この利用可能貯水量の増加に関するデーターはなぜか MP の第 6 章には全くなく，プロポーザルの中でのみ扱っている。しかも全て上記のようにガロン表記となっている。パナマではメートル法が長年施行されているので，m³ で表記されている他のデーターとの比較を面倒にしている。また，水資源問題は MP 第 7 章でも取り扱っているが，利用可能貯水量についての説明データーは発見できない。執筆担当者が別であったのか，意図的であったのかは判らないが，水問題が重要なテーマであるだけに不思議な感じがする。現行運河の改良工事の中でもガツン湖内の航路深化工事により，約 4 億 m³ 分（÷20.8m³＝1,923 隻，1 日当り 5.3 隻分）の追加供給量が確保されることになっている。単純に理解すると第三閘門運河では (7＋3)＝10 隻/日，年間 3,650 隻分の追加航行ができるということであろう。水問題は次の 7 章でも再検討を試みている。)

　ガツン湖の深化工事で湖底，水面は次のように変化する。次ページの図表 6-11 の左側は現行運河の改良工事の結果であり，右側は第三閘門工事の結果を表示している。

　3)　ガツン湖の水位上昇に伴う関連施設の改修工事；
・　ガツン湖の 40 センチの水位上昇（27.1－26.7＝0.4m）に伴い，湖の中，周辺に存在する施設は改修工事が必要となる。

　4)　ガツン湖の航路幅を直線で 280 メートル，カーブで 366 メートル以上にする；

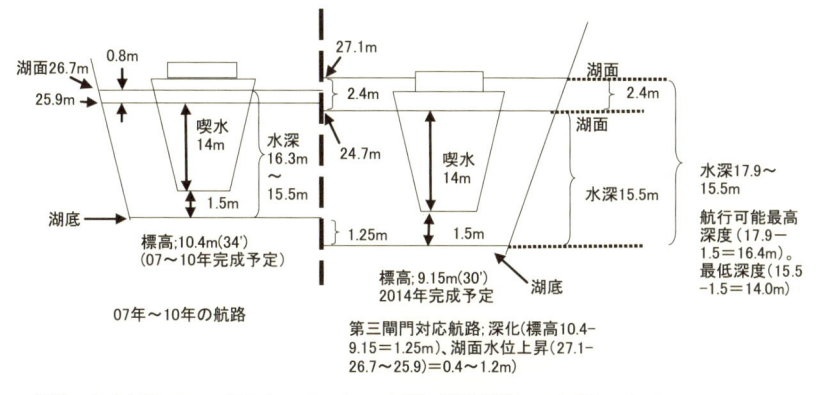

6. 第三閘門運河の建設　111

（図表 6-11）　ガツン湖内の航路深化工事による湖面水位，標高の変化（第三閘門運河工事結果）

湖面26.7m　0.8m
25.9m
湖底
喫水 14m
水深 16.3m〜15.5m
1.5m
標高:10.4m(34')
（07〜10年完成予定）
07年〜10年の航路

27.1m
2.4m
24.7m
喫水 14m
1.5m
1.25m
標高:9.15m(30')
2014年完成予定
第三閘門対応航路；深化（標高10.4-9.15＝1.25m)、湖面水位上昇(27.1-26.7＝25.9)＝0.4〜1.2m）

湖面
2.4m
湖面
水深15.5m
湖底

水深17.9〜15.5m
航行可能最高深度（17.9-1.5＝16.4m)。最低深度(15.5-1.5＝14.0m)

（注）　完成年が07〜10年となっている。3年間の誤差が敢えて表示してある。
（出所）　プロポーザルの概念図35，MP（図表6-44）をベースに筆者作成。

・　この拡幅によりポスト・パナマックス船の双方向の航行を可能とする。ちなみにパナマックス船（幅32m）とポスト・パナマックス船（幅43m）が双方向で航行する場合に必要とされるミニマム航路幅は225mであると言われる。（MP，6章，p.31)

（ガツン湖内の航路拡幅工事でポスト・パナマックス船も双方向の通航ができることになる。しかし，依然としてクレブラカットの幅の制約から双方向の航行はできず，現行運河と同様"セミコンボイ方式"で通航せざるを得ないことに変わりはない。また第三閘門運河が1レーンで一方向となっていることから現行運河を航行する船との運航調整は一層重要になるものと思われる。）

6.2.8　大西洋と太平洋の海側のアクセス航路の拡幅と深化工事

・　幅225メートル，深さ15.5メートルにし，干潮時にもポスト・パナマックス船とパナマックス船の双方向の航行を可能とする。（同上，p.31)

（両洋を航行してきた船が運河にアクセスするための航路は太平洋側では約7キロ，大西洋側では11キロの距離がある。その間の航行スピードと安全性確保が重要となる。上記幅225mはポスト・パナマックス船とパナマッ

クス船の双方向通航に必要な航路幅である。ポスト・パナマックス船同士が海上でクロスする際の必要航路幅は，280～366m となるはずなので無理となろう。）

6.2.9 工事の工期，コスト

1) 第三閘門運河の建設工期
- 工期は 7 年～ 8 年。第三閘門の操業開始は 2014 年～ 2015 年。06 年中に「国民投票」が実施されゴーサインがでることを想定している。
 （本稿を執筆中の 06 年 10 月 22 日に行われた国民投票で 8 割近い賛成票を得た。但し，棄権率は 6 割に達した。）
- 閘門建設（節水槽も含む）の工期は 5 年～ 6 年間で，08 年には工事が始まる予定。
 ドライ掘削やドレッジングは 07 年から工事が開始され，工期は 7 ～ 8 年。工期の後半にガツン湖の航路の水位の引き上げを行う。
 （実際には，湖底の深化により，流入量が増えることで貯水量も自然に増加し，水位も自動的に上昇していくと考えられる。）
- 第三閘門工事は現行運河の操業を妨げない。

2) 工事コスト
- コスト積算は ACP スタッフの協力作業で行われた。
- コストは次の 3 つの情報をベースにしている。
 ①閘門の概念設計は，ヨーロッパグループ（ベルギー，フランスのコンソーシアム（Coyne-et-Bellier, Tractebel Engineering, Technum y Compagnie Nacional de Rhone）と米工兵隊がそれぞれ別個に調査した結果に基づく，
 ②両者の調査結果はさらに厳密にチェックされた，（この作業には日本チームによる閘門関連評価調査も含まれている）
 ③コストには，リスク・コストも追加して積算された。コストの変動要因には，燃料費，人件費，気候変動要因などが含められた。
- コスト総額は 52.5 億ドル。

- インフレ率は年2％とした。パナマの過去16年間（1990年～2005年）の年間平均インフレ率は1.1%。（インフレ分がどのように計算されたのかは不明）
- コスト総額にはコンティンジェンシー（非常事態対策費用合計10.3億ドル）を含む。ファイナンス・コストは含まれていない。コンティンジェンシー分を除くネット工事総額は42.2億ドルになる。
 リスク分析はAon Risk Services 社が行ったとしている。
- （工事費用の多くを占める掘削費用に関連する掘削土石量はMPでは全く触れられていない。掘削土石の捨て場に関する情報は、プロポーザルの中に描かれた図表-34では29ヶ所の捨て場が描かれている。最大の捨て場は太平洋側の第三閘門運河ルートに近いエンペラドールという場所である。今回の報告書では一切触れられていないが、ここはかつて米軍の射撃訓練場跡で不発弾処理が終わっていないことで米国との間で外交上の問題となっている場所である。工事中に不発弾が暴発するような事態が発生した場合、その処理に予想外の時間と経費が生ずる可能性もある。）

下の図表6-12は、MPとプロポーザルの中で別々に掲載されているデーターを一覧表に整理して見たものである。
（工期8年間（07年～2014年）の各年別経費はMPの財務分析（第9章）の中に掲載されている図表中のデーターをピックアップしたものである。図表中の(3)新閘門へのアクセス航路、(4)現行航路の改良、(5)水供給の改善、等は、現行運河の改良工事と混同した名称となっている。第三閘門運河工事では、現行運河改良工事よりも深い掘削と幅広い拡幅が行われるものと解釈しておけばよさそうだ。）

図表6-12には掲載されていないが、運河航路にあたる大西洋側に車横断用のトンネルか橋の建設計画と、上下水道、電力、通信インフラも含めた運河西部地域の開発計画もMPには記述されている。(MP, 6章, p.53)
（これは現行運河の大西洋側には人や車の移動のための橋がなく、運河通航船舶が一時的に途切れる短い時間帯を利用したバスや車が渡るための狭い

114　第1部　パナマ運河第三閘門運河案マスタープランの概要と検証

(図表 6-12)　第三閘門工事，工期，コスト

工事	コスト (100万ドル)	工期	05年	06年	07年	08年	09年	10年	11年	12年	13年	14年	15年
		第三閘門の操業開始											--→
		デザイン（3年間）			→								
(1)新閘門													
大西洋側閘門	1,110	大西洋側閘門建設（7年間）					→						
太平洋側閘門	1,030	太平洋側閘門建設（7年間）					→						
コンティンジェンシー	590												
（小計）	2,730												
(2)節水槽													
大西洋側節水槽	270	大西洋側節水槽建設（7年間）					→						
太平洋側節水槽	210	太平洋側節水槽建設（7年間）					→						
コンティンジェンシー	140												
（小計）	620												
(3)新閘門へのアクセス航路													
大西洋側アクセス航路（ドレッジ）	70	新航路，現行航路（ドレッジング）（8年間）				→							
太平洋側アクセス航路（地上掘削）	400	太平洋側アクセス航路（地上掘削）（7年間）				→							
太平洋側アクセス航路（ドレッジ）	180	新航路，現行航路（ドレッジング）（8年間）				→							
コンティンジェンシー	170												
（小計）	820												
(4)現行航路の改修													
大西洋側入口の深堀と拡幅	30	新航路，現行航路のドレッジング（8年間）				→							
ガツン湖の航路拡幅	90	ガツン湖航路の深掘削（8年間）				→							
太平洋側入口の深堀と拡幅	120	新航路，現行航路のドレッジング（8年間）				→							
コンティンジェンシー	50												
（小計）	290												
(5)水供給の改修													
ガツン湖の水位アップ⇒27.1m(89')	30	ガツン湖航路の深掘削（8年間）				→							
航路深化⇒9.1m(30')	150	ガツン湖航路の深掘削（4年間）				→							
コンティンジェンシー	80												
（小計）	260												
工事期間中のインフレ分	530												
工費総額	5,250	（ネット工事費用 3,690）	113	367	930	1,559	1,214	553	339	174	5,249		

(注)　ACPのプロポーザルの中では，工期（図7）と工事費用（図8）がそれぞれ別表で表示されている。本表ではそれらを統合化した。
　　　(3)新閘門へのアクセス航路，(4)現行航路の改良，(5)のガツン湖の水位アップ，航路深化に関する工事は実際上，現行運河の改良工事とダブル部分が多い。そのため工事と工期の名称は原典では必ずしも明白に分けてはいない。工事費用の年別合計額は，9章「財務分析」の図表（9-13）から引用し追加した。
(出所)　マスタープラン，プロポーザル（06年4月24日公表資料）から筆者作成。

通路が設けられているだけである。近年，運河西部地域の人口が次第に増加し，移動のための対策が求められている。そのためのトンネルや橋を建設しようという計画である。太平洋側には，1962年に完成し現在も利用されている通称「アメリカ橋」が国内をつなぐための唯一の橋である。さらに2004年には「100年記念橋」（通称「第二アメリカ橋」）が完成し，太平洋側には2つの橋ができたことになる。）

 3) プロジェクト監理面の契約進捗状況
- 07年7月頃までに判明したプロジェクト監理面での契約進捗状況を整理しておこう。
  ①財務顧問契約；今回のMPで特に矛盾した分析と不明点が目立った財務面の作業を補完する形でACPは06年12月末，財務監理顧問（フィナンシャル・アドバイザー）を公募した。その結果，07年2月に日本の「みずほフィナンシャル・グループ」と契約を締結した。
  ②法律顧問契約；今回の工事では相当数の海外企業と工事契約が締結される。それに伴い契約内容についての適切なアドバイスが必要となる。ACPは8社に見積依頼書を提出し，最終的に07年2月末，英国のマイヤー・ブラウン・ロウ社（世界有数の法律事務所）と契約した。資金調達に関連して別途シェアマン・スターリング社と契約した。
  ③プロジェクト・マネージメント契約；工事の全体監理を担当する作業に関しては07年6月に公開入札を行う。この作業の契約内容をチェックするのは上記②の法律顧問が行うことになる。
  ④リスクマネージメント契約；マスタープランのリスクマネージメント分析会社とは異なる専門会社と契約を行う予定。
- 第三閘門の設計と建設に関連する契約スケジュールは，07年8月に予備審査を行う。10月頃には最大5グループに絞る。08年7月までプロポーザル提出期限，落札者決定は08年10月頃と予定されている。
- 第三閘門運河工事のトップを切り，陸上掘削工事は07年7月にパナマの建設会社（CUSA社）が落札した。

7. 水資源

7.1 第三閘門運河の水供給問題

　第三閘門運河は現行運河の2倍以上の容積の閘室を持つためそれに必要な水量確保は重要な技術的問題である。と同時に水資源問題はパナマ市民の上水供給という市民生活の基礎的インフラ部分とも深く関連している。

　「3ヶ国調査委員会」の「最終報告書」では必要水量を確保するため運河西部流域の河川（チリ，インディオ，トリンダ）に2～3ヶ所の新規ダムを建設することを提案していた。今回のMPでも最終段階までダム建設の可能性を追求していたことを伺わせる記述がある。しかし最終的には，閘門に付設する節水槽とガツン湖，及びクレブラカットを深化することによる水位の上昇を通じて必要水量が確保されるという見込みにより，新規ダム建設案は排除されたと結論付けている。しかし実際には，ダム建設地の住民や宗教団体を含む反対運動が次第に強くなり，「国民投票」へのマイナス影響が懸念される中，ダム建設の排除には多分に政治的判断が働いた可能性が強いと見られる。

　本章は，第三閘門運河の水需要に対しどこまで確実な水供給が行われうるのかを検証しようとするものである。一見簡単なテーマにも見えるが，今回のMPとプロポーザルの内容を検討して行くと実に分かりにくい記述となっている。恐らく背景には別々の調査会社が別個に調査を行い，相互調整が十分になされなかったこともあろう。また新規ダムの建設と節水槽の建設が最終段階まで決着がつかなかったことも想像できる。しかしより基本的な問題は，今後，現行運河と第三閘門運河を操業していく上で増大する水使用量，及び人口増加に伴う上水用の消費水量の増大に対し，特に2025年以降

については明確な保証が提示できなかった事情があったと考えられる。

7.2 運河流域の水源

パナマ運河の操業に必要となる水源地は，運河の東部流域（33.9万ha）と西部流域（21.3万ha）を流れるいくつかの河川を包含した運河流域（55.28万ha）に存在している。東部流域は運河建設時代から存在していた。他方，西部流域は「3ヶ国調査委員会」で提案した新規水源地域を確保する必要性から99年8月31日，法律第44号で確定されたという経緯がある。しかし今回，既述のようにダム建設は計画から排除されたため，この法律自体も無効化された。

過去90年間，東部流域の水資源は，アラフエラ湖（別名マデン湖）とガツン湖の2つの人工湖で貯水量を賄ってきた。2つの湖の関係は，上流にあるアラフエラ湖に一旦貯水された水が下流のガツン湖に流入するというものである。ガツン湖はアラフエラ湖からの水とそれ以外の河川から直接流入する水を貯水している。運河の操業用水や上水は基本的にはガツン湖の貯水能力にかかっている。またガツン湖の中には運河航路も走っている。下の図表7-1は2つの湖の標高と規模である。(MP，7章，p.2)

（図表7-1）ガツン湖，アラフエラ湖の水面標高，面積，貯水量

	標高（海抜）最低，最高(m)	面積（平方キロ）	貯水量（億m^3）
アラフエラ湖	57.9 76.8	50	65.1
ガツン湖	24.8 26.7	436	76.6

（出所）　MP，第7章，図表7-2 (p.2)より筆者作成。

7.2.1 運河東部流域の水資源と水利用途

東部流域では，7ヶ月間（5月～11月）の雨季を中心とした降雨量（年平均2,667mm）により年間水量は約89億m^{3}に達する。このうち41%

(36.4億m³)は地中に消え，59%（52.63億m³）がガツン湖とマデン湖に流入する。湖面から9%（4.7億m³）が蒸発し，利用可能量は91%（47.9億m³）である。過去10年（94年～03年）の平均利用可能量は42億m³であった。その利用途は，運河操作用（約25億m³），発電用（14億m³），上水用（3億m³）等となっている。(MP，7章，p.5，p.7)

（コメント；ここで簡単に運河操作用水と通航可能貨物量との関係を概算して見よう。現行運河の閘門操作回数33回×365日＝12,045回/年。この時の操作用水は12,045×20.8万m³＝25億m³。既述のように第三閘門運河工事によるガツン湖，クレブラカットの深化，拡幅による追加水量約8億m³。8億÷20.8＝3,846回/年⇒÷365＝10.5回/日。3,846×4.4万トン＝1.7億トン。つまり，1隻当り4.4万トンの通航貨物量を仮定すれば年約1.7億トンとなり，2025年の第三閘門運河が吸収できる予測通航貨物量に匹敵する。つまりそれ以上の通航は水量限界から難しいということも意味している。）

7.2.2 ガツン湖の水量限界と水利用優先度

ガツン湖の貯水量の限界は，ガツンダム（ガツン湖の南端にある水力発電用ダム，p.129写真参照）とペドロミゲル閘門の高さで決まる。

（コメント；太平洋側にあるペドロミゲル閘門は，ガツン湖から太平洋方面に向かう14キロ近い航路クレブラカットの終点に位置し，ガツン湖の水位を調節する機能も持っている。人工湖であるガツン湖はガツンダムとペドロミゲル閘門の2ヶ所でせき止められているということでもある。）

MPでは，ガツン湖の水利用に当っては，とにかく上水用を最優先すること，運河操業は二の次であること，そして水力発電は排水分の有効利用に過ぎないことを強調している。1997年～1998年の乾季にエルニーニョ現象があり，乾季の終わりには航行制限を行う事態が発生したが，この時期には発電用の水利用（つまり排水）はゼロであったとしている。(MP，7章，p.7)

（コメント；しかし，この時に不足した電力はどこから調達したのかは不明。）

上水を使用する人口（パナマ市，コロン市，アライハン地区）は2000年のセンサスでは約150万人であった。1人1日当り消費量は314〜920リットルであると算定している。（同上，p.6）

（コメント；今後の上水消費量はこれら諸都市における人口増加と産業用水の需要増加にかかっている。）

7.3 現行運河操業用の水需要予測

7.3.1 ケース1，「改良工事を実施しない場合」（図表7-2）

現行運河操業用の水需要に関しては，現行運河の改良工事を実施しない場合（ケース1，図表7-2）と実施する場合（ケース2，図表7-3）に分けて予測を行っている。

下の図表7-2はケース1の予測結果であり，2010年〜2013年に容量限界に到達することから水需要も増加しないという予測となっている。

04年の実績では，① 11,809回の閘門操作が行われ，② 24.56億m^3の水消費量であった。従って，1回当りの水消費量は②／①＝20.8万m^3となる。

（コメント；閘門操作回数は，実際は船の通航隻数と読み替えることができる。より正確に言えば，1隻の船が両洋を通航するのに使用する水量＝20.8万m^3でもある。）

（図表7-2）　現行運河の水需要予測（ケース1，改良工事なし）

年	上水用 億m^3	上水用 回数	運河操作用 億m^3	運河操作用 回数	合計 億m^3	合計 回数
2005	3.71	4.9	24.18	31.8	27.69	36.7
2010	4.03	5.3	25.51	33.6	29.54	38.9
2015	4.34	5.7	25.51	33.6	29.86	39.3
2020	4.66	6.1	25.51	33.6	30.17	39.7
2025	4.98	6.6	25.51	33.6	30.49	40.1

（注）　現行運河で改良工事をしない場合，2025年に通航量は最大で2.8億トン〜2.9億トン，水需要は最大で30.49億m^3となる。
（出所）　MP，第7章，図表7-12（p.9）を参照し筆者作成。

(コメント；現行運河で改良工事が実施されない場合，運河操業用水は 25.51 億 m³，閘門操作回数は 33.6 回で横ばい状態が続く。上水用は人口増加を反映して漸増するため合計水量は増加している。この表にもあるように，MP では全ての使用水量が運河操作回数に換算の上表示されている。）

7.3.2 ケース 2,「改良工事を実施した場合」(図表 7-3)

ケース 2 は増大する通航需要に呼応して水需要も増大するが，ガツン湖の湖底の深化工事，クレブラカットの拡幅，深化工事（p.130 写真参照）を通じて 2012 年以降に水供給能力が増加する。

（コメント；現行運河の改良工事は 07 年または 10 年には完成するという工期予定と比べると 2〜5 年遅れの 2012 年となっている。）

湖底の標高は 11.3m⇒10.4m（90 センチ深化）。これにより 2025 年まで 12m の喫水の維持率は 99％を確保でき，現行運河の航行安全性が維持される。深化工事が実施されない場合は，船底と湖底の間隔 1.5m の維持が難しくなり，通航制限が必要となる。

改良工事を通じて運河容量が増加し，通航量も増加し，それに伴い水需要量も増大する。その場合の水需要量予測は下表のようになる。

(図表 7-3) 現行運河の水需要予測（ケース 2，改良工事あり）

年	上水用		運河操作用		合計	
	億 m³	回数	億 m³	回数	億 m³	回数
2005	3.71	4.9	24.23	31.9	27.94	36.8
2010	4.03	5.3	26.65	35.1	30.68	40.4
2015	4.34	5.7	28.27	37.2	32.61	42.9
2020	4.66	6.1	28.27	37.2	32.93	43.3
2025	4.98	6.6	28.27	37.2	33.24	43.8

(注) 現行運河で改良工事をした場合，2025 年に通航量は最大で 3.3 億トン〜3.4 億トン，水需要は最大で 33.24 億 m³ となる。
(出所) MP, 第 7 章, 図表 7-14 (p.10) を参照し筆者作成。

（コメント；現行運河の改良工事を実施した場合，2010 年以降は，改良工事を実施しない場合の操作回数 33.6 回に比べて 1 日 1.5 回，水使用量は年

25.51 億 m³ に比べ 1.14 億 m³ の増加となる。しかし 2015 年以降，運河操作回数は 1 日当り 37.2 回，水使用量は 28.27 億 m³ で頭打ちになる。それを上回る通航需要は第三閘門運河を建設することによってしか吸収できないということを意味している。上水需要は人口増加に伴って増加するので，現行運河の改良工事をしようがしまいが無関係に増加し，2025 年時点では需要量は 4.98 億 m³ と予測されている。表では上水用についても操作回数が記入され，合計は運河操作用の回数と合わせた数字 43.8 回となっている。ついでに 1 日当り 43.8 回の水使用量は 43.8×20.8 万 m³ ＝33.3 億 m³ であり，2005 年の合計値 27.94 億 m³ を 5.3 億 m³ 上回っている。航路の深化，拡幅など現行運河改良工事で確保される 4 億 m³ で対応すべき水使用量と解釈できる。)

7.4 第三閘門運河が必要とする水量予測

7.4.1 第三閘門運河の閘室の水使用量

　第三閘門運河の操作に必要な水量データーは，MP の中では次の数字が唯一である。(MP，7 章の図表 7-25，p.17)

　それは第三閘門運河の閘室を何段にした場合，どれだけの消費水量になるのか，現行運河の閘室と比較した前出のデーターでもある。(本書 p.103 参照)

　1 段；6.94 倍，144 万 m³，
　2 段；3.47 倍，72 万 m³，
　3 段；2.31 倍，48 万 m³

　閘室が 1 段の場合，現行運河の閘室の約 7 倍の水を使用するが，3 段にすれば最小の約 2.3 倍の水使用量（48 万 m³）で済むというデーターである。これにより第三閘門運河の閘室は 3 段に決定されたことは既述の通りだ。もう一つの理由は，海水がガツン湖の淡水に浸入するのを防ぐためにも現行運河と同じ 3 段が採用されたとしている。なお，淡水と海水の比重は，1：1.03

で淡水の方が3％重いため，海水中の船の喫水が11.7mの場合，淡水中では12mとなる。淡水利用のパナマ運河では船は余計に沈むことを計算に入れている。(同上, p.16, p.18)

7.4.2 第三閘門運河での節約水量の検証

上記48万m^3は，水の節約や貯水量の増加策を講じない場合，第三閘門運河を通航するポスト・パナマックス船1隻が両洋の閘門通過の際に使用する水量であると置き換えることもできる。それは現行運河での使用水量20.8万m^3の2.3倍の量であり，現行のガツン湖の貯水量では確実に水不足が発生することを意味している。そのために新規ダムの建設案が出ていたことは既述の通りである。

ここでは，上記48万m^3とこれまでのいくつかの数字を使って，第三閘門運河での水の節約量を確認して見たい。

節水槽の付設で水の節約は60％とされている。何に対しての60％なのかは必ずしも明らかではないが，現行運河での水使用量に対するものとして計算してみる。また，第三閘門運河では現行運河の水使用より7％少ない量で通航できるとしている。

これらを前提にして，節水槽で60％の節約⇒第三閘門の閘室での水のネット使用量は，48万×0.4＝19.2万m^3となる。19.2÷20.8＝92.3％，逆数は7.7％なので，上の7％にほぼ匹敵する。

つまり，第三閘門運河を通航するポスト・パナマックス船1隻が両洋の運河で使用する水使用量は19.2万m^3ということになる。逆に言うと，第三閘門運河は現行運河の2.3倍の容積の閘室であるが，使用水量は現行運河とほぼ同量に近い (1.6万m^3少ないが) と解釈してよさそうだ。実際に，MPでは現行運河と第三閘門の操作用の平均水量は全て20.8万m^3で概算している。

ついでにもう一つ，第三閘門運河の1つの閘室の交換水の深さも計算して見よう。

第三閘門運河の閘室は，54.9m (幅)×427m (長さ)×Xm (深さ)＝48万m^3÷2, 23,442 m^3 X＝24万m^3×1/2＝10.2mとなる。現行運河の閘室は，

33.5m（幅）×305m（長さ）×X（深さ）＝20.8万 m^3÷2, 10,218 m^3 X＝10.2m となる。つまり，両運河の閘室で交換される水の高さ（＝深さ，つまり船の1回の通航で放出される閘室内の水の高さ）は同じ10.2mである。これは同じ標高（ガツン湖の水面標高25～26m）に対し両運河とも3段の閘室を使って上昇するというところからきている。約1mの差は閘室サイズが微妙に異なること，太平洋の潮位差が6mあるところから生じていると考えられる。

7.4.3　第三閘門運河の水使用量予測（ケース3．水対策を実施しない場合）

第三閘門運河の水使用量の予測については，下記ケース3．は何ら水の追加工事を実施しない場合の予測結果である。（MP, 7章, p.19）

（コメント；下表は，節水槽やガツン湖の深化工事等，貯水量追加工事を実施しない場合の現行運河と第三閘門運河の両方での水使用量予測である。前出の現行運河の改良工事をした場合のケース2, 図表7-3では，2015年以降運河操作用水は28.27億 m^3, 37.2回で横ばい状態になっていた。しかし，下表では2015年以降，第三閘門運河の建設により大量の水使用量が発生している。2015年では1.76億 m^3（30.03－28.27），2.3回（39.5－37.2），2025年では9.09億 m^3, 12回の差が現行運河との間に生まれる。この差の部分が第三閘門運河での使用水量であり，操作回数であると見ることができる。これに上水用を加えれば，全必要水量42.34億 m^3 となる。2005年時点では，上水（3.7億 m^3），運河操作用（24.2億 m^3），合計約28億 m^3 であったので，

（図表7-4）　第三閘門運河の水使用量予測（ケース3．水追加工事を実施しない場合）

年	上水用 億m^3	上水用 回数	運河操作用 億m^3	運河操作用 回数	合計 億m^3	合計 回数
2005	3.71	4.9	23.98	31.6	27.69	36.4
2010	4.03	5.3	25.84	34.0	29.86	39.3
2015	4.34	5.7	30.03	39.5	34.38	45.2
2020	4.66	6.1	33.86	44.6	38.52	50.7
2025	4.98	6.6	37.36	49.2	42.34	55.7

（注）　第三閘門運河案では2025年に必要となる水量は42.34億 m^3 となる。操作回数に換算すると55.7回分に匹敵する。
（出所）　MP, 第7章, 図表7-27（p.19）を参照し筆者作成。

2025年に必要とされる追加水量は14.34億m^3（42.34−28）にもなる。2010年に完了する現行運河の改良工事を通じて4億m^3が追加され，さらに第三閘門運河工事を通じて約8億m^3，合計12億m^3が追加されることになるがそれでも約2億m^3は不足する。ちなみに建設が断念されたリオ・インディオ川から得られる水量は下記のように年間約12億m^3を見込んでいた。)

7.5　ダム建設で得られる水量予測

今回のMPでは，次のような記述もある。「現行の水システムでは，増大する水需要には対応できないこと，その結果，2015年以降は航行船舶に対し十分な喫水を確保できないという問題が発生することになる。それはガツン湖の湖底を10.4mに下げても追加水を確保することはできず，新たな水源地確保のためダム建設オプションが検討された」とし，その経緯が以下のように報告されている。(MP，第7章，p.21)

ダム建設候補地としては16ヶ所（リオ・インディオ，コクレ・デル・ノルテ，トアブレ，カニョ・スシオ等）が調査され，最終的なコスト・便益比較のマトリックス表（図表7-5，MP，p.23）は06年5月5日に完了したとしている。最後まで残ったダム候補地は，リオ・インディオ，チャグレス上流，トリニダであった。

（コメント；MPの公表が06年4月25日なので，翌月の5月5日ということはないと思われるが，MP公表間際までダム建設の可能性は検討されていたことを暗示している。）

代表的な西部流域のリオ・インディオ川にダムを建設する場合は，4,600haの面積の人工湖の建設とガツン湖まで全長8.4キロのトンネル（直径4.5m）を建設する工事が必要となる。それによって得られる水量は，330万m^3/日⇒年12億m^3，操作回数に換算すると15.8回/日⇒年5,767回分である。建設コストは2.9億ドル。しかし，住民移転（1,750人）が必要になるので除外されたとしている。（同上，p.27）

7. 水 資 源   125

(図表 7-5)　水供給対策の最終決定マトリックス

決定基準	節水槽 1基	節水槽 2基	節水槽 3基	ガツン湖の水位26.7Mアップ	航路深化標高9Mに下げる	リオ・インディオ・ダムの建設	リサイクル方式	トリニダ・ダムの建設	チャグレス上流ダムの建設
技術，コスト面									
水供給能力アップ（喫水率99%の確保）	3〜5回	5〜9回	6〜11回	3回	7回	16回	10〜12回	7回	5回
投資額（ドル）	2.5億	3.15億	4.8億	0.3億	1.5億	2.9億	2.1億	7億	3.3億
社会，環境面									
水質へのインパクト（塩水の浸入）	少ない	少ない	少ない	皆無	皆無	皆無	多量の侵入	皆無	皆無
移転住民	皆無	皆無	皆無	不明	皆無	1,750人	皆無	1,640人	263人
直接影響面積（ha）	不明	不明	不明	400ha	皆無	4,600ha	不明	2,100ha	1,300ha
生物多様性へのインパクト	皆無	皆無	皆無	皆無	皆無	森林の喪失	少しあり	森林の喪失	森林の喪失
社会経済インパクト	皆無	皆無	皆無	関連施設の対応	皆無	現地インパクトあり	皆無	現地インパクトあり	現地インパクトあり

（注）　オリジナル図（MP, 第7章, p.23, 図表7-31）の作成日付は2006年5月5日となっている。
（出所）　MPの上記図表7-36を参照に筆者作成。

7.6　第三閘門運河の水使用量予測
　　（ケース4. 節水対策を実施した場合）

　下の図表7-6は，ケース4. として節水対策を実施した場合の水使用量予測である。

(図表 7-6)　第三閘門運河の水使用量予測（ケース4, 節水工事実施の場合）

年	上水用 億m³	上水用 回数	運河操作用 億m³	運河操作用 回数	合計 億m³	合計 回数
2005	3.71	4.9	23.98	31.6	27.69	36.4
2010	4.03	5.3	25.84	34.0	29.86	39.8
2015	4.34	5.7	25.97	34.2	30.31	39.9
2020	4.66	6.1	27.96	36.8	32.62	42.9
2025	4.98	6.6	29.48	38.8	34.46	45.3

（注）　第三閘門運河工事で節水槽を付設する結果，2015年には必要水量は大幅に減少。
（出所）　MP, 第7章, 図表7-46（p.33）を参照し筆者作成。

7.6.1 ケース4の運河操作回数を検証

ケース4に関する上表7-6は，実は不思議な表である。この表は現行運河と第三閘門運河の双方の水使用量を説明しているはずである。しかし注記を見ると，2015年には第三閘門工事で節水槽を付設する結果，必要水量は大幅に減少するとある。しかし節水槽が付設されるのは，新たに建設される第三閘門運河だけであり，現行運河に付設されるものではない。現行運河は改良工事を通じて，操作回数は05年の31.9回から2015年には5.3回分の能力アップで37.2回になるが，2015年以降は，現行運河の操作能力はフル稼働状態に入っているはずだ。それ以上の通航量は，第三閘門運河で吸収することになるので，2つの運河を合計すれば少なくとも37.2回を上回っていなければならない。しかし上表の運河操作回数を見れば，2015年に34.2回，2020年に36.8回といずれも37.2回を下回り，ようやく2025年に38.8回で上回ることになる。

7.6.1.1 不思議なグラフ

これまでのいくつかの図表をグラフ化したのが，図表7-7である。グラフのタイトルは「パナマ運河拡張による水供給能力予測」となっている。しかし，単位を示す横軸は水量ではなく1日当りの閘門操作回数となっている。都市上水量も回数に換算されている。水量（年）に換算するためには，回数×20.8万 m^3 ×365で計算すればいい訳ではあるが。

グラフの上の方の太線は1日当りの平均最大容量（操作回数）を示している。ガツン湖底の標高を10.4mに深化（現行運河の改良工事，ここでは完成年は2012年ではなく07年となっている）することによって，平均最大容量は1日平均50回に増加している。しかし，2014年に更に第三閘門運河工事で湖底を9.15m深化しているにも関らず1日平均48.5回に減少している。もしこの48.5回を水供給能力の限界点であると理解すれば，2025年時点の1日当り45.3回という操作回数は後3.2回（45.3－37.2）でその限界に到達してしまうということを意味している。

このグラフの表示には，いくつかの矛盾点もある。例えば，45.3回は前出の

(図表7-7) パナマ運河拡張による水供給能力予測
◆ガツン湖水位の上昇（最大27.1m）
◆ガツン湖内航路の深掘（標高9.1m）
◆各閘室に節水槽3槽を付設

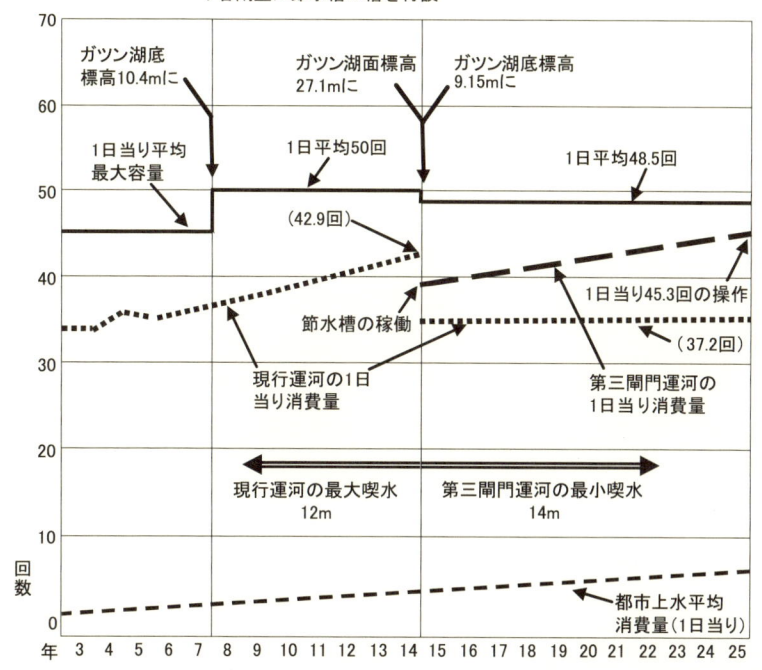

(注) これと全く同じ図がMP，第7章（図7-47, p.34）にも掲載されている。( )内の数字は筆者が加筆。左目盛は操作回数（通航隻数）だが同時に消費水量であることをイメージさせている。本図ではスペースがないので省いたが，タテ軸側には「1回当り消費水量は5,500万ガロン」と注記がある。5,500万ガロン＝20.8万m³なので，03年の場合，32隻（実績）/日×365≒約11,680隻×20.8万m³＝24.3億m³（年間の運河操業用水）と算定できる。それに上水分（約2回）の追加で34回程度となっている。上のグラフには水力発電用水（14億m³）は含まれていないようだ。

(出所) プロポーザル図表-36 (p.60) から筆者作成。

ケース4（図表7-6）の数字からとっていると思われるが，これには上水分（6.6日）が含められている。他方，1日当り37.2回の操作は前出のケース2（図表7-3）の数字だが，こちらには上水分は含めず運河操作用だけとなっている。また現行運河の1日当りの水消費量は趨勢的に上昇し，2014年には42.9回になっているが，これは同じケース2（図表7-3）の数字であるが

上水用を含む合計値である。

7.7 貯水量の増加と第三閘門運河の操作回数の検証

前出の図表7-7の中に示されているデーターに関しては次のような疑問がうまれてくる。

1) 3つの貯水量増加工事が完了しその効果が表れる2015年以降は，同時に第三閘門運河も操業体制に入るが，1日当り平均最大容量（操作回数）は50回から48.5回に減少（太線）している。このような減少がなぜ発生するのだろうか？　都市上水消費も漸増するので合計値も漸増傾向となるはずではないか。

2) 現行運河では改良工事が完了しても1日当りの操作回数は構造上の制約から2015年以降，増減のない平行移動（37.2回）に移る。2015年以前に現行運河の1日当り操作回数が43回近くになっているのは上水使用量の増加分を反映しているものと思われる。

3) もし水供給能力（操作回数）が48.5回で最大能力とすれば，48.5－37.2（現行運河の最大能力）＝11.3回分が第三閘門運河で吸収できる操作回数の限界であるとも言える。

また，下記計算から第三閘門運河での使用可能水量は8.6億 m^3（約9億 m^3）までということができる。

11.3回×20.8万 m^3 ＝235万 m^3　×365＝8.6億 m^3（第三閘門運河の使用可能水量）

4) 図中には，運河操作用と上水用の2つの使用途しか掲載されていない。電力用水は完全に除外されている。過去10年（94年～03年）のデーターを見ると，電力用水は14億 m^3 もある。MP第7章では水力発電用水は，排水の有効利用であるとしているが，これを水の供給量に含めていないのはなぜだろうか。もし，14億 m^3 を排水せず運河操作用に全部使用したら，第三閘門運河用の水不足問題は，しばらくは発生しないはずである。(注)

5) 通航可能貨物量予測も使用可能水量から逆算できる。2025年の通航貨

物量予測は約 5 億トンであった。現行運河での通航可能貨物量は 3.3 億トンまでであるので，差引 1.7 億トンが第三閘門運河通航貨物量となる。第三閘門運河の平均通航貨物量を 4 万トンと仮定すれば，次の計算により，通航貨物量は総計 1.7 億トンになる。

　11.3 回×365 日＝4,125 回/年，4,125 回×4 万トン＝1.65 億トン

つまり，第三閘門運河での使用可能水量（9 億 m^3）による通航可能貨物量とほぼ同じになる。

このことから，第三閘門運河工事で確保できる水量の限界（約 9 億 m^3）が，運河操作回数を制約し，同時に通航可能貨物量をも制約している可能性があると言える。つまり，貨物量予測は水の使用可能量の範囲内に押さえ込まれたとも言える。2025 年以降，通航貨物量と船の隻数が予測通り増加し

ガツン湖をせき止めているガツン・ダム。左側は発電所，下流のチャグレス川はカリブ海に向かう。（06 年 4 月筆者撮影）

クレブラカットの浚渫工事，手前は航路内を移動中のタグ・ボート。
　　　　　（06 年 4 月筆者撮影）

て行けば，数年を待たずして水の使用可能量は限界に到達し，通航貨物量も限界に到達するということである。図表 7-7 から判読すると，最大容量 48.5 回－45.3 回＝3.2 回分の余裕しかないからである。

　水の供給能力以外に，もう一つ通航可能量を制約する条件は，ペドロミゲル北側閘門の操業能力限界やクレブラカットの通航規制（「セミコンボイ」方式）であろう。これらの制約条件は，水がいかに豊富に供給されようともほぼ無関係に存在するというパナマ運河が持つ構造的限界点でもある。

(注)　運河操作用や上水用，水力発電用等の水使用量とマデン湖やガツン湖に流入する水供給量に関する「水収支表」データーは，米国管理下（PCC）時代の「運河年報」では必ず最終ページに記載されていた。どういう訳かパナマ管理下（ACP）になってからの「年報」では記載されなくなった。それどころか，一般人が請求しても理由は不明だが入手が難しくなったようだ。その意味で今回の MP，第 7 章（本書 p.118）に記載された過去 10 年間の平均水収支情報は貴重なデーターである。近年の世界的気候変動で雨季の降雨量も年により大きく変動している模様で，水収支状況が気になる。MP の中では運河操作用水よりも上水を第一義に確保すると強調しているように，パナマでは上水量の確保は重要な政治問題となる可能性が高い。

　「3 ヶ国調査委員会」の「最終報告書」(6-100)を見ると，2020 年時点で現行運河と第三閘門運河の双方が使用する水量は，年間約 43 億 m^3，操作回数に換算すると 1 日約 50 回（現行運河 45 回，第三閘門運河 5 回で，年 18,250 回）を見込んでいた（小舟浩治博士らの推計値）。偶然の一致かも知れないが，前出の図表 7-4，ケース 3 で試算されている 2020 年，25 年の使用量とかなり近い値となっている。しかし，その後，使用量は増加し 2060 年時点には 62 億 m^3 に達する見込みとしている。

8. 工事開始に向け通航料金値上げと工事契約方式を確定

　第三閘門運河工事に対する国民投票は既述のように06年10月23日に完了した。その後，パナマ運河庁（ACP）は，07年2月に運河通航料金の値上げ案を提示した。この値上げ案は「プロポーザル」で提示されていた引き上げ率（年3.5％）をはるかに上回り多くの運河利用国，企業の反発を招くものであった。

　一方，07年3月初め，パナマで年一回開催される貿易見本市「エキスポ・コメール」（Expo-Comer，主にコロン・フリーゾーンに進出している外国企業が出展）に併せる形で，運河庁は第三閘門運河の工事関心企業向けに契約方式等の説明会を開催した。

8.1　通航料金値上げ案の発表

　パナマ運河庁は，07年2月に同庁ホームページを通じて運河通航料金の値上げ案を公表した。(注1)

　それによると，コンテナ船の場合，07年5月から1TEU当り49ドルから54ドルへと10％の値上げ（この値上げ案は既に公表されていた），そして今回は，08年に63ドル（アップ率17％），09年に72ドル（同14％）へと引き上げるという内容であった。

　また，一般貨物船の場合は，07年〜09年，毎年10％の値上げ率となる。現行ではトン当り2.96ドルが07年5月から3.26ドル，08年3.63ドル，09年3.90ドルへと引き上げるというものだ。この値上げ案は，06年4月に公表されたプロポーザルの中で想定していた「20年間，毎年3.5％値上げ」と

いう方針からは大きく外れる高い値上げ率である。

　このような運河庁の一方的な料金値上げ案に対し，最大の運河利用会社であるデンマークの船会社マースク社は「他の代替ルートを検討する」と強く反発したと報じられている。これに対し，運河庁側は，スエズ運河が07年7月から運河料金引き上げを行うことからパナマ運河の持つメリットは依然大きいこと，製品コストに占める通航料の割合は0.5～2.5%と少ないこと等を強調している。この値上げに対する意見，質問は3月12日までACPで受け付け，14日に公聴会を開催し，その後，閣議決定を経て5月から改定案は実施に入る予定とされた。(注2)

(注1)　運河通航料金の引き上げ問題は，既述のようにマスタープランには一切記述はなく運河庁からパナマ政府向けに提出された「プロポーザル」の中に1行だけ記述されていた。今回の値上げ案は，ACPのホームページ (www.pancanal.com) に掲載されたが，サイトへアクセスするには事前に氏名，住所等を登録する必要がある。これまでの同庁の情報開示が全くフリーであったのと異なり，料金引き上げ問題がセンシティブな問題であることを反映していた。
(注2)　ジェトロ通商弘報，07年2月19日号。

　(コメント；本書の4章でも触れたように，第三閘門運河の工事費用の調達，国庫納入額の確保等の関連から通航料金値上げ問題は最大の関心事項の一つであった。しかし肝心の値上げ方法については極めて限られた記述しかなく，今回のMPやプロポーザルにおける最大の疑問点の一つでもあった。今回の値上げ案に関する公聴会は3月14日にパナマ市で開催されたが，現地紙の報道では出席した船会社は全て「年間3.5%という値上げ率」と比べ余りにもかけ離れた値上げ案に反対意見を提出，ACP側の対応が注目されると報じた。パナマ側が市場状況を見て"上げられるだけ上げていく"というやり方に対し今後船会社等がどのような論理で対抗していくかが注目される。かつて1977年に調印された「新運河条約」と同時に調印された「中立化条約」第3条には"通航料金は公正かつ合理的である"ことを定めているが，最終的には代替輸送ルート（方法）を確保する以外に対抗力はないのかも知れない。)

8.2 工事関心企業に対する説明会

工事関心企業に対する説明会は貿易見本市「エキスポ・コメール」で混雑するアトラパ国際会議場で3月8日に開催された。主催したパナマ運河庁の発表によればこの説明会には34ヶ国，222企業から606名もの多数の人々が参加したとしている。

説明会ではACPの工事部門の総括責任者（ホルヘ・キハーノ）等が工事の技術的側面に関する説明を行ったが，多くはMPに記載された事柄を再確認するものであった。MPに記載されていない新しい情報としては掘削土量とドレッジング（浚渫）土量の数値が明らかにされたことである。

技術的な説明以外では工事に伴う契約方式，工事関連資材の輸入手続き，関税，適用される労働法，パナマの労働者訓練方針等が明らかにされた。労働法と労働者訓練方針はパナマ労働大臣が説明を行った。

8.2.1 ドレッジング，掘削土量

第三閘門運河の関連工事として07年中に着手する予定の主な工事は次の3ヶ所での掘削と浚渫工事である。1）太平洋側に建設される第三閘門運河の北側アクセス航路（幅218m）の掘削工事，2）ガツン湖とクレブラカットの航路深化，拡幅のための浚渫工事，3）太平洋側と大西洋側の海から第三閘門運河へのアクセス航路（幅225m）の浚渫工事である。

1）の北側アクセス航路の掘削工事は約6.2キロの工区であり，契約は5つに分割される。この工事区間の総掘削土量は4,600万m^3であり第三閘門工事における掘削土量としては最大規模である。07年中に着手される第1契約の工事は第三閘門運河航路からクレブラカットに抜ける場所に近い工区である。（2007年7月，パナマのCUSA社が落札した。）

2）のガツン湖とクレブラカットの航路深化，拡幅工事は，現行運河の改良工事の延長線上にある浚渫作業である。契約がどのように分割されるのか今回の説明では明らかにされていない。浚渫土量は2,300万m^3と見積もら

れている。

3) の太平洋と大西洋から第三閘門運河にアクセスする航路の浚渫工事では，太平洋側の工事が先行する。07年に入札が行われ，実際の工事は08年からとなる。一方，大西洋側の工事は08年に入札が行われ，実際の工事は09年中頃からとなる。

今回の説明会で発表された主な工事とその掘削，浚渫土量（総合計1億2,200万m^3）は下の図表8-1のように整理できる。

（コメント；下表により第三閘門運河工事に関連する掘削・浚渫土量の総合計は1億2,200万m^{3}であることが判明した。MPでは工事費用の主要部分を占めるはずの掘削・浚渫土量が全く掲載されていなかったので今回のこの数字は意味がある。参考データーとして，現行運河が完成した時点での掘削・浚渫土量は約1億8,000万m^{3}であった。しかし先の「3ヶ国調査委員会」の調査では第三閘門運河の総掘削・浚渫土量は4億m^3〜5億m^{3}と見積っていたので，今回の工事は4分の1の土量ということになる。工事内容を詳細に検討しない限り数字の妥当性は分からないが，工事の途中で経費見積もりを大幅に変更するような事態は回避されるべきだ。）

（図表8-1） 主な掘削（ドライ，ドレッジング）工事

工事名	場所	作業	掘削量（万m^3）	契約数	備考
太平洋側第三閘門，北側アクセス航路	太平洋側	幅218mのドライ掘削	4,600	5契約	本項6.2.6参照
海からのアクセス航路	太平洋側	幅225mの浚渫	900	1契約	本項6.2.8参照
同上	大西洋側	幅225mの浚渫	1,400	1契約	同上
ガツン湖とクレブラカットの航路深化，拡幅		浚渫	2,300		
第三閘門建設に伴う掘削	太平洋（1,200万m^3）大西洋（1,800万m^3）	ドライ掘削	3,000	1契約	
		合計	12,200		

（出所） Jorge L. Quijano, "The Panama Canal Expansion Program", March 8, 2007. www.pancanal.com/eng/anuncios/promotion/presentations/index.html

8.2.2　工事に伴う契約方式

　第三閘門運河の工事に関連する契約方式は概略以下の方針であることが明らかにされた。

　（パナマ運河庁の契約責任者）　第三閘門運河工事に伴う契約は，運河庁の組織法に則り運河庁長官が最終責任者となる。実際の契約行為は運河庁の契約担当者（コントラクティング・オフィサー）が行う。

　（金額による契約担当セクション）　1万ドルまでは「購入管理室」，10万ドルまでは「在庫管理課」，1万ドル以上は「契約部」が契約窓口となる。

　（入札方法）　入札案内，応札，プロポーザルは原則として全てインターネットで行う。

　（契約）　契約は応札書類の条件に合致し，最低価格で入札した有資格入札者と締結する。

　（入札ボンド）　入札者は入札価格の10%を下回らないボンドの支払いを義務付けられる。入札ボンドの有効期間は入札開始日から90日間である。

　（パフォーマンス及び支払ボンド）　入札書類で要求される場合，入札決定者はパフォーマンス・ボンドと支払ボンドの2つを入札決定後10日（休日を除く）以内に支払う義務がある。パフォーマンス・ボンドは契約期間内における契約者の義務の遂行を保証するボンドである。建設工事の場合，契約額の50%を下回らない額であり，資材とサービス契約の場合は契約額の100%の額である。額については契約担当者との間で交渉の余地がある。その場合，リスク分析，財務責任者，長官等の承認が必要となる。

　支払いボンドは第三者が提供する労働，サービス，資材に対する支払い保証である。ボンドの額は契約額100万ドル以下の場合（50%），100万〜500万ドルの場合（40%），500万ドル以上の場合は250万ドルとなる。

　（クレーム）　契約者のクレームは30日以内に契約部長の責任において解決される。

　（入札案内）　入札案内は運河庁のホームページ（www.pancanal.com）にアクセスすれば必要情報が得られる。

(契約支払い)　全ての契約金の支払いは適切な納品があり支払い請求がなされれば30日以内になされる。運河庁の責任で支払い遅延がある場合，利子（Libor金利3ヶ月もの）が支払われる。

契約方式の説明では，パナマ運河のこれまでの工事契約でパナマ企業の比重が着実に増加してきている点も強調された。過去10年間（1996年～2006年），「パナマ運河近代化」計画が実施されてきた。毎年平均2億ドル程度の投資額（これまでの情報の倍の金額？）であったが，96年にはパナマ企業の参加率は30％程度であったが，着実に増加し06年には80％に達したとしている。つまり，第三閘門運河の工事においても極力パナマ企業の参加を確保したいということを示唆するものである。

8.2.3　工事資材の輸入関税，労働法

(輸入税の免除)　パナマ運河庁の組織法（97年法律19号）により，運河庁で使用する設備，資機材類の輸入関税は100％免税となる。
(輸入手続きの簡素化)　運河庁関連輸入品目の輸入手続きは簡素化される。
以上のように工事関連資機材の輸入に対しては特別措置が適用される。
(労働法)　第三閘門運河の工事は，運河のメンテナンス作業として位置付けられる。適用する労働法としては，1980年3月4日付けの政令3号であり，最低給与は時間当り2.90ドルである。
労働法と次の人材訓練計画に関してはリベラ労働大臣が説明した。

8.2.4　人材訓練計画

今回の説明会で，運河工事関連の人材開発計画には20万人近い訓練対象者があることが明らかにされた。しかしこれに含まれる訓練対象業種としては，建設，ホテル・観光業，港湾，電気通信，農業等も含みかなり広範囲の職種が含まれていること，その訓練場所も全国に散らばっていることも判明した。特に，第三閘門運河工事に直接関係がある人材訓練としての位置付け

8. 工事開始に向け通航料金値上げと工事契約方式を確定

はないようである。

一方、第三閘門工事（07年～2014年までの8年間）に関連して必要とされる作業ポスト数も上記の人材開発計画の一部として発表された。こちらもMPにはなかった数字であるので整理して見た。（図表8-2）

この表からも分かるように、第三閘門運河の工事期間中に必要とされる作業ポストは8年間の累計で19,583人である。工事ピーク年の2010年には5,628人、2009年には4,229人となっている。この表からはパナマ人が占める割合がどの程度になるのかは判断できないが、大目に見積もって約半分（少なくとも手伝い、運転手等の単純作業は現地雇用となろう）としても2年間のピーク年でも年2,000人前後、それ以外の年は1,000人にも満たない。従って労働大臣が述べた20万人の人材開発計画との関連性をどう理解したらいいのか疑問が沸いてくる。

既述（2.1.3「運河経済システム」の乗数効果）の「運河経済システム」が乗数効果により19.7万人の雇用効果をもたらすという説明とここでの20万人の人材開発計画は強く関連していると思われる。つまり今回のパナマ労

（図表8-2） 第三閘門運河工事関連作業ポスト

作業内容	2007	2008	2009	2010	2011	2012	2013	2014	累計
単純作業（手伝い、運転手等）	198	562	1,476	2,002	968	291	111	63	5,671
職工（左官、石工等）	0	9	734	1,256	386	127	72	29	2,613
特殊技能者（電気、溶接工等）	2	6	308	515	276	95	108	13	1,323
重機械操作者	198	508	550	358	155	80	28	8	1,885
監督	30	79	156	203	83	31	22	11	615
小計	428	1,164	3,224	4,334	1,868	624	341	124	12,107
比率	4%	10%	27%	36%	15%	5%	3%	1%	100%
浚渫、掘削、発破	611	849	1,005	1,294	1,079	734	1,013	890	7,475
比率	8%	11%	13%	17%	14%	10%	14%	12%	100%
総計	1,039	2,013	4,229	5,628	2,947	1,358	1,354	1,014	19,583

（注）　比率は累計に対する各年の割合。
（出所）　07年3月8日の説明会資料、同上ホームページより作成。

働大臣の説明資料は工事関心企業向けだけではなく一般パナマ人向けの広報的性格を持ったデーターであると理解すべきなのかも知れない。それにしても労働大臣の説明資料には信じられないような単純な計算ミスも散見された。このような現象はパナマでは特に珍しいことではないことも付記しておきたい。

[参考]

パナマ運河関連史

年	出来事
1501〜1503	クリストバル・コロン（コロンブス），パナマ地峡の大西洋岸を探検。
1513	バスコ・ニュネス・デ・バルボアが太平洋を発見。
1524	フランシスコ・ピサロがパナマで探検隊を整えペルーのインカ帝国を探検後，征服。
1534	この頃，ペルーからスペインに輸送された金銀の65%がパナマ経由。ポルトベロの見本市も開始。
1671	ヘンリー・モルガン（英国人）がチャグレス河口に到着し，サンロレンソ砦を襲撃，パナマシティを破壊。
1740	ポルトベロ見本市が中止。
1821	パナマがスペインからの独立を宣言し，主体的にコロンビアに加わることを宣言。
1823	米国「モンロー・ドクトリン」を宣言し，ヨーロッパによる中南米への干渉を排除。
1845	ナポレオン・ガレラ（フランス人）がパナマ運河候補ルートを調査。
1855	パナマ鉄道が操業開始。大西洋と太平洋をアメリカ大陸で初めて結ぶ両洋交通を確立。
1860	江戸幕府の外国奉行，新見正興一行がパナマ鉄道を利用。
1869	エジプトでスエズ運河開通，フランス人フェルナンド・レセップスによる海面式運河の成功。
1879	パリにてレセップス，パナマ運河建設のため「両洋間運河研究国際会議」を開催。
1880	レセップスの海面式モデルに従って工事開始。
1885	3万5千名の労働者がパナマ運河工事にリストアップされる。熱帯病が労働者や管理者の間にパニック状態を起こす。運河工事責任者としてフェリペ・ビュノー・バリヤが任命される。
1888	（12月）パナマ運河の掘削工事中止，パナマ運河会社が破産。
1894	（10月）新パナマ運河会社がパナマ運河工事再開。
1897	米上院，運河調査のため「地峡運河委員会」を新たに設置。
1898	米西戦争（キューバとフィリピンが主な舞台）。
1900	ヘイ・ポンスフォート条約締結，米国が英国の地峡支配権を排除。
1901	（11月）「地峡運河委員会」（ジョン・ウオーカー提督議長），最終報告書でニカラグア案を勧告。
1902	（5月）ニカラグアのモモトンボ火山の噴火で，ニカラグア運河案からパナマ運河案に転換。
1903	（1月）米国とコロンビア，パナマ運河建設のためのヘイ・エラン条約を締結。（3月）同条約，米上院で批准。（9月）コロンビア上院で否決さる。（10月）パナマの分離独立派，ワシントンでのパナマ代表にビュノー・バリヤを任命，米国との「運河条約」調印。（11月3日）パナマでコロンビアから分離独立革命が成功。（11月6日）米政府，パナマ共和国承認。（12月）「タフト協定」により，米政府パナマ運河地帯の利権を確保。

[参考] パナマ運河関連史

年	出来事
1904	（5月）米国，パナマ運河工事を開始。（6月）パナマ，米国との通貨協定調印，米ドルがパナマの法定通貨に。
1907	3人目の技師長としてジョージ・ゴータルス（陸軍大佐）が任命さる。ロック式運河デザインで工事再開。
1910	ガツン人造湖完成。
1914	第一次世界大戦勃発。（8月15日）パナマ運河開通（正味8年7ヶ月の工事，約3億5,200万ドルの工事費用，この内9,000万ドルはクレブラカット掘削費用），蒸気船「アンコン号」が9時間40分で初通航。
1925	（10月）パナマ国内で反政府運動高揚，米海兵隊10日間パナマ市内を占領，パナマ人殺傷事件も発生。
1931	（1月）「コミュニティ・アクション」の指導者アルヌルフォ・アリアス，クーデターでアロセメナ大統領放逐。
1934	（7月）F・ルーズベルト大統領，パナマ公式訪問。
1936	（3月）「ハル・アルファロ条約」（友好協力一般条約）調印，米国，パナマ主権を認める。
1940	（6月）キューバで第二回中南米諸国外相会議で集団安全保障決議。
1941	（9月）アルヌルフォ・アリアス大統領，共和国中央発券銀行を設立し，紙幣発行，9月から12月まで流通。（10月）アリアス大統領追放さる。
1942	パナマ，米国と「防衛基地貸与条約」を締結。
1948	（8月）コロン・フリートレード・ゾーン設置のための行政法施行。
1955	パナマ，米国と「相互理解と協力のための協定」（レモン・アイゼンハワー条約）締結。
1956	エジプトでスエズ運河国有化宣言。
1958	アレジャノ・レノックス，「主権行動」と称する平和的運動を運河地帯内で開始。
1959	（1月）カストロ革命軍，キューバを制圧。米大統領アイゼンハワー，正式にパナマ運河地帯の主権を認める声明。
1960	（9月21日）パナマ国旗，初めて運河地帯内で掲揚さる。
1962	キューバ・ミサイル危機，東西冷戦の深化。
1964	（1月）パナマで「国旗事件」発生，米・パ外交関係断絶。（9月）米国で「両洋運河調査委員会」設立。米国ベトナム戦争参戦。
1965	米国のジョンソン大統領，パナマのロブレス大統領，新運河条約の交渉方式確立に向けた共同声明発表。
1968	（10月11日）トリホス中佐，アルヌルフォ・アリアス新大統領を軍事クーデターで追放。
1970	（4月）「銀行法」制定。当時のパナマ人口143万人（センサス）。
1971	（4月）「新運河条約」交渉再開。
1972	「労働法」制定。憲法改正で国防軍の政治的機能が制度化。議会に代わり「コレヒミエント会議」（72年〜78年）開催。電力，通信の国有化，ユナイテット・フルーツ社の国有化（政府系企業53機関）。

[参考] パナマ運河関連史

年	出来事
1973	国連安全保障委員会，パナマで開催，トリホス将軍，運河地帯でのパナマ主権を強調。
1974	（2月7日）タック・キッシンジャー宣言，新運河条約交渉のベースに。将来の代替運河調査継続も明確化。
1977	（3月）永野日商会頭，パナマ訪問，「海面式運河案」（永野案）公表。（9月7日）「新運河条約」（トリホス・カーター条約），ワシントン（OAS）にて締結さる。（10月23日）「新運河条約」，パナマ国民投票（3分の2）で批准さる。
1978	（4月18日）米上院，「新運河条約」調印後，7ヶ月間の議論後1票差で批准さる。
1980	（5月）大平首相，米カーター大統領を訪問し，日本の運河調査参加希望を表明。
1981	（7月）トリホス将軍，不慮の飛行機事故で死去
1982	（9月30日）米国とパナマの交換公文で，1977年の「新運河条約」第12条1項で合意された海面式運河及びその他代替案のFS調査の実施を決定，日本の正式参加を招請。
1983	（12月）パナマ国防軍司令官にノリエガ将軍が就任。
1984	（5月）16年振りの大統領直接選挙で与党（PRD）バルレッタ候補が勝利。
1985	（6月）3ヶ国調査準備委員会「最終報告書」完了，合意。 （9月）「3ヶ国外交取極」調印で「パナマ運河代替案調査委員会」発足。
1986	（6月）調査委員会第1回理事会，パナマで開催。
1987	（6月8日）パナマ国防軍No.2のディアス・エレラ大佐辞任し，ノリエガ将軍が関与したとされる3事件を暴露。米上院議員による「パナマ国民への公開質問状」をパナマ紙に掲載。パナマの市民十字軍，学生による反軍運動活発化。 （10月）米上院対パ経済・軍事援助停止案可決。
1988	（3月）米ブッシュ政権，パナマ運河収益金のパナマへの支払い停止。 （4月）パナマ駐留米軍の増強開始。
1989	（5月）パナマ総選挙，選挙監視団のカーター元大統領が軍部による選挙不正をブッシュ大統領に報告。 （9月1日）パナマ臨時政府の成立，米政府は「ノリエガ体制の政権」を認めず外交関係を正式に絶つ。 （10月）パナマ国防軍内部の反ノリエガ派のヒロルディ少佐らクーデター決行，米軍の支援得られず失敗。 （11月）ベルリンの壁の崩壊，（12月）ルーマニアのチャウシェスク政権崩壊で世界の耳目が釘付けに。 （12月20日）米軍（2.4万人）のパナマ侵攻で，パナマ国防軍は解体，ノリエガは逃走，エンダラ大統領就任。
1990	（1月3日）バチカン大使館からノリエガが投降，マイアミ刑務所に拘留。 （1月）「3ヶ国調査委員会」，代替案調査のための「詳細設計プラン」の作成開始。
1993	（2月）米軍返還地域の管理・再活用を行う組織として「両洋間地域庁」（ARI）が発足。 （9月）「3ヶ国調査委員会」が「最終報告書」完成，第三閘門案を勧告，通航需要限界は2015〜2020年。
1994	（5月）総選挙で5年振りに「民主革命党」（PRD）のペレス・バヤダレス大統領勝利。
1997	（9月）パナマで「パナマ運河世界会議」開催。EU代表，需要予測調査で需要限界は10年早まると警告。

[参考] パナマ運河関連史

年	出来事
1998	（8月）バヤダレス大統領の二期継続政権構想が国民投票で否決（64%）。
1999	（5月）総選挙で野党連合のミレーヤ・モスコーソ（女性）大統領勝利。（12月14日）運河返還式典で米カーター元大統領がモスコーソ大統領に運河返還を宣言。「第三の独立」とモスコーソ大統領演説。（12月31日）正午，パナマ運河全面返還，米軍の全面撤退完了。
2003	（6月）モスコーソ大統領訪米し，ブッシュ大統領とFTA交渉開始に合意。（11月3日）パナマ共和国100周年記念式典。
2004	（4月）米国とFTA交渉開始。（5月）総選挙でPRDのマルティン・トリホス大統領候補が勝利，9月新政権発足。（11月）憲法改正案が発効（政権発足期間4ヶ月を2ヶ月に短縮，副大統領を2名から1名に，国会定数を71名に）。
2005	（12月）社会保障基金法の改定決着。
2006	（4月）「パナマ運河庁」が第三閘門運河マスタープランを公表。（10月22日）第三閘門運河案に関する国民投票（8割の賛成，但し棄権率6割）
2007	（3月）「パナマ運河庁」第三閘門運河工事に関する説明会開催。運河通航料金値上案を発表。（6月）パナマ湾浄化プロジェクトに日本円借款（1億6,000万ドル）供与決定。米パFTA調印。（7月）第三閘門運河案，陸上掘削工事でパナマ企業（CUSA社）落札。

（参考資料） David McCullough, "The Path Between The Seas", Simon & Schuster, Inc. 1977, New York, USA.

Philippe Bunau-Varilla, "Panama, The Creation Destruction and Resurrection", Constable & Co. 1913, London,

UK.. William J. Jorden, "Panama Odyssey", University of Texas Press, 1984, Austin, USA, 拙著『パナマ運河』近代文芸社，2000年，東京等。

第2部
パナマ経済と産業

1. マクロ経済の構造的特徴

　第2部ではパナマのマクロ経済面の構造的特徴や産業の現状を取り上げて見たい。それは第1部でパナマ運河第三閘門運河案の「マスタープラン(MP)」で取り上げられた「運河経済システム」や「サービス産業クラスター」に含まれているいくつかの問題点を再整理する狙いがある。また今後第三閘門運河案が実施された場合，パナマ経済がどのような変化を遂げるのかについても予測を加えて見た。

1.1　経済規模が小さい

　最初に指摘しておきたい構造的特徴は，パナマ経済は小規模経済であるということである。国内総生産額（2005年GDP）は約145億ドル（1.7兆円強）の水準で，世界では89番目の経済規模である。日本の場合と比較すると，県民総生産額が最も低い鳥取県（人口61万，03年）が2兆円（04年，約200億ドル）であり，その7割程度の規模と見ていい。周辺の中米諸国の中ではグアテマラ（270億ドル），コスタリカ（200億ドル），エルサルバドル（166億ドル）に次ぐ経済規模である。

　パナマで最大規模と言われる事業体は「パナマ運河」である。その年間事業総収入は約12億ドル（04年）で，中米諸国の中ではトップレベルの事業体と言われる。但し，メキシコやブラジルを含むラテンアメリカ全体ではトップ500企業にも入らないレベルになってしまう。パナマ中央政府の04年の予算規模は30億ドル（3,000億円）程度であり，鳥取県の予算規模（04年度，4,500億円，約45億ドル）を下回る。

　一方，パナマの一人当りGDPは約4,700ドル（2005年）であり，世界の

中では，ラテンアメリカ諸国の中では53番目のメキシコ（6,770ドル），55番目のチリ（6,035ドル）に次ぎ65番目となる。直ぐ後ろのベネズエラ（66番），コスタリカ（67番），アルゼンチン（69番），ブラジル（70番）とほぼ同レベルとなっている。

このように小規模経済国パナマではあるが，50ヶ国以上に大使館（領事館を含む）を置き主権国家としての体裁を整えていることは一つの驚きとも言える。

1.1.1 第三閘門運河の完成でシンガポール並みの経済規模に

パナマ運河拡張案の総事業費52億ドル（インフレと予備費合計分を引いたネット工事費用37億ドル）は，パナマの年間GDP（05年）の約3分の1に匹敵する。工事期間8年で単純平均すれば年間約5億ドル，この中からパナマに落ちる金額を多く見積もってその半分とすれば3億ドル弱となる。それでも小規模経済のパナマにとっては1世紀前の現行運河の建設に次ぐ空前絶後の大プロジェクトであることに変わりはない。工事完成後には運河通航量の増大と通航料金引き上げにより運河収入の増大も見込まれる。その中から年額15億〜30億ドル程度が国庫歳入に組み込まれると想定すれば（マスタープランによれば2015年〜2022年），各種経済・社会インフラ投資も可能となる。

世界経済と周辺ラテンアメリカ諸国の安定的経済成長が今後とも継続し，運河拡張案が順調に進展し，通航料金の引き上げも計画通り実現した場合，パナマの経済成長率は年率10％前後の高成長が続く可能性もある。その場合，20年後の2025年には現在の7倍近い経済規模（900億ドル）に拡大している可能性がある。これは05年の水準で見れば世界50位レベルのエジプト，ナイジェリア等にも匹敵する。日本の県民総生産額で見れば第14位の新潟県（9兆円）レベルということになる。また，一人当りGDPで見ると，2025年の人口を約400万人とすれば，約22,500ドルとなる。パナマがアジアのシンガポール並み（05年のGDPは1,163億ドルで世界41位，一人当りGDPは26,500ドルで22位）の経済へ発展する可能性もあながち夢

とは言えない。その意味では運河拡張案実施後のパナマのマクロ経済に対する分析視点は変えて行く必要があろう。

(注) GDP, 一人当り GDP データーは, IMF, Report for Selected Countries and Subjects, 内閣府の各都道府県経済計算年報 03 年度を参照。パナマの 2025 年の人口予測は世銀（384 万）, 国連（420 万）などの平均予測値を採用した。

1.2 経済実態の把握は困難

パナマの現状のマクロ経済を分析しようとする場合，常に統計データーに対する信憑性の問題を念頭におかざるを得ないことも現実だ。パナマの会計検査院があらゆる統計データーを総合的に管理し，情報公開を行っている。他の周辺中米諸国と比べるとパナマは比較的統計類が整っていると評価されている。しかしこれらのデーターがどこまで正確に現実を反映しているのか常に疑問を以って当たる必要があるということも事実である。

会計検査院では国内産業の相互関係を数字的に把握するための「産業連関表」を完成させていない。その背景要因には，恐らく途上国に共通に見られる問題，例えば，統計作業要員の不足，技術の不足，予算不足等を指摘することができる。それ以外に次のようなパナマ経済・社会の特殊要因があると思われる。

1) 海外需要に大きく依存するパナマのサービス産業は国内取引が少ない。このため国内取引関係先から事業内容を追求することは難しい。2) そもそも企業の実態把握が難しい。パナマではファミリー経営が多く，株式市場も未発達であり，企業情報の公開性等ないに等しい。ペーパーカンパニーでも事業活動が展開でき，企業や事業主の所在を確認することすら不可能に近い。3) しかも郵便の宅配制度はなく，全ては私書箱システムのため所在確認は困難を伴う。4) 中央銀行機能がないこと以外に，多くの銀行は「守秘義務」を堅持しており，官憲でも取引相手を確認することはできない。5) 民間企業の側には，統計作成作業に協力することが徴税強化につながるという危惧を抱いている可能性がある。6) 統計データーに対する厳格性を求め

る社会的気風も少ないこと。これは社会の公器と言われる新聞でも掲載データーのタテヨコの計算が合わないことが多いことにも表れている。政府作成の資料でも，暫定値が多くその後データーの大幅変更が常に見られる。また，公式データーにも関らず千と百万をよく間違えて使用している。パーセンテージ表示では少数点以下8桁近い数字を平気で並べておく等，データーに対する驚く程の"大まかさ""大らかさ"が随所で見られる。

　そのためなのかまたはその結果なのかパナマでは国の経済を総合的，系統的に分析した参考資料にはほとんどお目にかかれない。この解説資料さえチェックしておけばパナマ経済が総合的に理解できるという解説書がないということでもある。経済・財務省発行の「経済年報」では産業部門別の短期分析をやっているが，構造的問題への言及はほとんどない。しかも会計検査院とは異なる産業部門別データー整理をしているので，注意が必要だ。民間コンサルティング会社の中には時折新聞を通じて部分的な経済問題についてのコメントを発表することはあるが全体像は公開しない。大学で使用している経済学の教材は大方がアメリカの教科書である。

1.3　地域間経済格差が大きく，パナマ県に全GDPの6割強が集中

　面積的には日本の北海道程度のパナマであるが，行政区分としては全国9つの県と先住民が居住する3つの自治区とに分割されている。人口と経済規模の大きさで見ると，パナマ県が圧倒的な比重を持つ。パナマ県には全国人口の半数近い155万人（03年）が集まり，全国GDPの6割強（65億ドル）が集中している。特にパナマ運河の太平洋側入口にある首都パナマ市（人口約80万人）とその周辺地域に国の経済と人口が集中している。

　つまり，パナマ県を除くその他8県と3自治区には，全人口の残り半分と全GDPの4割弱が存在しているに過ぎない訳で，パナマの地域間経済格差の大きさを物語っている。従って地域間格差の是正は常に政治のスローガンとされてきた。しかし近年は逆にパナマ市を中心とするパナマ県への人口や経済の集中が一層高まる傾向を示している。今後，パナマ運河拡張案の実

施,パナマ運河の両端地域に集中している米軍返還地域での再開発プロジェクトが進行すると,他の国内地域との経済格差は一層拡大することになろう。

他の地域を見ると,隣国コスタリカと接する農牧業中心のチリキ県が人口,GDP で全国第二位であるが,人口は 40 万人弱,GDP はパナマ県の 6 分の 1 弱の約 10 億ドル,全国の 10％程度にとどまる。しかも近年は,相対的比重が漸減傾向にある。第三位はコロン県で人口は約 20 万,GDP は約 7 億ドル程度である。パナマ運河の大西洋側入口にあるコロン市には,伝統的なコロン・フリートレード・ゾーンや,近年建設された新しいコンテナ・ポートやクルーザー船の停泊港もできた。しかしそこからの地元経済への恩恵は余りなく,コロン市の貧困層の問題は長年解決されない政治課題として残されている。

1.3.1 所得格差問題

それ以外の県は人口 20 万前後,GDP は 5 億ドル未満で上記 3 県に比べると圧倒的にして小さい。特に先住民(インディオ)自治区の人口は 3 自治区合計で 17 万人(対全国比 5.5％),GDP は約 1 億 5,000 万ドル(対全国比 1.5％)に過ぎない。貧困度が高く非識字率は 2000 年(センサス年)でも 40％近くを維持している。

2000 年の世銀報告書では,パナマの全人口(280 万,2000 年センサス)の 37％(104 万)が貧困,19％(53 万)が極貧状態であるとしている。つまり人口の半分以上が貧困状態にある。国連の人口局データーによれば 1 日 1 ドルの生活費の人口割合はパナマでは全人口の 14％(39 万)となっているが,先住民地域の大部分がこれに該当する。世銀の報告書に基づけば最大の人口を擁するパナマ県やコロン県でも相当数が貧困状態にあるということである。(注)

パナマ市の中心街には外国人を含む高所得階層が居住する高級マンションや近代的ビルが林立しニューヨーク・マンハッタンにでもいるかのような錯覚に陥る。国際金融センターには世界中の銀行オフィスがあり,世界一流の

ファッション用品がショッピング・センターには溢れ，高級乗用車が走り回っている。恐らく周辺ラテンアメリカ諸国の中でも指折りの豊かさを感じる町である。今後，運河拡張工事に向け海外からの工事関係者が日常生活に便利なパナマ市内にオフィスや住居を構えることになろう。その結果，現在でも激しい市内の交通渋滞がさらに加速されパナマ市が持つ利便性が低下することが懸念される。

しかし中心街の近くにもまた市内を一歩出た地域にも貧困層の粗末な住宅地があり，パナマの貧富の格差が実感できる。また，パナマの僻地と言われ

(図表1-1) パナマ，県別人口，非識字率，GDP

	県・自治区	1995年 人口(千人)	比率	2000年 人口(千人)	比率	2003年 人口(千人)	比率	県別GDP (2000年) 100万ドル	比率	一人当たりGDP (ドル) (2000年)	非識字率 1980年	1990年	2000年
1	パナマ	1,259.4	47.2%	1,437.3	48.8%	1,546.0	49.6%	6,489	64.6%	4,515	5.3%	4.3%	2.8%
2	チリキ	357.6	13.4%	381.4	12.9%	395.6	12.7%	1,051	10.5%	2,756	19.1%	15.9%	7.7%
3	コロン	193.0	7.2%	211.5	7.2%	222.8	7.2%	754	7.5%	3,565	6.3%	5.7%	3.7%
4	ベラグアス	211.0	7.9%	217.8	7.4%	221.3	7.1%	469	4.7%	2,153	28.5%	21.9%	15.2%
5	コクレ	195.4	7.3%	210.2	7.1%	218.7	7.0%	480	4.8%	2,284	11.4%	9.7%	6.1%
6	ノベ・ブクレ自治区	101.0	3.8%	116.1	3.9%	125.7	4.0%	①		④934			45.9%
7	エレラ	102.6	3.8%	106.5	3.6%	108.7	3.5%	310	3.1%	2,911	18.9%	14.0%	10.4%
8	ボカス・デル・トロ	82.7	3.1%	93.7	3.2%	100.7	3.2%	160	1.6%	1,708	34.6%	30.1%	16.9%
9	ロス・サントス	83.6	3.1%	86.9	3.0%	88.2	2.8%	258	2.6%	2,969	19.1%	14.8%	10.7%
10	ダリエン	40.0	1.5%	42.3	1.4%	43.5	1.4%	70	1.0%	1,655	36.7%	30.4%	23.0%
11	クナヤラ自治区	35.3	1.3%	35.5	1.2%	36.0	1.2%	②		④934	50.6%	40.0%	38.5%
12	エンベラ自治区	8.8	0.3%	9.0	0.3%	9.1	0.3%	③150	1.5%	④934			34.5%
	合計	2,670.4	99.9%	2,948.2	100.0%	3,116.3	100.0%	10,041	100.0%	3,406			

(注) 3つの先住民自治区（①②③）のGDP合計が③150（1億5,000万ドル），対全国比1.5％である。④一人当たりGDP（934ドル）は，便宜的に3自治区合計のGDPを各自治区人口で割ったもの。パナマ県が全人口の約50％，GDPの64.6％を占め，第2位のチリキ県を大きく引き離している。非識字率は20年間で大きく改善しているが，先住民自治区は2000年でも40％近い。

(出所) パナマ会計検査院，"Censos de Población y Vivienda, 14 de Mayo, 2000"から筆者作成。

るダリエン県には道なきジャングルの中でインディオ部族が原始状態で生活している。しかし彼らの貧困状態の背景には独自の習俗や文化があることも確かであり，単純な貧困問題ではなさそうである。

(注) World Bank, "Panama Poverty Assessment : Priority and Strategies for Poverty Reductions", 2000, Washington, USA. United Nations Population Fund and Population Reference Bureau, "Country Profile for Population and Reproductive Health : Policy Development and Indicators 2003".

1.4 通貨は米ドルで中央銀行はない

パナマにおける米ドルの流通は1850年代に米国がパナマ鉄道を建設した頃から始まっている。さらにパナマを独立させ，米国がパナマ運河建設を開始した1904年には，新生パナマ政府は米国と通貨協定（「タフト協定」）を結び，米ドルを正式にパナマ国通貨（名称は「バルボア」）として使用することを法制化して現在に至っている。このため，パナマには通貨発行量をコントロールし，金融・通貨政策を担当する中央銀行は存在しない。国内で必要とする米ドルは，パナマ国内にオフィスを構える内外の80行近い銀行経由もたらされている。

この結果，海外取引決裁における為替リスクはない。他のラテンアメリカ諸国がしばしば直面する為替変動やその結果もたらされる通貨インフレーションからパナマは常に自由であった。パナマに国際金融センターやフリートレード・ゾーンが集積してきた背景にはこの米ドル使用があったと言える。

他方，米ドルが自国通貨であるということは，モノ作り分野の製造業や農業では，為替政策を通じた保護は期待できない。国産品保護は，輸入関税が中心となる。近年のFTAを通じた関税保護水準の段階的引き下げは，小規模事業体が中心のパナマの製造業や農業部門をさらに厳しい国際競争に直面させることになろう。

中央銀行による為替管理がないことは，国内に出入りする外貨量（この場合は自国通貨のドルであるが）の管理システムがないことを意味する。近年

主として資金洗浄対策を進める米国政府の圧力もありパナマの銀行業務に対する監督システムが強化される傾向がある。その一環で「銀行監督局」が創設されたが，この組織が通貨流通量まで管理している訳ではない。従ってドル通貨の流通量は実需を反映したものであるとも言える。

パナマではフリートレード・ゾーンや国際金融センター等への外資誘致のため多くの免税措置がある。パナマでは法人登録をしても外国間取引（外一外取引）に対する課税免除制度が多いことからタックス・ヘブン的性格も強い。通貨管理システムがないことから統計上現れないビジネス取引も多い。このようなことも，経済統計資料を利用するに当たって特別の注意を必要とする背景である。

1.5 製造業は国産原料加工型，国内市場志向型

パナマの製造業は1999年にはGDPの10%強を占めていたが，自由化政策の進展で，2003年には8％程度に低下している。コロン・フリートレード・ゾーンには世界的メーカーの保税倉庫があり，パナマ市内ではこれら一流企業の広告宣伝が大量に目に入る。このためパナマにもこれらメーカーの下請け製造拠点があるかのような印象を与えるが全くの誤解である。パナマの製造業は国内農牧産品原料を使用し，一部周辺諸国に輸出はするが主に狭い国内市場を対象とした小規模な事業活動を展開している。

パナマの製造業団体である工業連盟（SIP）に加盟する企業数は約540社ある。その内訳を見ると，食品（110社），金属（77），繊維（66），化学（61），プラスチック（40），サービス（39），紙（37），鉱業（30），木材（28），皮革（19），飲料（13），塗料（4），タバコ（3），その他（14）に分類されている。

圧倒的に多い分野は食品加工業を始めとして，木材，皮革，飲料，タバコ等の企業が国内の農牧畜産品原料を加工して主に国内消費市場向けの生産をしている。生産加工に必要な機械・設備・部品は全て外国製である。金属，繊維，化学，プラスチック等の業種でも，中間原料，加工機械は全て輸入品であり，簡単な加工工程で販売は国内市場向けがメインだ。輸出は近隣諸

国向けに限られる。本格的な海外マーケティング戦略を展開する段階にはない。

パナマ市内にある国産最大のビール工場はドイツの醸造設備を稼動しているがドイツ人技術者による定期的な技術指導を受けている。輸送用木箱だけは国産だが，原料のホップ，ビン等は輸入している。食肉・酪農品の中には牛肉（パナマは口蹄疫汚染国でない）を日本市場に輸出しているメーカーがあるが問題は生産量が限られていることである。

パナマの製造業は金属加工機械製品や中間材の生産をほとんど行なっていないため，製造業企業間での下請け・協力関係もほとんど育っていない。例えば，酪農品メーカーでは，ヨーグルト用の容器も，外側に印刷できる工場がないため輸入している。国内ではカラー印刷技術が育っていないため少し良質な出版物は近隣のコロンビアやスペインで印刷し輸入している。パナマではドル紙幣は米国から流入している。硬貨は一部パナマ製とも言われているが，実際は硬貨の鋳造も外国に発注している。国内には鋳・鍛造，金属加工企業が存在しないからだ。プラスティック加工業も原料や金型，成型機械等は全て輸入品である。言い換えれば，パナマの国内製造業は上・中・下流部門と言ったタテ系列的産業発展も企業間のヨコの協力関係もほとんど見られず，特定企業が単独で事業活動をしているというところが実態と言える。

1.5.1 研究開発基盤は皆無

製造業発展のための基礎的研究開発部門も貧弱なレベルにある。パナマ大学やパナマ工科大学を訪問して最も目につくのは研究・実験用の資機材が圧倒的に不足していることである。建築部門では強度実験装置等ある程度の装置は整っている。しかし先端技術に関連した装置は極端に少なくロボット研究室には部品のかけら一つなく，米国の教科書を形通り学んでいるだけというのが実情だ。政府予算が少ないのであれば，民間企業や財閥が寄付をしてもよさそうである。外部寄付では在パナマ日本大使館の寄付がトップに上がっていることを見ても，いかに研究開発部門が無視されているかが伺い知れる。

また大学には数学専攻の学生が極端に少ない。科学技術庁に該当する組織

(SENACYT；科学技術局) が生まれたのも最近のことだ。パナマ企業による特許登録も数件はあるが，他は全て外国企業によるものである。

パナマの製造業に対する政府の系統的な支援策もほとんど見るべきものはない。商工省内には近年，輸出促進部もできているが，FTA 締結に向けた"見栄えのする"仕事が中心となっている。個別の中小企業の輸出手続き面の指導に関しては必要最小限の関連情報すらない。海外マーケティング情報を収集して国内企業に提供するような情報システムも確立されていない。海外市場動向を収集しようとすれば，外務省管轄下の在外大使館の活用が求められるが実現はしていない。日本の中小企業庁に相当する機関も近年創設されたが，予算と人材不足のため低迷している。恐らくパナマで製造業を発展させ工業化戦略を実現していくことは経済・産業政策の中で最も難しいテーマなのかも知れない。

1.6 "通常貿易"は恒常的輸出入インバランス構造

パナマでは貿易問題を分析しようとする場合，コロン・フリートレードゾーン (CFZ) と"通常貿易"の二つに分けて考える必要がある。パナマの貿易統計では，CFZ の輸入と再輸出に関する統計と通常貿易の輸出と輸入統計は通常分けて表示されている。前者は，CFZ を経由して"外—外"の貿易取引の性格が強く国内経済との関連性はごく限られている。しかし国際収支表では CFZ の輸入と再輸出の両者が計上されているため混同しやすい。

CFZ については後述するので，ここでは"通常貿易"の特色に触れておきたい。通常の貿易における最大の特色は恒常的な財の輸出入インバランスの存在である。財の輸出入貿易の不均衡はサービス輸出で相殺するというメカニズムが長年続いてきている。

1.6.1 輸出は一次産品，輸入は工業製品で恒常的な不均衡

近年 (2000 年～2004 年) の財の輸出入動向を見ると，輸出は 8 億ドル台で，輸入は 30 億ドル台で 4 倍近い輸出入インバランスが毎年生じている。

少し過去に遡って見ると、1980年の場合、輸出3.5億ドル、輸入14.5億ドルで4倍、1990年の場合、輸出4.5億ドル、輸入15億ドルで3.3倍、2000年には輸出7.8億ドル、輸入34億ドルで4.4倍に拡大している。従って輸出入における不均衡はほとんど伝統的な傾向であると言える。しかも過去のデーターを見て分かることは、1980年と1990年の輸出入額にはほとんど変化が見られないという事実である。そして輸入に比べ輸出の方が、長期停滞傾向が見られるという点も注目される。

2004年の主要輸出品を見ると、魚介類（きはだまぐろ）、バナナ、エビ、フルーツ（メロン、スイカ）、牛肉等の一次産品輸出がメインである。輸出総額は9億ドルで1990年に比べれば倍増している。

一方輸入は伝統的に、資本財（機械・設備・部品）、石油、化学品、自動車、消費財等の工業製品が主で、輸入総額は30億ドルで1990年に比べれば同じく倍増している。このため輸出に対して4倍という輸入状態が続いており、貿易インバランスは約27億ドルに達する。

貿易相手国としては米国が輸出入で圧倒的に第一位を占めている。2004年の米国向け輸出額は4.3億ドルで全輸出額の48.7%である。また米国からの輸入額は10億ドルで全輸入額の28.8%を占める。

1.6.2 輸出促進政策の難しさ

パナマの輸出品目の多様化、輸出振興策は多くの難しさに直面している。第一に関係省庁間での相互調整がほとんどできていないことが指摘できる。当面の主要輸出品目は農牧業、漁業産品であり、農牧開発省や海事庁の管轄下にある。一方輸出促進を手がけるのは商工省である。海外市場の開拓に必要な情報は外務省が管轄する在外公館である。関係省庁間の相互協力システム作りが求められるもののその成果ははかばかしくない。中南米諸国の中ではチリの「プロ・チリ」等は関係省庁間の協力関係を巧みに調整し輸出促進の成果を生んでいることから実現できないことでもないのである。

第二に、ドル経済のために為替面からの保護は期待できない。それに代わるべき制度面の輸出促進策はCAT（輸出用原料の輸入関税払い戻し制度）

位である。先述したように製造業の輸出活動は低調である。

　第三に，パナマではパナマ運河，コロン・フリートレード・ゾーン (CFZ)，国際金融センター等の有力サービス産業が先行的に発達していたことから，通常輸出への地道な努力が軽視されてきたきらいがある。特に CFZ では世界的レベルの企業が中南米諸国への製品輸出を行うため派手で活発な事業活動を展開している。これら企業はパナマ政府の輸出促進策に依存する必要は全くない。効率的な通関業務，交通の便利さ，電話通信サービス，治安の確保さえあればいい。パナマでは毎年貿易促進のための見本市，「エクスポ・コメール」が開催される。出展者の多くは海外からの有力企業であり，CFZ の企業でもある。パナマ独自の輸出企業は限られている。多くのパナマ人は世界的企業の先端製品を見ているが，自国の輸出企業の実体との差異を認識しているとは思われない。

1.6.3 輸出入不均衡はサービス輸出でカバー

　財の輸出入の不均衡はパナマの有力サービス産業の輸出額で相殺されている。

　経済・財務省のサービス輸出データーによれば，04 年の場合，パナマ運河庁 (10.5 億ドル)，CFZ (7.1 億ドル)，旅行者消費 (6.5 億ドル)，その他 (4.6 億ドル)，港湾・鉄道 (2.9 億ドル)，銀行サービス (2.8 億ドル) 等のサービス輸出総額は，約 35.6 億ドルとなっている。従って輸出入インバランス額 27 億ドルは十分にカバーしている勘定となる。(図表 1-2, 1-3, 参照)

(図表 1-2) パナマ，輸出入 (100 万ドル)

	輸出 (FOB)	伸び率 (%)	輸入 (CIF)	伸び率 (%)	輸出入差
2000	779	8.9	3,405	-2.5	-2,625
2001	809	3.9	2,986	-12.3	-2,177
2002	760	-6	3,035	1.6	-2,276
2003	805	5.9	3,122	3	-2,317
2004	890	10.6	3,592	15.1	-2,702

(出所) 会計検査院，2005 年版。

(図表 1-3) パナマ，サービス輸出 (100 万ドル)

部門	2004	2005	増減(%)
運河庁	1,054.9	1,234.1	17
CFZ	706.4	839.2	18.8
年金	110.6	112.0	1.3
旅行者消費	651.0	779.8	19.8
銀行サービス	283.1	252.7	-10.7
港湾，鉄道	293.5	335.3	14.3
その他	463.2	557.0	20.3
合計	3,562.7	4,110.1	15.4

(出所) パナマ経済・財務省経済年報, 2005 年版。

(図表 1-4) パナマ，主要輸入相手国
(CIF, 100 万ドル)

国,地域	2000	2001	2002	2003	2004
米国	1,112	973	1,015	1,076	1,035
CFZ	407	358	395	391	447
キュラソー	61	22	52	90	256
日本	187	129	165	193	190
メキシコ	134	119	112	119	143
コロンビア	116	169	180	123	132
ベネズエラ	224	154	127	83	112
韓国	81	55	64	64	102
小計	2,322	1,979	2,110	2,139	2,417
対全輸入額比率	68.2%	66.3%	69.5%	68.5%	67.3%
全輸入額	3,405	2,986	3,035	3,122	3,592

(注) 04年実績で主要輸入相手国(1億ドル以上)順。
(出所) 会計検査院, 05年版 (以下同じ)

(図表 1-5) パナマ，主要輸出相手国
(FOB, 100 万ドル)

国,地域	2000	2001	2002	2003	2004
米国	337	389	348	401	433
スウェーデン	66	30	46	50	58
スペイン	13	18	22	46	45
オランダ	6	12	13	15	39
コスタリカ	39	39	36	33	37
ベネルックス	41	37	33	29	30
ポルトガル	10	14	30	29	23
ニカラグア	18	41	21	25	18
小計	530	580	549	628	683
対全輸出額比率	68.0%	71.7%	72.2%	78.0%	76.7%
全輸出額	779	809	760	805	890

(注) 04年実績で主要輸出相手国順。

(図表 1-6) パナマ，主要輸出品
(FOB, 100 万ドル)

	2000	2001	2002	2003	2004
キハダマグロ	30	52	68	131	120
バナナ	160	122	113	113	108
魚加工品	33	57	61	75	91
鮭	49	39	41	57	70
えび(冷凍)	59	70	58	56	54
メロン	12	16	28	27	49
スイカ	4	10	13	21	22
えび(加工品)	3	15	21	19	21
牛肉	10	11	15	10	14
以上小計	360	392	418	509	549
対全輸出額比率	46.2%	48.5%	55.0%	63.2%	61.7%
全輸出額	779	809	760	805	890

(図表 1-7) パナマ，主要輸入品
(CIF, 100 万ドル)

	2000	2001	2002	2003	2004
機械・設備・備品	662	563	541	584	655
石油	648	623	535	405	571
化学品	353	343	345	387	417
自動車	355	258	293	345	380
加工食料品	233	215	249	273	296
鉄鋼製品	196	161	193	232	283
プラスティック製品	142	130	133	140	161
紙・ダンボール原料	143	128	135	139	149
衣料原料・製品	159	138	144	130	143
以上小計	2,891	2,559	2,568	2,635	3,055
対全輸入額比率	84.9%	85.7%	84.6%	84.4%	85.1%
全輸入額	3,405	2,986	3,035	3,122	3,592

　経済・財務省のサービス輸出データー項目の中には「年金（約1億ドル）」が含められている。また，運河庁のサービス輸出12億ドル（05年）は明らかに総収入額であり，経費分の扱いは不明である。また，港湾・鉄道の場合もサービス輸出分に経費分も含まれているのかはよく分からない。

1.7 サービス産業の比重は全 GDP の 70％以上

パナマの全 GDP に占めるサービス産業の比重は 70％以上を占めている。GDP に占めるサービス産業としてここでは次の 11 部門を含めた。

（以下の記述における整理番号は次ページの図表 1-8「パナマ，分野別国内総生産，就業者数の推移」の中の経済活動分野の整理ナンバーと同じ。）

1)「⑤ 電力，ガス，水供給」，2)「⑦ 卸・小売業，自動車・オートバイ修理業」3)「⑧ ホテル・レストラン」，4)「⑨ 輸送，倉庫，通信業」，5)「⑩ 金融仲介業」，6)「⑪ 不動産業，賃貸業」，7)「⑫ 教育」，8)「⑬ 社会・保健サービス業」，9)「⑭ その他サービス業」，10)「⑮ 政府サービス」，11)「⑯ 家庭向けサービス」。

2003 年の場合，これら 11 部門のサービス産業の総生産額は 91.7 億ドルで全 GDP（122 億ドル，1996 年価格表示）の 75.2％を占めている。11 部門の中には，「⑮ 政府サービス」（軍隊はないので警察隊，公的教育，社会保険病院等を含む公的サービス，それ以外の公的事業体の事業），果たして産業と呼んでいいのか疑問が残る「⑯ 家庭向けサービス」（パナマ市内の高所得階層が雇用しているいわゆる"家事手伝い"がメイン）も含められている。また，「⑭ その他サービス業」は具体的にどのようなサービス業なのかは不明である。

ちなみにパナマでは正式統計に表れない制度外経済（通称，"地下経済"）の割合は 50％近いとも言われている。

11 部門の中で特に生産額の大きい部門は次の 4 部門である。第一位が「⑨ 輸送，倉庫，通信業」（20.5 億ドルで全 GDP の 16.8％）で，この部門にはコロン・フリートレード・ゾーン，トラック輸送業，パナマ運河，海上輸送サービス，港湾，電信・電話サービス等，いわゆるパナマの主要サービス業が含まれている。第二位が「⑪ 不動産業，賃貸業」（19.4 億ドル，同 15.9％），第三位は「⑦ 卸・小売業，自動車・オートバイ修理業」（16.6 億ドル，同 13.6％），第四位は「⑮ 政府サービス」（12 億ドル，同 9.9％）である。

(図表1-8) パナマ，分野別国内総生産の推移と就業者数 (1996年価値) (100万ドル)

	経済活動分野	1999 生産額	比率	2000 生産額	比率	2001 生産額	2002 生産額	2003 生産額	比率	2004年8月時点 就業者数(1,000人)	比率	1人当り生産額(1,000ドル)
1	農業，牧畜，林業	594.5	5.4%	599.9	5.3%	588.3	565.1	566.3	4.6%	176.8	14.1%	3.2
2	漁業	132.2	1.2%	197.8	1.7%	261.0	312.3	351.7	2.9%	9.8	0.8%	35.9
3	鉱業，採石業	88.1	0.8%	78.8	0.7%	75.6	89.7	112.3	0.9%	1.3	0.1%	86.4
4	製造業	1,179.6	10.7%	1,095.2	9.6%	1,026.3	999.3	983.1	8.1%	111.7	8.9%	8.8
5	電力，ガス，水供給	342.5	3.1%	374.5	3.3%	357.0	381.5	388.1	3.2%	9.2	0.7%	42.2
6	建築	530.2	10.7%	536.9	4.7%	419.9	390.0	516.8	4.2%	108.2	8.6%	4.8
7	卸・小売業，自動車，オートバイ修理業	1,586.7	14.3%	1,658.1	14.6%	1,703.5	1,668.1	1,656.0	13.6%	235.6	18.8%	7.0
8	ホテル，レストラン	236.4	2.1%	234.5	2.1%	259.2	277.4	307.7	2.5%	70.5	5.6%	4.4
9	輸送，倉庫，通信	1,531.6	13.8%	1,723.8	15.2%	1,767.5	1,803.2	2,047.6	16.8%	97.3	7.7%	21.0
10	金融仲介業	1,024.2	9.3%	1,123.3	9.9%	1,090.4	1,011.9	949.6	7.8%	27.2	2.2%	34.9
11	不動産業，賃貸業	1,715.1	15.5%	1,776.6	15.6%	1,794.4	1,867.5	1,936.2	15.9%	60.7	4.8%	31.9
12	教育	77.1	0.7%	79.9	0.7%	82.4	84.8	85.7	0.7%	69.8	5.6%	1.2
13	社会・保健サービス	135.7	1.2%	133.0	1.2%	111.9	118.6	126.2	1.0%	45.8	3.6%	2.8
14	その他サービス業	379.5	3.4%	350.3	3.1%	368.9	388.3	383.9	3.1%	69.5	5.5%	5.5
	(マイナス) 国内消費向け金融仲介サービス	373.9	3.4%	416.4	3.7%	369.0	288.2	307.0	2.5%			
	小計	9,179.5	82.9%	9,546.2	84.0%	9,537.3	9,669.5	10,104.2	82.8%			
15	政府サービス	1,047.8	9.5%	1,067.0	9.4%	1,128.9	1,171.3	1,201.4	9.9%	78.4	6.2%	15.3
16	家庭向けサービス	77.4	0.7%	79.7	0.7%	84.3	93.1	95.0	0.8%	83.8	6.7%	1.1
	総付加価値	10,304.7	93.1%	10,692.9	94.0%	10,750.5	10,933.9	11,400.6	93.5%	1,255.6	100.0%	19.2
	(追加) 輸入税	263.6	2.4%	220.9	1.9%	208.9	211.5	212.0	1.7%			
	(追加) 不動産取引税	176.6	1.6%	154.5	1.4%	139.7	136.7	142.6	1.2%			
	(追加) その他生産税	366.7	3.3%	348.6	3.1%	397.1	460.8	483.9	4.0%			
	(マイナス) 生産補助金	41.3	0.4%	46.0	0.4%	60.0	51.8	42.9	0.4%			
	国内総生産	11,070.3	100.0%	11,370.9	100.0%	11,436.2	11,691.1	12,196.2	100.0%			
	サービス産業合計		73.7%		75.6%				75.2%			

(注) サービス産業は，表中の5,7,8,9,10,11,12,13,14,15,16の合計。
(出所) パナマ会計検査院，Panamá en Cifras, 05年11月版より作成。

　これら4部門で全GDPの56.2%を占めている。これら4部門における従業者数は47.3万人で全業種従業者数(約126万人)の37.5%を占める。生産額に比べ雇用者数は少ない。逆に言えば，生産性が高い部門であり，雇用吸収能力は相対的には低い部門である。

　生産部門としての「農業・牧畜・林業」は5.7億ドルで全GDPの5％前後に過ぎない。しかも近年は低下傾向を示している。反面，同部門の従業者数(17.7万人)は全産業の14%近い比率を占めている。生産性は低いが，

労働吸収力は高く，潜在失業者を吸収する役割も担っている。主な農産物は伝統的な熱帯作物（コーヒー，バナナ）で輸出比率が高い。近年，非伝統農産物（スイカ，メロン等）の輸出が活発化している。

「製造業」は1999年には全GDPの10％近かった。しかしその後の自由化政策の結果，2003年には9.8億ドルで8％へと低下している。パナマの製造業は国内原料を使用した食品加工業（酪農品，ラム酒，ビール，クッキー，鶏肉）が多い。工業化の基礎となる金属機械工業は全く存在しない。

パナマのサービス産業は後述するように，日本や欧米先進工業国が経済の発展過程で派生した経済の高度化，サービス化の過程で生成してきた産業ではない。パナマのサービス産業は基本的に海外需要に対応している。国内生産部門の製造業や農牧畜業等に向けに補完的サービスを提供する産業ではなく，個別，独立的な性格を持っている。

1.7.1 サービス産業の発生要因別類型化

既述のようにパナマのサービス産業は他の国内の一次，二次の生産部門（製造業，農業）とはほとんど無関係に発生してきた。パナマのサービス産業は基本的には海外需要依存型である。従って国内サービス産業同士での相互依存関係も特定部分を除き大きくはない。

パナマのサービス産業の特色をはっきりさせるためパナマのサービス産業を発生要因別に次の3分野に類型化して見た。

第一は地理的要因，第二は制度的要因，第三は複合的要因と定義しておく。第一と第二は相互に強い関連性があり不可分の面も強いが，特色を際立たせるため強いて分割して見た。（図表1-9）は3分野の相関関係の概念図である。

（第一グループ；地理的優位性から発生したサービス産業）

第一グループは，西半球の中心に位置するというパナマの地理的優位性に立脚している。代表例は，パナマ運河，コンテナ・トランシップメント（積替え）・サービス，航空輸送サービス，コール・センター等，広い意味での

ロジスティック関連産業として分類できる。いずれも距離的な優位性に立脚している。そして運河の利用者（海運企業，荷主）も，コンテナ・トランシップメント（積替え）・サービスのユーザー（荷主）もほとんどが海外の需要者であり，国内需要は限定的であることも大きな特色である。これら分野のサービス業では海外需要を見越した物理的インフラ投資，例えば，運河の拡張，コンテナ埠頭の建設，鉄道の更新等，インフラ先行投資が重要である。国内需要や国内産業とはある意味で無関係な，海外需要を見越した経営戦略がより重要となる。

　パナマ運河は地理的優位性を最大限に活用した海上輸送サービス業である。今回の運河拡張に関するマスタープラン第1章では第三閘門運河建設という先行投資の重要性を国民に説得しようとしている。このため第三閘門運河の建設と完成後の国内経済へのメリットを国民に分からせるため相当程度の誇張が必要となったことは既述の通りである。

　かつて米国管理下では運河操業は利潤を目的としていなかった。このためパナマ経済へのメリットは少なく，パナマ国民にとっては受身的なサービス業のイメージが強かった。しかし2000年以降，パナマが管理者となり，"利益極大化方針"を運河操業目的の中にはっきりと位置付けている。通航料金の引き上げにより必要経費を賄い，かつ運河収入の増大を通じて国庫納入額を増加させ，それを通じて将来の公共投資拡大による経済的恩恵も期待できると国民にアピールしようとしているのである。

　近年目覚しい発展を遂げているコンテナ・トランシップメント（積替え）・サービスは文字通り地理的優位性を活用した新ビジネスである。90年代初めから始まった港湾の民営化政策に伴い，内外の民間資本による積極的なコンテナ埠頭の建設が始まった。95年にはパナマ運河の大西洋側入口近くに完成した4つのコンテナターミナルが操業を始め2000年には早くも中南米トップの取扱量を達成した。目下，カリブ海地域でのハブ港の役割を目指しての追加投資を実行している。今後運河拡張工事が終了するまでは両洋間のコンテナ・トランシップメント機能を果たすためパナマ鉄道とトラック輸送への波及効果も高まろう。コンテナ・トランシップメントは基本的には

海外需要に対応した輸送サービス業であるが，鉄道やトラック等は国内関連産業への波及効果も相当程度付加されると言う意味で注目される。

これ以外にも新たに関連サービス業が付加される分野も出てきた。例えば運河を通航する船舶に対するバンカーオイルの供給や船のメンテナンス・サービス提供の動きもその一環である。

国内航空会社（COPA 社）に対する機体メンテナンス・サービスの拡大プロジェクトも同じ流れの中にあると言える。これは旧米軍ハワード空軍基地跡で展開しようとしているシンガポール航空機メンテナンス企業である。周辺地域への航空機メンテナンス・サービスの提供も視野に入れた事業モデルを通じて，地理的優位性を活用した新しいサービス業として位置づけられる。同じハワード空軍基地跡では，米系資本によるコール・センターが稼動を始めたが，西半球の中心地点パナマを経由する多数の光ケーブルの存在が有利な立地条件となっている。

パナマの観光産業も地理的優位性を活用している要因が強い。米国管理下の頃も，カリブ海と太平洋の両洋を行き来する多くのクルーザー客船はパナマ運河を航行していたが，パナマ寄港は運河防衛上の観点から制限されていた。パナマ管理下ではむしろ積極的な寄港と観光客の下船を促進し観光収入の増加を図る戦略に転換している。昔はなかった日帰りのパナマ運河クルーズも今ではパナマ観光の人気スポットになっている。運河はパナマの最大の観光収入源の一つともなりつつある。

（第二グループ；国内法制度で発生）

第二グループは，国内法制度を整備することで形成されてきたサービス産業である。パナマ国家誕生の頃から米ドルが通貨として流通してきたことも国内法制度を促進した要因でもあった。

代表例は，コロン・フリートレード・ゾーン（CFZ），国際金融センター，保険業等である。米ドル流通とは直接的な関係はないが弁護士サービス業も含まれる。

CFZ は第一の地理的優位性を前提として，1940 年代に関連法律が制定さ

れ，それをベースに発展してきたケースである。

　国際金融センターは1970年代に制定された「銀行法」がベースとなり，ドル通貨を持つパナマの有利性とも関連して今日まで発展してきた。

　弁護士サービスも1925年の法律制定以後，パナマにおける便宜地籍船登録に関係した法律事務所の活動で成長してきた。パナマには造船業もなく独自の所有船舶もないが，外国の船会社に対する船舶登録サービスで収益を上げている。

　上記2グループの最大の特色はいずれも海外需要依存型で発生し成長してきたことである。

(第三グループ；複合的要因)

　第三グループは複合的要因であるが，上記2グループの発展に付随するような形で成長してきた分野と言える。代表的業種としては，不動産業，不動産賃貸業がある。国内総生産に占めるこの分野の比重は想像以上に高く，2003年には全GDPの19％近くに達し輸送・倉庫・通信分野に次いで第二位の業種である。

　明らかに供給過剰と思われるが，パナマ市内には近代的ビルやアパートが次々と建設されている。マネーロンダリング資金によるものとの噂もあるが，外国人所有になるアパートも多い。CFZでのビジネス（約2,000社が展示場，オフィスを持つ）も新陳代謝が多く，店舗・オフィスビルの賃貸業を活発化させる背景となっている。今後CFZの拡張に伴い不動産業のビジネスチャンスは大きく拡大する可能性が高い。

　今後，運河拡張工事が始まると外国人ビジネスマンを対象とした高級アパート需要も高まろう。ドル経済のためインフレもなく不動産価値も安定しているため高級アパートや不動産はパナマ人の高所得者層や外国人にとり魅力的な投資対象でもある。近年，米国の年金生活者がパナマ市や気候のよいチリキ方面に住宅を求める動きが強く，不動産業の活況は根強いものがある。既に先行投資と思われる不動産バブルは05年頃から始まっており，06年以降の高成長率の背景ともなっている。

164　第2部　パナマ経済と産業

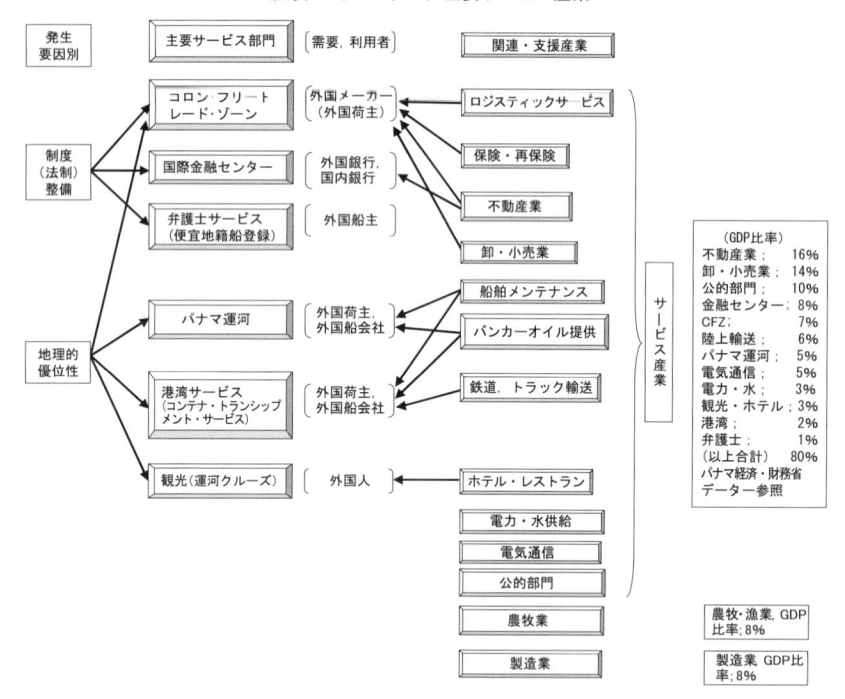

(図表1-9)　パナマ，主要サービス産業

発生要因別	主要サービス部門	[需要，利用者]	関連・支援産業	
制度(法制)整備	コロン・フリートレード・ゾーン	外国メーカー(外国荷主)	ロジスティックサービス	サービス産業
	国際金融センター	外国銀行，国内銀行	保険・再保険	
	弁護士サービス(便宜地籍船登録)	外国船主	不動産業	
			卸・小売業	
地理的優位性	パナマ運河	外国荷主，外国船会社	船舶メンテナンス	
			バンカーオイル提供	
	港湾サービス(コンテナ・トランシップメント・サービス)	外国荷主，外国船会社	鉄道，トラック輸送	
	観光(運河クルーズ)	外国人	ホテル・レストラン	
			電力・水供給	
			電気通信	
			公的部門	
			農牧業	
			製造業	

(GDP比率)
不動産業；　　16%
卸・小売業；　14%
公的部門；　　10%
金融センター；　8%
CFZ；　　　　7%
陸上輸送；　　6%
パナマ運河；　5%
電気通信；　　5%
電力・水；　　3%
観光・ホテル；3%
港湾；　　　　2%
弁護士；　　　1%
(以上合計)　80%
パナマ経済・財務省データー参照

農牧・漁業，GDP比率；8%

製造業，GDP比率；8%

(出所)　サービス産業の発生要因別分類は，会計検査院，経済・財務省データー等から筆者が判定。

2. パナマの主要サービス産業

2.1 パナマ運河

2.1.1 運河の国内GDPへの寄与度

　パナマ運河は1914年に米国の手で完成し，1999年にパナマに移管されるまで米国の国家機関の一つであった。米国管理下ではパナマ運河の経営は収益を目的としなかったことから通航料金政策も経費をカバーするレベルで押さえられていた。1914年の開通以来60年間，通航料金はトン当り90セントで維持されてきた。初めての引き上げは第一次石油危機発生の1974年で，20％近い引き上げが行われた。それ以降1996年までの22年間は4年に一回程度の引いき上げが行われてきた。しかし基本的には米国のインフレ分をカバーする程度（約4.5％）で推移してきた。その後1997年から2003年までに実施された「パナマ運河近代化」のための改良工事分として年率約6％の引き上げが実施された。この間1999年末に，運河の経営権はパナマに移管され，運河操業はパナマ人の手で効率的に運営されてきた。

　ここでは主にパナマ運河と国内経済との接点を分析して見たい。既述のマクロ経済分析の中では国内総生産項目の中に「パナマ運河」という項目はなく，「(9) 輸送，倉庫，通信」の項目に含められていた。2000年の産業分野別状況を見ると，「パナマ運河」（通航料）は4.4億ドルでGDP（115億ドル）に対する比率は4％弱である。運河経営権の移転に伴い2000年度からは運河会計システムも大きく変り，それ以前の収支決算との比較が難しくなった。しかし上記4.4億ドルは通航料金収入（＝総収入額）である。運河操業上の経常経費（人件費，メンテナンス費，事業費）は通航料収入とその

他サービス収入の合計額（総収入）から支払われる。その結果，いわゆる「純利益」は約1億ドルに過ぎない。2000年時点では米国の利益を上げないという経営方針が維持されていたので当然の結果ではある。国内総生産（GDP）は基本的に産業活動の付加価値分とすれば運河のGDPは1億ドルと評価できる。だとすれば，運河操業による国内経済への寄与度は1％程度になる。今回のマスタープランで，1999年時点のパナマ運河の国内GDPへの寄与度は20％近いとする分析に疑問が生じるのはこの辺にもある。

2.1.2 「運輸・ロジスティック」部門から「サービス産業クラスター」へ

今回のマスタープラン（MP）第1章では，パナマ運河の国内経済に及ぼす影響を分析するに当たり，「運河経済システム」とか「サービス産業クラスター」という用語が使用されている。そして「サービス産業クラスター」という用語はマイケル・ポーターのクラスター論から利用したものであるともしている。

実はパナマでも，ポーター流のクラスター論が2000年頃，注目を集めたことがある。それは当時，IDB（米州開発銀行）の資金援助を受け「経済・財務省」がイニシアティブを採り，一種の産業育成策を推進したことに端を発している。その成果として，次のような4産業分野とそれに関連する地域とが選択された。1)「運輸・ロジスティック」，2)「情報・IT技術」（いずれもパナマ市），3)「アグロインダストリー」（チリキ県，アスエロ半島），4)「観光」（コロン市，ボカスデルトロ県）であった。

「運輸・ロジスティック」部門については，2003年にパナマ海事庁の主導で作成された「国家海事戦略」に反映されることになった。主な対象産業分野（カッコ内は従業員数）としては，漁業（1.2万人），パナマ運河（1万人），港湾コンテナ・サービス（2,600人），法律・金融・保険・検査サービス（2,500人），船舶登録（500人），クルーズ関連（400人），バンカーオイル（400人），船舶修理（400人），船舶用雑貨（70人）等，総雇用数は3万人弱，同部門の国内総生産額に占める比率は約20％と推計された。

その後，2004年にトリホス政権に変わり「国家海事戦略」がどのような

扱いになったのかは不明である。しかし今回の MP で使用されている「運河経済システム」や「サービス産業クラスター」という用語がポーター流クラスター論に由来しているところから,「国家海事戦略」を参考にし,さらに関連分野を追加拡大したものと理解できる。なぜなら MP では「運河経済システム」のカバー範囲は,「直接的分野」としては「運河操業」を,「間接的分野」としては海運エージェンシー,バンカーオイル,船舶修理等 6 業種を含め,さらに「誘発的分野」としては,港湾 (80%),コロン・フリートレード・ゾーン (20%),鉄道,陸上輸送等 10 業種を含めている。その上,「平行(関連)分野」として,港湾 (20%),コロン・フリートレード・ゾーン (80%),国際空港,電気通信,船舶登録,金融仲介業,保険業等 13 業種までをも含めている。そしてこれらサービス産業全体を統括する上位概念として「サービス産業クラスター」という名称を使用している。(MP, 1 章, p.5)

この「サービス産業クラスター」を先述の分野別国内総生産(図表 1-8)で取り上げた経済活動分野と照合して見ると,「7) 卸・小売業」,「11) 不動産業」を除きほぼ全てのサービス産業をカバーしていることが分かる。さらに MP のクラスターのイメージ絵図の中には,「公共サービス(エネルギー,上水,冷房)」や「ハワード空軍基地跡」といった分野までも網羅している。前出の(図表 1-8, p.159)にある 2000 年時点の GDP 額を使用して,「サービス産業クラスター」の全 GDP に対する比率を計算して見ると約 30%～40%になる。運河を中心とする「サービス産業クラスター」という広範囲のサービス産業分野の GDP 規模は,MP で行っている評価額 (GDP の 20%) の倍近くあることが分かる。MP 第 1 章の経済インパクト分析を担当したパナマ人エコノミストは,パナマ経済に占めるパナマ運河の影響力を誇張せんがために「サービス産業クラスター」という用語を使用したが,各産業分野の正確なデーターが不在のため説得力は不十分に終っていると言わざるを得ない。

先進国の製造業分野に見られる相互依存性の強い部門内クラスターを分析したポーター流クラスター論がパナマのサービス産業主体の経済分析手法と

してどこまで適応できるのか,再検討が必要であると思われる。産業分野の一つとして「運輸・ロジスティック」分野がピックアップされている。対象業種としては港湾,コロン・フリートレード・ゾーン (CFZ),鉄道,陸上輸送等が含まれている模様である。パナマにおける海運貨物取扱業者の協会(パナマフォワーダー協会)の会員数は約 40 社であるが,大部分が CFZ に保税倉庫を所有し,パナマ国内のみならず近隣諸国向け貨物複合輸送(海,陸,空)サービスを提供していることが,ジェトロ・パナマ事務所による「パナマにおける港湾・海運産業の現状」(07 年 6 月)調査でも明らかにされている。

クラスター論のポーター自身,「サービス産業の国際競争についてはほとんど知られていないこと,特定のサービス業で,ある国々が国際的に成功を収めている理由についてはなおさら知られていない」(マイケル・ポーター「国の競争優位」(上),ダイヤモンド社,1992 年,p.346)と指摘している。しかし,あるサービス産業では,地理的立地が重要な役割を果たすとして,シンガポールが中東と日本を結ぶ重要な航路上の立地に由来する点を挙げている。また,発展の基本的要素として,国の言語や一般市民の言語能力,これは英国や米国,シンガポールが英語をベースとしたサービスセンターとして成長を遂げてきたこと,スイスの場合は異文化と容易に交流する能力が重要であることを指摘している。また関連支援産業としては情報技術関連産業がサービス業を発展させる上で重要であること,サービスの利用者である外国船舶がどのような追加サービスを求めているのかを確認すること,そしてサービス供給企業間では,排他的な競争状況に陥ることなく,相互の情報提供システムを作ることが重要であるともしている。(同上書,p.380)

パナマのサービス産業発生要因として,地理的優位性,制度先行型,外需依存型,インフラ投資先行型である点は既に分析した。パナマの主要サービス産業の現状を以下で分析しながら,今後の発展戦略も考えて見たい。

2.1.3 先進国の「**海事産業クラスター**」

パナマの「運輸・ロジスティック」,「運河経済システム」,「サービス産業

クラスター」分析は，いずれもポーター流クラスター論をベースにしていることは既述の通りだ。

これと同じ動きは海事産業先進国のヨーロッパでも90年代に活発化し，日本でも2001年には国土交通省が「マリタイム・ジャパン」研究会を発足させヨーロッパ諸国（主にオランダ，ノルウエー，英国）の海事産業戦略の調査をすると同時に日本の海事産業の発展政策のベースを作ろうとしていた。(注1) 今後のパナマのロジスティック関連産業の発展を考える際の一助として例示しておきたい。

先進国の場合，英国を除き，国内に海運と造船関連産業等，幅広い関連部門を含んでいることが特色だ。例えば，オランダの場合，海事クラスター分析をより正確な内容とするため最も詳細な産業連関分析を行い，「海運，港湾，海洋開発」を中核として11の関連分野を主要構成部門として位置付けている。それは，海運，内陸水運，港湾，海事サービス，造船，舶用工業，ヨット製造，漁業，浚渫，海洋開発，海軍である。関連企業数は1万2,000社，生産額は139億ドル，付加価値額72億ドル，国内総生産の2.5%，雇用者数13万7,000人という産業規模を持つ。

英国の場合，国内から造船業，舶用エンジニア分野がほとんど姿を消しており，「保険，金融」が中核部門となり，関連部門として「ブローカー，法務，船級，出版，情報，海事関係国際機関，海事研究所，専門教育訓練等」サービス産業的色彩が濃い15業種が網羅されている。2000年には1万3,800人の雇用規模で，他国に比べて小さい。パナマの「サービス産業クラスター」に近い状況とも言える。興味深い点は英国の場合「海事産業クラスター」という用語を用いていないことであろうか。パナマの場合もそうであるが，海運関連サービス業が中心の場合，クラスター分析が余り意味をなさないことを示唆しているのかも知れない。

日本の場合，産業連関表の分析，企業アンケート等を行い，海事産業クラスターは「外航海運業」及び「造船業」が中核となり，幅広い部門によって形成されている。関連セクターには「金融，保険，商社，ブローカー，人材派遣，教育・訓練，舶用工業，倉庫・物流，港湾管理，水運サービス，船舶

管理，船級，船舶修理，港湾運送業，法務，公務その他サービス業等」16部門，さらに荷主部門として「自動車，家電，石油，電力，穀物，非鉄金属，鉄鋼，その他輸出入企業」までが含められている。GDP 規模では約 13 兆円（1995 年時点で約 1,000 億ドル）で全産業に占める比率は約 3 %，全産業への波及効果は GDP ベースで約 21 兆円，全産業の約 5 % 規模の波及効果をもたらし，雇用は 180 万人に及ぶ。クラスター効果が効果的になるためには，交流が可能な地域範囲が限定されるという特色から，主に神戸と長崎を対象モデルとして分析している。

パナマと比較した場合，パナマには全く存在しない「外航海運」，「造船」，「荷主部門」，「商社」の比重が高い。パナマの場合，国内需要が限定的であり外需主導型であるのに対し，日本の場合，国内産業・企業間の相互関係が緊密であり内需主導型に近いと言える。そのためクラスター効果が効果的になる，"交流の地域範囲が限定される"という視点も成り立っているところが興味深い。オランダもそうであるが，産業連関表の作成も実現している。

外需主導型のパナマでは港湾事業の民営化と外資主導型で，地理的優位性に重点を置いた発展戦略に転換しやすい要素を持っている。今後のパナマの海事産業の発展戦略を考える場合，日本やオランダのような造船や荷主部門を急速に形成することは不可能に近いが，ポーターが指摘するような情報技術関連産業の発展を加味し国内産業との接点を最大限に拡大していくことがより重要となろう。

(注1)　国土交通省海事局「マリタイム・ジャパンに関する調査報告書」（平成 14 年 3 月），濱田哲「欧州における海事クラスター・アプローチの現状」海事産業研究所報，2000 年 12 月号，等を参照。

2.2　コンテナ・トランシップメント・サービス

パナマでは 90 年代初めから始まった港湾の民営化政策に伴い，内外の民間資本による積極的な港湾投資が実現した。大西洋側に 3 ヶ所，太平洋側に 1 ヶ所，いずれもパナマ運河の入口に近い場所にコンテナ埠頭が建設され

た。大西洋側では返還された旧米軍基地跡を利用し，95年には米・パ合弁資本企業（米国のStevedoring Services of America，パナマのMotta, Heirbon）によるパナマ最大の「マンサニージョ・インターナショナル・ターミナル（MIT）社」が操業を開始した。当初はわずか16万TEUであったが，2000年に100万TEUのコンテナ取扱量を達成し，05年には200万TEUの拡張計画を実現した。

MIT埠頭の直ぐ近くでは台湾資本（エバグリーン社）が96年に「コロン・コンテナ・ターミナル（CCT）社」の操業を開始，約75万TEUの設備能力を持っている。さらに同じ大西洋側では従来パナマ国営港であったクリストバル港が民営化され香港資本（ハチソン・ワンポア社）が太平洋側の国営バルボア港と共に1996年にコンセッション契約を締結し「パナマ・ポーツ・カンパニー（PPC）社」の名称の下，積極的なコンテナ埠頭建設を進めてきた。太平洋側の旧国営バルボア港は全面的にコンテナ埠頭に転換し，03年末までに第三次拡張計画が完了し55万TEUの取扱能力を完備させた。さらに第四次設備拡張計を進めている。

これらパナマの主要コンテナ埠頭の取扱能力は年間300万TEUに達しており，全中南米でもトップクラスとなっている。コンテナのトランシップメント・ビジネスではカリブ海地域のジャマイカ（設備能力120万TEU），バハマ（同150万～230万TEU），ドミニカ共和国（同50万TEU）等との競争に一段としのぎをけずる様相を呈している。

パナマで急速に発展しているコンテナ取扱ビジネスはパナマの地理的優位性を活用したトランシップメント・ビジネスである。パナマの港に一旦降ろされたコンテナ貨物の8割以上は，再度，別の船（多くは周辺諸国向けの中小型のトランパー船）に積み替えられて目的地に向かう。トランシップメント貨物の6割はパナマ運河通航船と関係していると言われ，運河とコンテナ・トランシップメント・ビジネスは相互に深く結びついていることが明らかになっている。[注1]

パナマ運河拡張計画とパナマ港湾におけるコンテナ・トランシップメント・ビジネスの発展の相関関係については興味深い調査結果がある。それは

パナマ運河拡張によりコンテナ通航量が増大する結果，パナマのコンテナ・トランシップメント・ビジネスが増加するのではなく，逆に，パナマ両洋港のコンテナ・トランシップメント機能の強化によって運河を利用する船会社はよりよいサービスを受けることができパナマ運河通航量の増大につながるというものである。(注2)

- (注1)　MITの2億ドルの埠頭拡張計画を発表した際，同社経営陣は，パナマのコンテナヤードや鉄道は，パナマ運河拡張を必要としているとの発言をしている。(05年7月27日，プレンサ紙記事)
- (注2)　パナマ運河庁の需要予測の一環として米ルイス・バージャー社が実施した調査結果。同調査ではパナマ運河の拡張により，カリブ海地域内の競合港から25%近い貨物がパナマの港湾に転換し，年間成長分も含み2025年には2001年に比べ，低予測で3倍（年間4.6%成長，460万TEU），中度予測で5倍（同6.3%，680万TEU），高度予測で8倍（同8%，1,040万TEU）に増加するとしている。(2003年8月，「ライナーコンテナ輸送に対するパナマ運河の影響調査」を参照)

2.2.1　パナマの港湾行政の変化と外資系企業

　パナマの主要港である太平洋側バルボア港と大西洋側クリストバル港は，1979年に米国管理下の「運河委員会」（PCC）からパナマ政府に返還された。その後，1994年9月に発足したペレス・バヤダレス政権下で港湾行政が大転換し国営港湾の民営化が図られた。

　それまでの「パナマ港湾庁」（APN）は機構改革を経て「パナマ海事庁」（AMP）へと名称を変えると共に主要港湾に対する行政的関与を止めてしまった。つまり25年ないし50年間のコンセッション期間中，コンテナヤードの事業者は，政府との契約に定められた一定の税金を支払う義務だけを負い，それ以外の事業方針は全く企業判断に任された。一見，パナマ政府の責任回避のように映るが，地理的優位性に立脚し海外需要対応型のパナマの場合，海外市場情報にうとい行政機関による中途半端な関与はない方が結局はうまく行くという結果を示すことになった。(注1)

　このような中，2002年に太平洋側バルボア港の再開発を進めていたパナマ・ポーツ・カンパニー（PPC）と行政府との紛争は注目された。同社は予

定していた地域での政府関連施設の移転が実行されなかったことから，工事遅延と事業予算の増加が発生した。これを機に PPC 側は大西洋側のコンテナ企業（MIT,CCT 社）に与えられている税制恩典との差異を問題視し，当時のモスコーソ政権（1999 年～2004 年）に契約条件の「均衡化」（スペイン語で"エキパラシオン"）を要求した。それにより当初契約にあった年間固定支払 2,200 万ドルと総収入の 10%の変動支払い分の免除を求め，コンテナ 1 個の移動に伴う課金 6 ドル分のみを負担するという条件を確保することに成功した。しかしその後発足したトリホス政権（2004 年 9 月）は，財政再建政策の枠組みの中で，再び当初契約にあった条件の復活を求めた。これに対し PPC は国際裁判所の仲裁を求めるとして反発を強めながらも，拡張計画は予定通り進め，パナマ人の雇用創出，パナマ経済への貢献を広報し続けた。05 年 9 月，PPC と政府の交渉は妥協点に達し，1 億 2,000 万ドルの一括現金支払い（毎年 2,200 万ドル支払いよりはるかに有利）とコンテナ 1 個 9 ドルの支払いを行うことで結着している。PPC は今後，バルボアとクリストバル港に 10 億ドルの投資を行い，2015 年には 650 万 TEU の取扱能力に拡大する強気の経営方針を広報し，パナマにおけるコンテナ・トランシップメント・ビジネスの有望さを印象付けている。(注2)

(注1) パナマ運河周辺のコンテナ専用港以外に，港湾民営化政策後，従来の国営港を民間に移管した港が全国に約 10 港，民間に移管できないままの国営港が 9 港ある。国営港の多くは小規模で予算不足から設備更新もままならない状態にある。その中でパナマ市から南西約 30 キロの太平洋側にある漁港バカモンテ港，養殖エビの輸出港アグアドゥルセ港は現状維持を続けている。カリブ海側の民営港でバナナ積出港アルミランテ港も現状維持状態にある。ここ数年両洋間の石油パイプランが稼動を再開したことでチリキ県の太平洋側にあるチャルコ・アスル港は再び活発化していることは注目される。特定輸出品がある場合，地理的優位性を持つパナマは，地方港湾でも十分ビジネス機会があることを証明している。

(注2) パナマの海上貨物輸送における地理的優位性は，パナマ運河が米国によってパナマに建設されたことにも表れている。西半球の中間点に位置し，米国と中南米，カリブ地域，そしてアジア，ヨーロッパ諸国との海上輸送ルートとして戦略的な地点を占めている。コンテナ貨物のトランシップメント機能は，大きな輸送ルートの中間的な場所が特に有利となる。西半球で輸送ルートの末端に位置するチリやアルゼンチンではトランシップメント機能を果たそうにも距離がネックとなり実現不可能なのである。

2.2.2 メガポート計画

　太平洋側のコンテナ埠頭は旧バルボア港を中心にその周辺地域を含めた拡張計画がパナマ・ポーツ・カンパニー（PPC）社によって進められていることは上述の通りだ。しかし同社による拡張計画の最大のネックは土地が限られていることである。そこで浮上してきた案が太平洋側にもう一つ「メガポート」を建設する計画である。

　建設候補地としては，運河の拡張工事で掘削される土石を利用してパナマ運河入口付近の沖合にコンテナ専用埠頭としての人工島を建設する案もある。これは日本（JETRO）の技術協力で検討された。しかし工事費用が高くなることから，運河入口のパロセコ（1997 年に JICA 調査で候補地とされたファルファン地域の一部）に，付近の丘陵地の掘削土石を利用し埋め立て地を建設する案が浮上してきた。

　「パナマ海事庁」の発表によれば，総工費 6 億ドル，コンテナ埠頭用の埋立地は 112 ヘクタール（1.6 キロ×700m），クレーン 18 機（いずれもポストパナマックス対応），最大コンテナ取扱量は年 240 万 TEU。デザイン，建設，操業，事業経営に関心ある企業と事前会議後，入札手続きに入るとしている。その後，公開入札は 06 年 6 月末に締め切られたが，07 年中頃時点では未定である。

　なお太平洋側運河入口付近には旧米海軍ロッドマン基地がありコンテナターミナルに転換する計画がある。こちらは 07 年 3 月に入りシンガポールの PSA 社がコンテナターミナルを建設・運営することが本決まりとなった。第 1 フェーズでの 1 億ドルの投資で，2 年後に取扱能力は年間 45 万 TEU を実現する計画である。

　05 年パナマ港湾（両洋港）のコンテナ取扱量は 280 万 TEU であった。そのうち 82%（230 万 TEU）はトランシップメント，12%（34 万 TEU）はフリーゾーン向け，4%（11 万 TEU）が国内向けとされている。[注]

　太平洋側のコンテナ取扱量は PPC 分の年 55 万 TEU と「メガポート」分の年 240 万 TEU が完成すると，年間能力は約 300 万 TEU となる。これに

2. パナマの主要サービス産業　175

大西洋側の約 300 万 TEU を合計すると今後数年内に現行の約 2 倍の 600 万 TEU となる。

　（注）　06年4月23日，プレンサ紙。参考までにパナマ運河を通航するコンテナとパナマ港湾でのコンテナ取扱量との関係を見てみる。運河通航のコンテナ統計は全て重量（パナマ運河トン）で表示されている。05 年のコンテナ通航量は 9,740 万トンであった。これを 1TEU＝13 トン（パナマ運河庁の換算率）で換算すると 749 万 TEU となる。つまり運河通航コンテナ数の 37.4％（280÷749＝37.4％）がパナマ港湾に寄港して積み下ろしと積み込みをしているという計算になる。05 年の場合，コンテナ船は 2,862 隻通航（1日当り 7.8 隻）していたので，1隻当り約 2,600TEU 積載のコンテナ船とすると，約 1,070 隻（1日当り 2.9 隻）がパナマ両洋港に寄港していた計算になる。今後予想される 600 万 TEU の場合，ほぼ倍増することになる。

2.3　コロン・フリートレード・ゾーン

　コロン・フリートレード・ゾーン（以下，CFZ）は，1940 年代にコロン地域にフリーゾーンを形成するための法律が作られ，その後次第に内外からの投資が行われた。当初は，米国からラテンアメリカ向け貨物の保税倉庫の役割を持っていたが，次第に国際的ロジスティック機能を持ち，近年では米州大陸では最大，香港に次ぐ規模のフリーゾーンにまで発展している。CFZは，米州大陸の中間点にあるという地理的優位性を生かした貿易中継地である。しかし，この CFZ における貿易貨物取扱量の 8 割は，海外シッパーによる中継貿易貨物であり，内需向け貨物量は 2 割にも満たない。パナマ国内産業が CFZ を輸出入拠点として活用している訳ではない。その意味で国内産業との関連性は限られている。しかも CFZ 内で付加価値を高めて再輸出する企業も多くはない。あっても製品名のラベル張り換え，バルクから小さなボトルへの詰め替え作業等，簡単な作業が中心である。但し，数は少ないがパナマ企業の中にも CFZ での長年の輸出入サービスを通じてロジスティック関連ビジネス（貿易書類の作成，周辺国の市場調査，部品供給サービス等）のノウハウを蓄積しているところがあることも事実だ。

　表は近年の CFZ における輸入と再輸出の動向を示したものである。2004 年の輸入総額は 53 億 5,380 万ドル，再輸出総額は 55 億 6,980 万ドルとなってい

第2部 パナマ経済と産業

(図表 2-1) コロン・フリートレード・ゾーンの輸入 (CIF, 100万ドル)

順位	国名	2000 金額	比率	2001 金額	比率	2002 金額	比率	2003 金額	比率	2004 金額	比率
1	香港	1,368.4	29.6%	1,356.2	28.5%	1,147.3	26.3%	974.9	23.5%	1,251.7	23.4%
2	中国	207.9	4.5%	296.3	6.2%	428.2	9.8%	561.1	13.5%	817.2	15.3%
3	台湾	528.6	11.4%	617.0	13.0%	554.7	12.7%	530.2	12.8%	748.8	14.0%
4	米国	447.4	9.7%	459.1	9.6%	408.3	9.4%	393.3	9.5%	483.1	9.0%
5	日本	332.1	7.2%	263.9	5.5%	211.4	4.9%	202.0	4.9%	256.1	4.8%
6	韓国	177.6	3.8%	175.3	3.7%	173.4	4.0%	122.4	3.0%	155.5	2.9%
7	フランス	90.2	1.9%	94.8	2.0%	97.1	2.2%	96.6	2.3%	137.7	2.6%
8	イタリア	225.9	4.9%	168.5	3.5%	129.6	3.0%	101.5	2.4%	125.5	2.3%
9	メキシコ	75.6	1.6%	98.1	2.1%	84.3	1.9%	97.0	2.3%	123.4	2.3%
10	プエルトリコ	79.5	1.7%	103.0	2.2%	79.9	1.8%	104.0	2.5%	116.0	2.2%
11	マレーシア	133.9	2.9%	122.6	2.6%	87.7	2.0%	79.2	1.9%	88.3	1.6%
12	インドネシア	166.8	3.6%	154.4	3.2%	90.8	2.1%	57.5	1.4%	65.5	1.2%
13	パナマ	20.9	0.5%	26.5	0.6%	28.9	0.7%	24.1	0.6%	23.8	0.4%
	(小計)	3,854.8	83.3%	3,935.7	82.7%	3,521.6	80.8%	3,343.8	80.7%	4,392.6	82.0%
	その他	775.4	16.7%	823.8	17.3%	836.7	19.2%	801.5	19.3%	961.2	18.0%
	A) 総合計	4,630.2	100.0%	4,759.5	100.0%	4,358.3	100.0%	4,145.3	100.0%	5,353.8	100.0%

(図表 2-2) コロン・フリートレード・ゾーンの再輸出 (FOB, 100万ドル)

順位	国名	2000 金額	比率	2001 金額	比率	2002 金額	比率	2003 金額	比率	2004 金額	比率
1	コロンビア	882.7	16.6%	792.1	14.6%	756.1	15.6%	691.5	15.1%	899.9	16.2%
2	ベネズエラ	801.0	15.1%	1,036.2	19.2%	576.7	11.9%	379.7	8.3%	716.5	12.9%
3	パナマ	407.2	7.7%	358.0	6.6%	395.4	8.2%	390.6	8.6%	447.1	8.0%
4	グアテマラ	241.2	4.5%	262.7	4.9%	274.4	5.7%	315.7	6.9%	350.2	6.3%
5	エクアドル	198.3	3.7%	372.4	6.9%	458.6	9.5%	330.7	7.2%	330.4	5.9%
6	コスタリカ	233.2	4.4%	226.6	4.2%	235.9	4.9%	239.9	5.3%	274.3	4.9%
7	米国	268.5	5.0%	202.8	3.7%	210.5	4.4%	207.9	4.6%	260.9	4.7%
8	ドミニカ共和国	279.9	5.3%	260.9	4.8%	285.6	5.9%	205.1	4.5%	242.8	4.4%
9	キューバ	234.2	4.4%	201.2	3.7%	158.8	3.3%	208.4	4.6%	201.2	3.6%
10	エルサルバドル	165.0	3.1%	145.0	2.7%	151.1	3.1%	169.7	3.7%	198.6	3.6%
11	ホンデュラス	137.6	2.6%	140.1	2.6%	143.5	3.0%	162.2	3.6%	179.8	3.2%
12	チリ	112.4	2.1%	92.8	1.7%	77.4	1.6%	144.1	3.2%	142.0	2.5%
13	ブラジル	164.5	3.1%	146.9	2.7%	79.8	1.6%	93.8	2.1%	128.4	2.3%
14	ニカラグア	137.4	2.6%	123.5	2.3%	124.2	2.6%	116.1	2.5%	108.9	2.0%
15	メキシコ	272.5	5.1%	229.0	4.2%	143.2	3.0%	103.8	2.3%	104.5	1.9%
	(小計)	4,535.6	85.3%	4,590.2	84.8%	4,071.2	84.2%	3,759.2	82.3%	4,585.5	82.3%
	その他	783.1	14.7%	819.9	15.2%	765.9	15.8%	807.7	17.7%	984.3	17.7%
	B) 総合計	5,318.7	100.0%	5,410.1	100.0%	4,837.1	100.0%	4,566.9	100.0%	5,569.8	100.0%
	B)−A)	688.5		650.6		478.8		421.6		216.0	

(注) 順位は2004年の金額順。
(出所) パナマ会計検査院, Panamá en Cifras, Nov. 2005 より筆者作成。

る。再輸出額と輸入額の差はフリーゾーンで追加された付加価値分であるが，2000年の6億9,000万ドルから2004年には2億1,600万ドルへと大幅に減少しており，上述のような簡単な作業も減少してきた可能性を示している。

主な輸入先は香港，中国，台湾，米国，日本，フランス，イタリア等のトップ12ヶ国で全体の82%を占めている。他方，主な再輸出先はコロンビア，ベネズエラ，パナマ，グアテマラ，エクアドル，キューバ等がトップ15ヶ国で全体の82%を占めている。周辺の中南米諸国が圧倒的に多い。フリーゾーンへの主な輸入品目は，医薬品，テレビ，アパレル，履物，飲料水等であり，その他軽工業品を中心に多様な製品が輸入されている。

2.3.1 コロン・フリートレード・ゾーン（CFZ）の国内経済への波及効果

コロン・フリートレード・ゾーン（CFZ）からの再輸出先としてパナマは全体の8％前後（約4億ドル）で上位3位を維持している。CFZからパナマ国内向け輸出は通常の輸入関税を支払うことで，国内の卸売り・小売市場向けとなる。今後，運河拡張案が実施されることに伴い，高い国内経済成長率が続けばCFZからのパナマ向け再輸出も増加することになろう。しかしCFZの成長は何と言っても再輸出先の周辺中南米諸国経済の動向によって左右されている。

例えば，2002年，2003年にCFZからの再輸出額が低迷したが，これはベネズエラにおける国内政治不安の結果，同国向け再輸出額が大きく減少したことによる。その後，ベネズエラの政治情勢が安定し同国の石油収入の増加に伴い再輸出も順調に伸びている。コロンビアは05年6月から，衣類，靴，玩具などのCFZからの輸入に対し，最低価格の設定を義務付けるなどの規制を行っていたが，WTOへの提訴を受けてパナマ，コロンビア両国政府が06年10月末に合意に達し規制は撤廃された。この結果，06年のCFZの輸入額（75億2,000万ドル，前年比20.9%増）と再輸出額（70億4,000万ドル，同前年比5.7%増）はともに史上最高を記録した。

現在約400haの面積を持つCFZでは，約2,000社が営業中で，1万9,000人を雇用している。近年のフリーゾーン・ビジネスの好調さを反映し，今後

2年で新たに500haを拡張し2倍のスペースにする計画が進行中である。これに伴いパナマ市とコロン市を結ぶ高速道路建設の延長計画（約43キロ）も，2億ドル規模の投資で実施されることになった。(注)

CFZ は，輸入と再輸出の差額のみならず，貿易決裁サービス，貿易金融，保険，再輸出手続きのサービス，従業員給与，オフィスビルの賃貸等を通じて少なからぬパナマ経済への波及効果を持ち，04年の場合，CFZ の GDP 額は9.3億ドルと，サービス業の中では不動産業に次ぐ寄与率を示している。

今後，スペースの拡大とパナマ市と結ぶ交通インフラの整備で，その経済波及効果は一層拡大することが期待される。

（注）ジェトロ通商弘報，07年1月18日。

2.4 マルチモダル・センター（CEMIS）構想と航空貨物輸送サービスの限界

CFZ の隣接地で2000年頃，陸，海，空の一貫輸送を活用し，先端加工技術を活用した工業品の加工輸出を促進しようという民間主導の巨大プロジェクトが公開された。これは「マルチモダル・センター構想」（CEMIS）と呼ばれた。(注1)

この構想の最大の目玉は，CFZ に隣接する小規模空港（米空軍に所属していた"フランス・フィールド"）の滑走路を現行の800mから3,000mに拡張し，大型航空機の離着陸を可能とする国際空港に転換すること。そして周辺に工業団地（75万 m^2）を建設し，国際航空貨物の増加を図るというもの。投資額は空港に1.8億ドル，工業団地とフリーゾーンの拡張に3億ドル，合計約5億ドル。パナマ政府との間に500haの土地利用のコンセッション契約，各種租税免除の条件を含む契約案が02年初めに行政府認可の段階にまで進んだ。

本プロジェクトはスペイン系企業が中心となりオーストリア，ドイツ，米国系資本が参加する国際コンソーシアム「サンロレンソ・コンソーシアム」

が推進していた。

パナマの地理的優位性を今度は航空機輸送手段も利用して活性化する野心的なプロジェクトとして大いに注目された。しかし事態は思わぬ展開を遂げた。米州開発銀行（IDB）から2億ドルの融資も確定しようとしていた矢先のことである。02年1月16日，パナマ国会で同契約の法案採決に際し，野党議員の一人が自分を含む多くの議員がコンソーシアム側から買収されていたという暴露発言を行った。これを契機に本プロジェクトは政治スキャンダルの中に埋没し，いつの間にか自然消滅してしまったのである。事の真相は藪の中でその追究は難しい。しかし本プロジェクトが，海―陸―空という一貫輸送システムを利用して展開しようとしていたこと，特にパナマでこれまで余り顧みられなかった航空機輸送に着眼した産業振興策であったところに新鮮さがあった。

2.4.1 航空貨物輸送サービスの可能性

このプロジェクトの目玉とされていた空港建設とそれを支えるための航空貨物輸送サービス需要の可能性を少し検証してみよう。データーは少し古いが97年当時，パナマ唯一の国際空港であるトクメン空港の民営化調査を実施していた米国のコンサルタント会社の調査結果がある。それによればコロンの"フランス・フィールド"の拡張がフィージブルであるためには，トクメン空港の13倍（当時の貨物量7万トン×13＝91万トン）の航空貨物を必要とするとしている。91万トンの航空貨物量と言えば，日本の空港では成田の160万トンに次いで第二位の関西空港の74万トンレベル（いずれも98年実績）である。パナマの航空貨物は，現在までのところ唯一の国際空港トクメン空港でハンドリングされている。このトクメン国際空港からの輸出貨物の8割はCFZからの中南米諸国，米国向け貨物である。パナマの航空貨物量の伸びは，国内産品の輸出量の伸びがそれほど大きくないこともあり，2000年7.4万トン，2004年9.3万トンと年平均6％程度の伸びとなっている。

CEMIS[注1]プロジェクトでは，先端加工技術を使った工業製品を輸出す

るという計画が含められていたが，それはとりもなおさず国内で不足している航空貨物をプロジェクトの中で独自に創出する必要があったからである。近年，トクメン国際空港は中南米のハブ空港化したと言われるが，主に乗降客の利便性を提供しているに過ぎない。しかも乗降客数は 200 万人前後に過ぎず，この内乗り継ぎ者数は約 65 万人近い。(注2) 航空貨物も乗降客数もその絶対数が少な過ぎるのである。ちなみに日本の場合，年 100 万人以上の乗降客がある空港は 29 ヶ所あるが，17 位の函館空港が国内線，国際線合わせて約 200 万人でトクメン空港並みの乗降客数である。(注3)

しかもパナマの太平洋側には米軍から返還された「ハワード空軍基地」がある。こちらには 2.6 キロの立派な滑走路と航空輸送関連施設が残されており再開発計画が進行中だ。もし，CEMIS プロジェクトが実施された場合，既存のトクメン国際空港を含めて 3 空港が少ない貨物と乗客を奪い合う共倒れの事態も想定された。その面からは構想として注目された CEMIS プロジェクトがパナマの国際貨物ビジネスの難しさを示唆してくれたとも言える。

(注1) CEMIS : Centro Multimodal Industrial y de Servicios，日本語にすると「工業及びサービスのマルティモダル・センター」。マルティモダルとは，複合輸送のことで，貨物をトラック，鉄道，船，飛行機を使って輸送した場合でも，一本の貨物書類で済ませることができる輸送方式。CEMIS は，おまけに工業，サービスという言葉までつけているが，それは輸送だけでなく高度加工分野や観光サービス業など幅広い業種を含めていたことによる。

ちなみに，米国から南米向け航空国際貨物の 8 割はマイアミ空港から出ている。このため西半球の中心に位置するパナマの地理的優位性を国際航空貨物輸送ビジネスの中で確立しようとすれば，米国と中南米間の航空貨物物流ルートを変えるような新しい航空貨物とか特殊なサービスの創出が必要となる。しかし現実にはそれは不可能なことであり，本プロジェクトはその面からも実現可能性が低かったと言うことができる。

(注2) パナマ会計検査院データー，2003 年実績。
(注3) 国土交通省「空港管理状況調書」2005 年度。

2.5　国際金融センター，内外の資金需要に対応

パナマの国際金融センターは，1970 年の「銀行法」（法律 238 号）の成立

以来，税制面の恩典，制度面のメリット等から内外の金融機関による投資と営業活動が集積してきた。しかし近年，"資金洗浄"，"タックス・ヘブン"機能に対する海外からの批判が高まり，1998年に28年振りの銀行法の改正が行われた。しかし2002年にOECDが「非協力的タックス・ヘブン・リスト」を公表するに先立ちパナマも銀行の透明性，税務情報の交換の実施をコミットするに至った。

このような世界的動向に影響を受け，パナマの国際金融センターにおける登録銀行数も99年の87行をピークに03年には77行に減少している。パナマ国内資本銀行は公的銀行が2行，民間銀行が25行，外国資本銀行は50行程ある。金融センターの資産総額は01年の310億ドルをピークに03年には260億ドルにまで減少した。外国資本銀行による与信は主に海外向け（南米向けが半分以上）である。国内資本銀行は逆に与信の大部分が国内向けである。

国内に中央銀行を持たないパナマが国内経済活動を行うための資金を金融センターにある銀行から獲得すると同時に預金，決済システムとしても活用しているという意味では，国際金融センターは，パナマ経済と大きな関連性を持っているということができる。

04年末における資産総額300億ドルのうち，パナマ人による預金額は約140億ドル，非居住者による預金額は約65億ドルである。他方，銀行（主にパナマ資本銀行）によるパナマ国内向け与信額は130億ドルとなっている。第一の与信先は住宅抵当貸付（35億ドル），二位がコロン・フリートレード・ゾーンを含む商業向け貸付（34億ドル），三位が個人向け消費ローン（28億ドル）の3分野で全与信額の75%を占めている。他方，製造業（6億ドル）や農牧畜関連（5億ドル）向け融資は相対的には低レベルにある。

与信額の地域別（県別，フリーゾーン）分布を見ると，パナマ県が圧倒的で全与信額（103億ドル）の86%，二位はコロン・フリートレード・ゾーン（6.7%），三位はチリキ県（3.1%），四位はベラグアス県（1.3%）などとなっている。地域別与信割合は，パナマ経済の地域的アンバランスを如実に表現している。

運河拡張案の実施に伴い今後パナマ国内向け与信額も増大するものと見られる。それを見越してか，英系資本 HSBC は 06 年 7 月パナマ国内民間銀行トップのバニズモ銀行を 17 億ドルで買収し、07 年には全面統合する計画を明らかにした。これに呼応するような形でシティ・グループは 06 年末にエルサルバドルとグアテマラで相次いで地元銀行を 15 億ドル規模で買収している。中米諸国では米国との自由貿易協定（FTA）の発効を契機に，同地域の市場拡大が期待されているからだと言われる。パナマも 07 年に米国との間で FTA 協定を締結すれば金融市場における状況も変質する可能性がある。

2.6 弁護士サービス，便宜地籍船登録で発展

パナマの弁護士サービスは便宜地籍船の登録サービスと密接な関係がある。パナマにおける便宜地籍船登録に関する法律は古く 1925 年の法律制定に遡ることができる。パナマの便宜地籍船登録の最大の利用国は日本（パナマでの登録全体の約 4 割）である。日本からパナマ向け輸出額はラテンアメリカではトップにあるがその 9 割は便宜地籍船登録のための船舶輸出である。また，パナマ向け投資額もトップであるが，これも船舶登録に伴う法人（ペーパーカンパニー）設立に付随したものである。船舶登録（年間約 1,000 隻）に必要な手続きをパナマの弁護士事務所（主な弁護士事務所は約 18 社）が代行している。GDP に占める比率は 1％（2000 年の場合，約 1 億ドル）程度である。

2005 年におけるパナマの便宜地籍船登録は，船籍数で 1,276 隻，重量で 2,204 トン増加した。増加分の船主別内訳では，日本（268 隻，893 万トン），香港（90 隻，150 万トン），ギリシャ（92 隻，130 万トン）等となっているが，日本は増加分トン数の 40％，隻数の 21％を占めている。

この結果，2005 年時点のパナマ船籍登録の累計は 1 万 475 隻，1 億 6,364 トンとなった。世界の主要便宜地籍船登録国の中でパナマのシェアはトンベースで 45％と，二位のリベリア（19％），三位のバハマ（10％），四位のマルタ（8％）を大きく引き離し世界一を維持している。(注)

パナマ弁護士事務所の作業効率が高いことが競争力の背景になっていると言われる。運河拡張案の実施により世界的な船舶の大型化が進むが登録船舶が急激に増加する訳ではないので直接的な影響はそれ程大きいとは思われない。

(注)　ジェトロ「通商弘報」06 年 5 月 9 日号。社) 日本船主協会「海運統計要覧」05 年版等，参照

2.7　運河通航船舶向けバンカーオイル供給サービス

パナマ運河を航行する船舶に対するバンカーオイル（船舶用燃料）供給サービスはかなり古くから大西洋側と太平洋側の運河入口付近に設置されたオイル基地で行われている。いわば運河操業に最も密接した関連サービスの一つと言える。しかし 2000 年時点で運河を通航する 13,500 隻のうち，パナマでバンカーオイルを積み込む船は 3 分の 1 （4,500 隻）に過ぎない。運河庁の予測調査によれば，運河通航前の待ち時間や通航後の航海前に燃料を積み込む潜在需要は年間合計 2,000 万バレル，年 2 ～ 3 ％の成長を見込んでいる。

太平洋サイドのバンカーオイル供給基地は，アライハン地域の 36 基の既存の貯蔵タンク（貯蔵能力 110 万バーレル）から油送管でアメリカ橋付近にある旧ロッドマン海軍埠頭に送油して供給するシステムがある。この供給システムは米国から 97 年に返還された後，20 年間のコンセッションでアリレサ・モビル社が操業を継続している。さらに太平洋サイドでは新たにイタリア系資本のデカル社が運河入口から数キロ先の太平洋上にあるタボギージャ島で 12 基の貯油タンク（貯蔵能力約 100 万バレル）と 7 万トン級のポスト・パナマックス船が 24 時間停泊できる埠頭を建設し 2002 年から操業を開始している。

大西洋サイドでは，石油精製の独占的ビジネスを行ってきたシェブロン・テキサコ社がバンカーオイル供給ビジネスに参入している。

2.8 船舶修理，メンテナンス

　パナマ運河の通航船舶の補修サービスを提供する企業は太平洋側に 2 社，大西洋側に 1 社存在する。いずれも運河と共に操業を開始しており歴史は古い。

　太平洋サイドには，ブラスウエル・シップヤード社とインターナショナル・リペア・サービス社が操業している。前者はパナマ運河が建設された頃に完成した三つのドライドックをバルボア港の東南の一角に保有している。その最大ドックはパナマ運河の閘室と同じ規模であり，パナマックス船を収容できる。米カリフォルニア州から南米までの太平洋岸にある船舶補修施設では最大規模の設備である。同社は 1991 年の契約で 20 年間のコンセッションを取得，それ以来約 2,000 万ドル近い投資を行い，事業活動を拡大してきたと言うが，設備の老朽化，技術の陳腐化問題を抱えている。しかし最大の問題は，太平洋サイドにはこれ以上の設備拡張のためのスペースが限られているということである。運河通航船舶に対する補修サービスは有力な関連サービスと言われるが，バルボア港では既に PPC がコンテナ埠頭の拡張工事を進めており，絶対的なスペース不足は深刻な問題となろう。

　インターナショナル・リペア・サービス社はバルボア港から少し離れた場所で 90 年代から，事業規模は小さいが，主に船のデッキ，船体部分の溶接作業を行っている。

　大西洋サイドでは，タージェーレス・インドゥストリアレス社がクリストバル港の中で補修サービス提供している。同社は家族経営であるが，技術水準は高く，ISO9001 を取得し多くの船主からの評価も高い。工場面積は約 7,000 m^2，50 名の常勤技師と 75 名の非常勤作業員を雇用している。停泊中の船に対する補修サービスを提供するための作業船 3 隻を保有し，港湾の中，運河の中をスピーディーに移動できる体制を備え，年間約 800 隻の船に対応している。

　パナマの船舶補修サービスは，運河通航船舶の増大に直結した最も潜在需

要の高い技術サービス分野となりうる可能性を持っている。

2.9 船員雇用サービス

パナマにおける船員雇用については,「海事庁」を創設した98年の法律8号の中で規定されており,国内の労働法からは除外されている。パナマ運河を通航するまでの待ち時間に船員の交代をやりたいという船会社のニーズに応えようという新ビジネスとして注目されている。近年パナマでも船員学校から毎年100名近くの卒業生が生まれている。彼らの就職斡旋の意味もあるが,中南米のブラジル,ペルー,コロンビア等の船員情報を集め,船会社に船員を斡旋する仕事は運河通航船舶に関連した新ビジネスとして注目されている。

3.　　　　　米国からの返還地域の再開発計画

　運河防衛と中南米の安全保障を名目に長年パナマに築かれてきた米軍関連施設も，1977年の「新運河条約」により全面的にパナマに返還されることになった。実質的な返還は条約の締結後，段階的に始まり1999年末日を以って全施設がパナマ政府に移管された。

　返還総面積は16万3,400ヘクタールでパナマ全国土の2.2%に過ぎないが，パナマ市の15倍強，シンガポール国土（日本の淡路島程度であるが）の2.6倍，香港の1.5倍に匹敵する。返還総面積の内訳は，運河操業関連地域が全体の46%（7.5万ha），森林・農牧地が38%（5.6万ha），軍用基地が16%（3.2万ha）となっている。これら返還地域のうち，運河操業関連地域は「パナマ運河庁」に，森林地域は自然保護林を管轄する「環境庁」に，港湾施設は「海事庁」に移管された。そして再開発可能地域とされる18ヶ所の軍用基地約3万haが「両洋間地域庁」（ARI）の管理下に置かれた。

3.1　返還地域の再開発

　返還地域の再開発を担当するARIは1993年に設立され，2005年までの12年間に全任務を完了させる時限的な独立行政法人であった。当初数年間は開発のマスタープランとなる「運河地域開発計画」を策定し，1997年に国会承認を得て本格的な事業を開始した。

　ARIが早期に開始した事業は返還地域内に残る建物の処理であった。99年中頃までには約1万件近い建物を割当，リース，売却等を通じて移転手続きを完了させた。割当の対象となった機関は中央政府，政府関連機関，パナ

マ市，NGO法人，宗教法人，市民活動組織等であり，ほぼ無料で使用権を与えた。かつてはパナマ運河地帯としてパナマ人が自由に近づくことすらできなかった"熱帯特別仕様"の壮麗な建物がパナマ人の手に渡った。売却物件の中にはパナマ運河従業員向けに特別低価格で譲渡されたものもある。1万件近い建物とそれに付随する土地等を推計すれば，20～30億ドルの資産価値になるであろう。

　ARIは上記資産の売却，リース，コンセッションを通じて得た収入から経常経費を除く収益部分を国庫に納入した。1994年から2002年までの9年間に約2億ドル強を「信託基金」(9,400万ドル)，「低所得階層向け住宅基金」(3,600万ドル)，「公共サービス支出」(4,700万ドル)，「その他」(3,800万ドル)向けに支払っている。

3.2　返還地域での主要プロジェクト

　ARIが管轄した18ヶ所の軍事基地跡の返還地域を活用した投資プロジェクトは内外の投資家からの事業提案をベースに，ARIとの間に投資契約を締結して予定期限内に投資を実行する約束の下に事業が始められている。1999年7月時点で約80件の事業契約が締結され，それに伴う投資額は2005年までに15億ドル規模が予定された。これら投資案件の中には，既に予定の投資が完了し事業が順調に進んでいる案件，現在(06年)も投資継続中の案件，途中で中止となった案件など様々である。別表にまとめた案件表(太平洋側で8件，大西洋側で8件)には，99年7月時点までに提案された代表的な投資プロジェクトが整理されている。返還地域でどのようなプロジェクトが有望とされたのか，また，これらプロジェクトがその後現在(06年)までにどのような進展を見せたのか，さらに途中挫折したプロジェクトの失敗原因等にも触れることでパナマでの投資傾向を探り有望産業とそうでない産業を選別する一つの目安にして見たい。

　説明の順番は表中のプロジェクト名につけた番号と同じである。

太平洋側；

1) アマドール基地跡での「アマドール地区複合観光開発」プロジェクト。

パナマ市の郊外にあるアマドール基地跡では，ファッション・センター，海洋博物館，ホテル，小型クルーザー埠頭等が投資対象に含められている。06年時点では，運河沿いの島（ナオス，ペリコ）には小型クルーザー埠頭がほぼ完成した。周辺のレストラン，ショッピング・センターと共に新たな観光スポットに生まれ代わっている。イタリア製のファッション・センターの建物はほぼ完成し，05年世界ミスユニバース会場としても利用された。

太平洋と大西洋の海洋生物を展示するという意欲的な海洋博物館建設計画は，著名デザイナー（スペインのビルバオ・グッゲンハイム美術館をデザインしたアメリカ人建築家フランク・ゲーリー）によるデザインで期待は大きいが，依然として準備段階にある。完成すれば運河通航の船からもよく見える場所にあり，新たな観光スポットとして内外の注目を浴びることになろう。展示の中身が貧弱で外観だけが注目されるような事態にならないことが期待される。

2) クレイトン基地跡の「学研都市」。

パナマ運河ミラフローレス閘門の近くにある運河防衛のための米南方軍司令部のあったクレイトン基地を平和目的に再利用しようという「学研都市」計画。4階建て軍用バラック20棟を中心に周辺には米軍属の家族用住宅，学校，病院，放送局，スーパーマーケット等がある。これらを再利用して，内外の学術研究機関，企業を誘致してパナマにおける研究開発センターにしようという構想だ。パナマ工科大学，パナマ大学，スミソニアン熱帯研究所等の協力も得て，敷地内にはテクノパーク，インキュベーション施設を設け，ベンチャー企業の育成も図ろうという野心的計画だ。従来，パナマにはこの種の概念はなかったが，三菱総合研究所の調査結果に基づき世界最先端のコンセプトを導入した。しかし予想された通り企業進出は活発とは言えない。それでも国連ユニセフ事務所の進出等，少しずつではあるが，既存施設を再利用する公的機関やITソフト開発企業，先端産業分野と称する企業50

社程が「学研都市」内に進出を果たしている。パナマに新たに設立された「科学技術庁」(SENACYT, 1992年の法律で大統領府内に設立された機関)も事務所をここに設けている。同庁は地方に小規模パソコンセンターを設置して安く情報にアクセスできるネットワーク作りも推進している。同時にITソフト企業オラクル社によるソフト開発要員の養成と研修も着実に成果を上げている。情報技術要員の増加はパナマの科学技術の発展のベース作りとしても緊急課題である。

「学研都市」の最大の課題は国内に研究開発ニーズが少ないことである。そのためここに進出する研究開発型企業や研究機関のビジネスチャンスが限られている。解決策の一つとしてスペイン語という共通言語を利用して中米諸国との間に教育情報ネットワーク化を図ろうという構想も見られる。これらの努力は継続性が大切である。

3)「バルボア港」の開発は、既に別項で扱っているのでここでは省略するが、パナマの地理的優位性を活用した港湾関連ビジネスは最も有望な投資プロジェクトとして、現在もダイナミックに成長し最大の成功例となっていることは言うまでもない。

4)「ガンボア・リゾート・ホテル」プロジェクトは、運河の中間地点にある米軍基地の一部を活用したパナマ資本によるリゾート・ホテル開発。市内から車で1時間以内にある熱帯ジャングルを活用したエコツーリズムはパナマ市民にとっても、海外旅行者にとっても魅力的な観光スポットとして一定の成功を収めている。但し、サービス内容を国際的に比較した場合、かなり改善の余地がある。特に接客対応のレベルの低さは多くの旅行者が指摘する点である。この面でのスタッフの再教育の必要性はパナマの観光振興策の重要性から見て国を上げて取り組むべき課題とも言える。

5)「コビー海岸観光開発」プロジェクトは、パナマ運河太平洋側入口に近いコビー海岸の観光開発計画。パナマ資本のインター・コンチネンタル・ホテ

ルが04年頃からホテル建設をメインとした再開発投資を行い05年に完成させている。しかし美しい海岸線も運河に近いこと，パナマ市内の汚染物質の流入で海水汚染が進み海水浴ができない状況にある。現在，日本の協力でパナマ湾浄化プロジェクトが進行中（2007年6月，1億6,000万ドルのJBICによる円借款供与が確定）であり，将来的には解決されることが期待されている。

6）米軍の運河周辺ジャングルの監視施設「キャノピー・タワー」をバードウオッチ用ホテルに改修する工事は早期に完成した。800種もの野鳥観察のための宿泊施設として観光客の人気は高いが，1回の収容人員は10数名に限られており，観光客誘致のためのインパクトは弱い。

7）ロッドマン基地のバンカーオイル供給。このプロジェクトも別項で触れているので省略するが，運河通航船に対する燃料油を提供する投資有望分野である。

8）ハワード空軍基地跡の再開発プロジェクト。日本の関西空港の4倍に匹敵する2,000haという広大な米空軍基地跡である。空軍施設としては2.6キロの滑走路，格納庫（4棟），旅客ターミナル，航空機用燃料タンク等がそのまま残されている。それ以外に2万人近い米軍属の市民生活を支えた各種社会インフラ，住居（700件以上），軍用バラック（40棟）もある。

（政権交代で投資有望業種の再調査）
　ARIはこの立派な空軍基地跡については当初から一括的な開発を進める方針をとってきた。しかし政権の交代で開発計画も大きく変化した。前政権（バヤダレス大統領）の末期に契約直前まで行ったプロジェクトも次の政権（ミレイヤ大統領）が発足すると全面的に撤回されるという事態となった。そして01年頃からは世銀の下部機関である「国際金融センター」（IFC）と新たに契約（400万ドル）を結び事業化計画を検討することになった。

調査の結果，空港施設を活用する航空機メンテナンス，航空関連訓練スクール，航空貨物輸送サービス，輸出加工，コール・センター等が有望事業として取り上げられた。IFC は契約の中に投資企業を誘致するという義務も課されていた。これら業種の中で，実際に投資が実現したのは，コール・センター（デル・コンピューター社），航空関連訓練センター（パナマ工科大学とフロリダ工科大学との連携協定により，コンピューターシュミレーションを使用したパイロット，機体整備士の訓練）等であった。その後，IFC は外国投資をさらに促進するためにはハワード基地跡を「経済特区」に指定し，各種インセンティブを供与する必要があるとの勧告を行った。IFC の弁護士が作成した「経済特区法案」は，コロン・フリートレード・ゾーンからの反対を受けかなりの修正を迫られたが，新政権期（トリホス大統領）に入った 2005 年 4 月ようやく議会での承認を受けるに至った。しかし 2005 年末には ARI の存続期限が到来した。このためハワード基地跡の再開発担当組織として新たに「パナマ太平洋経済特区庁」（スペイン語での略語 AAEEPP）が創設された。従来の ARI の管轄事項は経済・財務省に移管された。

「経済特区法」のスキームを利用し基地全体（2,000ha の中にある施設，土地）の総合開発計画を担当する企業としてロンドン・リージョナル・プロパティー社（英系資本）が 07 年初めに実施された入札でようやく確定した。まことに息の長い話である。

（シンガポール航空機メンテナンス企業が進出）
「経済特区法」の枠内で，06 年 8 月，外国投資企業が現れた。それはシンガポールの ST アエロスペース社で，同社は旧米軍の空港施設をリース契約して航空機整備を行うための契約を特区庁との間に調印した。当初は，パナマの航空会社（COPA 社）の航空機メンテナンス・サービスを展開する計画である。しかし地理的な優位性を活かし，将来的には米国や周辺諸国の航空機メンテナンス需要にも対応する可能性もある。

ここで再度注目されるのは，航空貨物輸送サービスや輸出加工ビジネスへの投資計画が極めて限られているということである。パナマ国内航空貨物が

絶対的に不足しているという点は既に指摘した通りである。製造加工業のための条件は，賃金水準が高いこと，技術要員の不足，必要資材の多くは輸入に依存せざる得ないと言った阻害要因がある。

　ロンドン・リージョナル・プロパティー社が今後展開する総合開発計画の中でこれら阻害要因をどのように克服しながら新規投資を誘致できるのかが注目される。

　（政権交代と投資プロジェクト）
　もう一点，日本人の感覚からするといかにも長い調査期間（先述のIFCの場合は01年〜05年）とそれに付随した準備期間に注目しておきたい。前政権期にもそれ相当の予算と時間をかけて準備した調査報告書ではあるが政権の交代によって全く省みられなくなるというケースが随所で見られる。ARIが返還資産の売却等で得た手元資金を利用して実施した関連調査は夥しい数に上る。しかし政権交代によりトップ層が交代し同時に有力スタッフも交代してしまう。旧政権時代に作成された調査報告書は勿論のこと，交渉を経て調印直前にあった契約もご破算となるケースも多い。調査報告書の多くはキャビネットに眠ったままとなる。日本の地方自治体でも地域開発計画のための事業化調査を実施し，事業は実行されず数年後にまた同じような調査を行い報告書だけが山積みにされていく状態と似ている面がある。しかしパナマのように小規模経済の国で国家予算も絶対的に不足している国にとりこのような無駄は看過できない。世界銀行に対しても債務負担のあるパナマ政府がIFCに高額の調査委託をしている点も何とも不思議な光景である。日本の場合，援助の対象調査は全て日本の経費負担であることと対称的である。

　大西洋側；
9) ココソロ地区におけるマンサニージョ・コンテナ・ターミナル，10) エバグリーン・コンテナヤード，14) クリストバル港の民営化プロジェクトは，既に別項でも触れているので省略する。これらはいずれもパナマの地理的優位性を活用した港湾関連ビジネスとして最大の成功例となっている。

13) マルティモダル・センター（CEMIS）計画は前述した通り政治スキャンダルにより挫折したプロジェクトである。同時に国内の航空貨物需要がほとんどないという現実の中で，事業の実現可能性も低かったという点は前に指摘した通りだ。これは上述のハワード空軍基地跡でのプロジェクトの場合も同様と言えよう。

11) デービス基地跡の「輸出加工区」計画。このプロジェクトは台湾政府が関与している点で注目された。台湾の李登輝総統が97年にパナマ市で開催された「パナマ運河世界会議」に主席した際，デービス基地跡で計画された「輸出加工区」に対しARIに対し全面的な協力を行うことを約束したプロジェクトである。パナマ側は台湾の有力製造業（例えばIT産業など）が大挙して進出することを真面目に期待していた。しかし数年経過しても，パナマの単純労働を使用するだけの台湾の零細企業が数社進出したという現況に留まっている。このケースは国内関連産業が少ないパナマで輸出製造業を成立させることの難しさを如実に物語っている。進出企業は，国内関連産業がなくても完成品として小規模でも内外市場に販売して日銭を稼ぐというビジネスに徹している。現地雇用も数名単位に留まる。例えば，単純なプラスティック加工業者は中古の射出成型機を台湾から持ち込み，原料ペレットは輸入し，安い完成品（肥料袋，椅子の製造）を国内販売と一部周辺国に輸出している。また，中古モーターサイクルの部品を再利用して新品に組み立てている企業もある。関連産業がないパナマでも，この種の製造業であれば何とかサバイバルできるというサンプルのようである。ちなみに，パナマ政府は他の中米諸国と同様，大陸中国でなく台湾政府と外交関係を維持している。

12) 同じデービス基地内で，米系資本が計画したIT情報技術開発，技術者養成を狙った「テクニカル・ディベロップメント・センター」は，1億ドル以上の投資が期待されたが，計画倒れとなった。結果論かも知れないが，ARI内部にもIT技術者とは具体的にどういう仕事を指すのかを正確に理解していないことから，事業計画の中身を正確に分析することもできず，時間

を空費していた嫌いがある。それにデービス基地があるコロン市の人口は20万程度と少なく技術者需要も少ない。IT技術者養成に対する政府の人材育成，人材活用政策も不足している。当初からプロジェクトの実現性が乏しかったのかも知れない。

15）運河に面した米軍エスピナール基地には，かつて中南米の軍人を訓練した3階建ての大きな学校跡がある。この建物を改修してスペイン系資本のメリア・ホテル・グループがリゾート・ホテル「メリア・ホテル」（300室）を完成させた。大西洋側のコロン市には，これまで気の利いたホテルやレストランがなかったので，コロン・フリートレード・ゾーンを訪問する外国人にも人気が高い。

16）「パナマ鉄道」は，最初の返還資産として1978年にパナマに返還された。しばらくは細々とコロン市とパナマ市を結ぶ旅客輸送をしていたが，両市を結ぶ道路が開通すると経営が悪化し廃線同様となり，多くの貨車もスクラップ化された。しかしパナマの港湾民営化でコンテナ輸送需要が生まれると状況が一変し，米系鉄道資本カンサス・シティ・サウサン・レイルウエーが7,200万ドルの投資でコンテナ貨物輸送事業を始めた。コンテナ貨物を二段積みできるダブルスタック貨車を導入し，年間50万TEUの輸送計画を進めている。しかし太平洋側のバルボア港からのコンテナ貨物の接続関連施設の完成が大幅に遅れているため，十分な輸送実績は現在までのところ上がっていない。

17）大西洋側で最大の面積を持つシェルマン基地（1.3万ha）の再開発計画として，周辺にある世界遺産サンロレンソ遺跡を活用した観光開発プロジェクトが出ている。しかし，熱帯雨林の自然保護を主張する世論もあり，その具体化には時間がかかりそうだ。基地内にあるバラック（4棟）は，現在はパナマ海上警備隊の訓練所として利用されている。

3. 米国からの返還地域の再開発計画　195

(図表 3-1) 返還地域での主な投資プロジェクト (99 年 7 月末現在以降 2006 年までの成果)

基地施設名	プロジェクト名	内容	面積(ha)	資本系列	企業	投資額(ドル)	現況(06年)
アマドール基地	(1)アマドール地区複合観光開発(ファッション・センター、海洋博物館)	①ファッション・センター ②海洋博物館 ③ホテル ④小型クルーザー埠頭、⑤その他		未定		①2,420万 ②4,000万 ③4,000万 ④2,000万	①進行中 ②③④進行中、他は完了
アルブルック空軍基地	加工基地						未定
クレイトン基地	(2)学研都市	①学術研究センター ②テクノパーク、③ビジネスパーク	120	パナマ(財団)	パナマ大学 科学技術庁、内外公的機関		部分的完成、進行中
コビー海岸観光開発	(5)コビー海岸観光開発	リゾートホテル		パナマ	インターコンチネンタルホテル		完了
バルボア港	(3)コンテナヤード	コンテナヤード建設(民営化に伴う拡張計画)	425	香港(Hutchinson Port Holdings Group)	Panama Ports Co.	2.56億ドル(02年以降2億ドル)	ほぼ完成
ガンボア	(4)ガンボアリゾートホテル開発	ホテル(150室)、エコツーリズム	137	パナマ	Gamboa Rainforest Resort	3,000万	完成
キャンビー・タワー	(6)バードウォッチホテル	既存のタワーの修復、オッチングホテル		パナマ		500万	完成
サミット・ゴルフ場	ゴルフ場開発	既存ゴルフ場の修復		インド			完成
ハワード空軍基地	(8)ハワードプロジェクト	空軍基地跡の設備を活用した多角的プロジェクト、「経済特区法」を制定	2,000	英系	ロンドン・リージョナル・プロパティ		一部完成、進行中
ロッドマン海軍基地	(7)パンカーオイル供給基地	運河航行船舶へのバンカーオイル供給	337	パナマ	Alieza Mobil Oil	2,500万	完成
ココソロ	(9)ジャンニージョ・コンテナターミナル	コンテナヤード建設・運営	62	JV(米・パナマ)	Manzanillo Int'l Terminal (Stevedoring Services of America)	3億	完成
	(10)エバグリーン・コンテナヤード	コンテナヤード建設・運営	76	台湾	Evergreen	1.15億	完成
クリストバル港	民営化に伴う拡張計画	太平洋側のバルボア港と共にHutchison社が開発。		香港(Hutchinson Port Holdings Group)			進行中
デイビス基地	(14)台湾輸出加工区	台湾企業による輸出加工事業	117	台湾		1,700万	完成
	(11)テービス・テクニカル・ディベロップメント・センター	IT情報技術開発、技術者養成		米	Information Technical Center	1億680万	中止
フランス・フィールド	(12)マルティモダル・センター	コロンビア・コロンの隣接地域に新空港と工業団地を建設、海・陸の一貫輸送方式を確立する計画 (CEMIS:Centro Multimodal Industrial y de Servicios)	519	米、西、英	San Lorenzo Consorciam	総額4億、1.8億が空港建設、IDB 2億融資	8社(02年8月末)
グリッツ(エスピナール)基地	(15)メリア・ホテル計画	旧米州軍事学校跡にリゾートホテル(300室)を建設する計画		スペイン	Melia Panama Canal Hotel	3,500万	完成
パナマ鉄道	(16)両洋間鉄道コンテナ輸送	主にコンテナ輸送(50万TEU/年予定)だが、観光客輸送も行う。		米	Panama Canal Railway Co. (Kansas City Southern Railway)	7,200万	完成
シェルマン基地	(17)観光開発関連プロジェクト	ホテル等、観光開発	13,158	未定	未定		進行中
保護森林地区	植林計画	9,300haで12の植林プロジェクト	9,300	パナマ	環境庁		進行中

(注) 投資額は実行した計画を含む。「パナマ鉄道」は、両洋にまたがる計画。プロジェクト名の前の数字は本文説明番号と同じ。
投資総額は13億下ル(中止2件を除く)。
(出所) ARI「年報」99年1月等を参照して著者作成。

4. 公的部門

　公的部門（主に「政府サービス」）の GDP は約 12 億ドルで，全 GDP の約 10%を占め，部門別で見ると，「輸送・倉庫・通信」(16.8%)，「不動産業」(15.9%)，「卸・小売業」(13.6%) に次ぐ第 4 位を占めている。また，中央政府とその他公的機関と言われる 63 機関の職員総数は 18 万人で，全労働人口（126 万人）の約 14%を占め，「卸・小売」(18.8%)，「農牧畜業」(14.1%) に次ぐ第三位を占めている。しかし一人当り年間生産額は 6,700 ドル（月間 558 ドル）で，パナマの中下層の所得レベルとされている。(GDP は 03 年，雇用数は 04 年データー，前出の図表 1-8, p.159 を参照)

4.1 公的部門は 63 機関を含む

　パナマで公的部門と言う場合，「中央政府機関」(19 機関) と「その他公的機関」(44 機関) の両方（合計 63 機関）を含めている。中央政府の 19 機関には，立法府としての国会（一院制，議員 77 名），行政府の 13 省（商工，農牧開発，経済財務，文部，厚生，労働，等），司法府の検察省，裁判所，中立機関の選挙管理委員会，会計検査院等 19 機関が含まれている。(後出，p. 202, 図表 4-2 参照)

　「その他公的機関」については，会計検査院の統計では，「非金融機関」と「金融機関」とに分類されている。「金融機関」には「パナマ国立銀行」，「貯蓄銀行」，「農牧開発銀行」，「国家抵当銀行」，「農牧保険局」の 5 機関が含まれている。

　一方，「非金融機関」には，上記 5 金融機関を除く 39 機関が含まれる。会

計検査院の統計では上記44機関がアルファベット順で記載されているだけでそれぞれの機関の法的性格等は全く分からない。パナマの全公的機関に関する組織法やその活動状況等については，唯一経済・財務省が整理している「公的機関マニュアル」(99年作成)(注1)を参考にするしかない。それによれば，44の「その他公的機関」は，次のように4分類されている。

第一は「公共企業体」で，運河庁，海事庁，上下水道庁，コロン・フリートレード・ゾーン，等9機関。

第二は「独立行政法人」で，両洋間地域庁，環境庁，中小企業庁，社会保険庁，観光局，パナマ大学，工科大学等16機関。

第三は「公的金融機関」で前述の5金融機関。

第四は「その他」で公正取引委員会，銀行監督局，消防隊，パナマ市，公共料金監督局，小児病院，道路輸送管理局等，14機関。図表4-3は「公的機関マニュアル」を基準にして44機関を分類したもの。

「その他公的機関」に共通に見られる特徴の一つは，独自の財政基盤を持ち，中央政府からの財政支援がなくても経営が成り立っていることであろう。「パナマ運河庁」や「両洋間地域庁」の場合，中央政府の歳入に収益を上納している。

(注1) 経済・財務省の「公的機関マニュアル」は99年後半に同省企画局で作成された。600ページに及ぶ資料には各機関の設立関係法，組織，事業目的等が整理されている。このマニュアルは原則として5年に一回作成されることになっているので，05年中には完成のはずであった。しかし実際は1年遅れの06年末に公表された。本書作成段階には間に合わず99年版を参照した。

4.2 公的機関職員は18万人強

04年現在，中央政府機関に10万5,600名，その他公的機関に7万8,000名，計18万3,600名が働いている。04年の全労働人口が128万5,000人であるので，その約14%を公的機関職員が占めていることになる。その他の産業部門と比較して見ると，「卸・小売業」の23万6,000人に次ぐ第二位の規模で，「農業・牧畜・漁業」の17万7,000人を若干上回る雇用吸収部門の

一つでもある。

　職員数の多い中央政府機関を見ると現業部門が多いことが注目される。例えば，職員数が最大の省である「文部省」（全体で4万4,000人）の場合，約4万人が小中学校（パナマでは高校は中等学校）の先生である。第二位の「内務・司法省」（同2万人）の場合，警察官が約1万6,000人を占めている。第三位の「厚生省」（同1万2,600人）の場合，医師・看護婦が約1万人を占めている。これら3機関の現業部門職員数は全中央政府機関職員の63％近くを占めていることになる。

　一方，その他公的機関の中で職員数の多い機関を見ると，「社会保険庁」（全体で1万6,000人）が最大である。これは「厚生省」と同数の医師・看護婦1万2,600人を含めた結果だと思われるが，多分両機関で給与を分担している結果であろう。第二位は「パナマ国立大学」（7,650人）である。学生数3万人とも言われるマンモス大学であり，多くの教職員を抱えている。インテリ層の最大の職場を提供している。第三位は「市役所」（7,390人）である。これはパナマ市の他，地方の主要市の職員数が含まれているものと思われる。パナマは国家ではあるが，人口は広島県並みで経済規模は日本の最小県（鳥取県）より小さい。そのためパナマの地方自治体には十分な歳入はなく，中央政府から補助金を受けている。その結果，統計上でも他の公的機関と同様の扱いとなっているものと思われる。ちなみに各県知事（ゴベルナドール）は中央政府の任命制であり，給与も国が支給している。

　公的機関の全職員数の推移を2000年と2004年の5年間（ほぼモスコソ政権期間）で比較して見ると，中央政府機関で約9,300人（9.6％増），その他公的機関で1万600人（15.6％）の増加が見られる。次の政権期に入ると決まってこれら公的機関職員の増加が国家財政赤字の原因の一つであるとの批判が一時期高まる。しかし1年もすると鳴りを潜めるのが恒例となっている。パナマの公的機関は政権交代と共に大幅な人事交代を伴っていることは後述する。

4.3 予算規模

　パナマ「中央政府」と「その他機関」との歳入額と歳出額のそれぞれの合計額は約72億ドル（04年）に達する。単純に比較すると国内総生産額（04年，130億ドル）の半分以上の規模であり，パナマの国内経済活動の中でも重要な経済部門の一つと捉えることができる。

　中央政府の歳入（04年，32.2億ドル），歳出（同，32.1億ドル）に関する詳細なデーターは会計検査院の公開データーから把握できる。しかし「その他機関」（44機関）については全機関の合計額である歳入額（04年，39.1億ドル）と歳出額（同，38.3億ドル）のみであり，各機関に関するデーターはない。国会で「パナマ運河庁」の予算，決算の審議の際は，新聞も大きく報道する。しかしそれ以外の公的機関の収支問題は報道されたことがない。いわばデーター面でも経営内容についても「その他機関」の実体は一般にはよく分からない。

　もう一つ，歳入，歳出の中に(3)として市が掲載されている。後述するが，パナマでは人口4万前後の地域が「市」と呼ばれ一つの政治単位（ディストリト）を成している。05年現在，全国にこのような規模の市が75ある。これら75の市の歳入・歳出額が9,000万ドル前後と小さいためつい見過ごされてしまう。しかし中央政府からの補助金総額はせいぜい300万ドル程度なので，市は財政的には中央にほとんど依存していないと言うこともできる。しかし実態は，中央政府の財政規模の限界から地方への配分ができないと言った方が適切かも知れない。

　中央政府の歳入，歳出規模は2004年の場合，約32億ドルでほぼ均衡している。しかし全歳入額の35％（11.3億ドル）は対外借入（国内7億ドル，対外4億ドル）に依存している。パナマは中南米の中で公的部門の対外債務額の多い国の一つである。04年末の公的部門の債務総額は100億ドル（対外債務72億ドル，対内債務28億ドル）であり，対GDP比77％に達する。このため全歳出額の31％は債務の返済（04年約9.9億ドル）に向けられて

いる。(図表4-1,「パナマ,公的部門の歳入・歳出」)

中央政府の歳出に占める投資額は,03年には3億ドル弱,04年には5億ドル程度と絶対額が限られている。その他の公的機関については「運河庁」

(図表4-1) パナマ,中央政府,その他公的機関の歳入・歳出 (100万ドル)

	2000	2001	2002	2003	2004
(歳入)					
(1) 中央政府	2,830.8	2,893.2	3,090.4	2,740.8	3,221.1
1) 租税収入	1,156.5	1,067.5	1,088.3	1,163.1	1,245.8
2) 非租税収入	669.5	655.2	752.8	719.2	675.7
3) その他経常収入	107.4	228.4	123.5	86.4	77.4
4) 対外借入	643.8	794.0	1,025.0	709.8	1,126.4
(2) 独立行政法人	1,859.9	1,581.2	1,603.3	1,637.1	1,916.0
(3) 公的企業					
a) 非金融企業	1,014.3	985.0	1,084.4①	1,361.5①	465.5②
b) 金融企業	941.9	969.1	1,207.6	1,322.0	1,998.8
(3) 市	91.7	88.5	90.2	89.7	92.9
小計	6,738.6	6,517.0	7,075.9	7,151.1	7,694.3
マイナス;機関間取引	509.0	541.8	577.6	490.5	534.8
歳入合計	6,229.6	5,975.2	6,498.3	6,660.6	7,159.5
(歳出)					
(1) 中央政府	2,828.0	2,850.1	3,082.5	2,701.2	3,209.1
1) 中央政府機関	1,312.2	1,336.6	1,394.3	1,377.2	1,670.3
2) 対外返済	1,052.9	1,025.0	1,289.0	1,011.4	993.9
3) 投資費用	419.9	443.7	353.9	276.2	502.9
(2) 独立行政法人	1,597.9	1,425.4	1,493.1	1,495.4	1,874.2
(3) 公的企業					
a) 非金融企業	941.3	955.2	955.5①	1,202.7①	423.6②
b) 金融企業	927.9	969.4	1,192.9	1,297.4	1,959.2
(3) 市	92.5	89.9	87.4	88.5	90.1
小計	6,387.6	6,290.0	6,811.4	6,785.2	7,556.2
マイナス;機関間取引	509.0	541.8	577.6	490.5	534.8
歳出合計	5,878.6	5,748.2	6,233.8	6,294.7	7,021.4
差(歳入－歳出)	351.0	227.0	264.5	365.9	138.1

(注) ①は運河庁の歳入・歳出分を含む。②は含まない。
(出所) 会計検査院,"Panamá en Cifras" 2005年版。

の投資額は判明しているがそれ以外の機関は不明であり公的部門全体の投資規模は分からない。

4.4 政治と官僚機構

　パナマでは政権交代により公的機関のトップ層は矢継ぎ早に更迭される。彼らの多くは政治任命だからである。各省大臣，副大臣，局長，部長，場合には課長クラスまで交代する。その他公的機関では長官，副長官，理事会がある場合は理事の多くが，時にはそれ以下の管理職，一般職のレベルでの交代がある。官僚システムとは全く無関係だった人物が特定政党関係者として突如任命されてくる。在外の大公使も同様だ。外交官の仕事とは無関係なビジネスマンであった人物が選挙キャンペーン中の論功行賞として任命される。大統領の友人や親族が重要ポストに就くことは常識である。
　官僚のトップ層には，主にアメリカに留学した若いエリートが着任することが多い。彼らはパナマ国内の実情を知らないし知ろうともしない場合が多い。その上，予算が限られているのでトップ層も職員レベルも国内出張をする機会がないのである。
　18万人強の公的部門職員の3割が政治任命と関係があると仮定しても5万人近い。政権交替は官僚機構のポストを得るということで現実的利益と深く結びついている。政権交替後しばらくは，前政権期の職員増加と財政赤字問題，前大統領の在任中の汚職や蓄財問題等が連日新聞紙上を賑す。しかし1年も過ぎる頃には忘れたように鳴りを潜めてしまう。この間に大方のポスト入れ替えが済むのである。近年は官僚の評価システムも導入されているが，大量の政治任命という現実の前では余り意味をなさないようだ。政策の継続性を主張しても5年が限度である。途上国の民主主義には予想外のコストがかかるということでもある。
　公的機関の中で，唯一，「パナマ運河庁」の人事だけは例外となっている。運河の経営は技術的要素が多く，国内政治からの影響を受けないようにとの配慮が払われているからだ。理事会を構成する11名の理事（理事長＝議長を

含む)の任期は8年で,任命権者も大統領と国会に分かれている。そして理事の所属政党ないし関連政党もきれいにバランスがとれている。「運河庁」では米国が運河を管理していた頃と同じ給与水準が保たれている。通常の公務員よりはるかに高水準(5～6倍とも言われる)の給与が保たれていることから就職希望者も多い。しかし99年に9,300人いた職員数が2004年には9,035人と実質減員となっている。一般人事面でも政治的影響を回避していることを伺わせる。

(図表4-2) パナマ,中央政府機関,歳出額,職員数

	機関名	歳出(100万ドル) 2000	2004	比率	職員(人数) 2000	2004	比率	備考(02年5月の調査)
1	(立法府)国会	36.8	42.5	2.5%	1,503	910	0.9%	国会議員72
2	(行政府)商工省	20.0	17.1	1.0%	698	647	0.6%	
3	農牧開発省	32.9	32.8	2.0%	2,629	2,561	2.4%	
4	経済財務省	41.0	149.4	8.9%	3,015	3,099	2.9%	
5	文部省	411.9	500.0	29.9%	36,688	44,071	41.7%	事務職約7,000 先生約3万
6	内務・司法省	173.0	212.1	12.7%	18,394	20,060	19.0%	事務職約2,400 警官約16,000
7	青少年・女性・子供・家族省	12.3	15.2	0.9%	1,497	1,541	1.5%	
8	大統領府	32.3	44.9	2.7%	1,299	1,740	1.6%	SENACYT(157)
9	公共事業省	21.8	19.2	1.1%	4,312	3,873	3.7%	
10	外務省	38.8	33.1	2.0%	955	825	0.8%	本省642, 在外公館293
11	厚生省	359.8	431.3	25.8%	13,139	12,620	11.9%	事務職380, 医者・看護婦9,300
12	労働省	8.3	8.0	0.5%	719	763	0.7%	
13	住宅省	10.9	9.9	0.6%	1,626	1,734	1.6%	
14	運河省							
15	(司法・検察府)検察省	32.3	45.1	2.7%	3,103	3,808	3.6%	
16	裁判所	29.7	36.1	2.2%	2,653	2,674	2.5%	
17	(中立機関)選挙委員会	15.6	39.3	2.4%	1,110	1,574	1.5%	
18	会計検査院	34.9	34.2	2.0%	2,436	2,520	2.4%	
19	(地方機関)地方議会代表				595	600	2.5%	
	合計	1,312.3	1,670.2	100.0%	96,371	105,620	100.0%	

(注) 備考は筆者による各機関の職員数ヒアリング調査結果。
(出所) 会計検査院,"Panamá en Cifras, 2000-2004",2005年11月。

4. 公的部門　203

（図表 4-3）　パナマの公的機関，組織と職員数

	名称	略号（西語）	99年	2004年
1	（公共企業体）運河庁	（Empresa Publica）ACP	9,301	9,035
2	海事庁	AMP	1,073	945
3	ビンゴ	BN	156	99
4	民間航空局	AAC	1,199	680
5	パナマ市清掃局	DIMA	1,460	2,531
6	国家上下水道局	IDAAN	2,816	2,813
7	農牧品市場局	IMA	403	404
8	国家慈善宝くじ局	LNB	1,639	1,758
9	コロン・フリーゾーン	ZLC	644	622
10	（独立行政法人）両洋間地域庁	（Instituciones Descentralizadas）ARI	656	844
11	環境庁	ANAM	1,135	1,035
12	中小企業庁	ANPYME	45	97
13	社会保険庁	CSS	16,383	23,202
14	国立職業研修所	INAFORP	695	656
15	農牧研究所	IDIAP	545	492
16	国家文化庁	INAC	657	659
17	国家スポーツ庁	INDE	546	520
18	特別リハビリテーションセンター	IPHE	981	1,334
19	自治協同組合	IPACOOP	254	309
20	パナマ観光局	IPAT	418	401
21	法人登録局	RPP		
22	人材資源形成活用センター	IFARHU	681	656
23	チリキ自治大学	UNACHI	687	1,151
24	パナマ国立大学	UNP	7,316	7,652
25	パナマ工科大学	UTP	2,292	2,461
26	（公的金融機関）パナマ国立銀行	（Intermediarios Financieros）BNP	2,216	2,314
27	貯蓄銀行	CA	1,340	1,836
28	農牧開発銀行	BDA	697	772
29	国家抵当銀行	BHP	545	539
30	農牧保険局	ISA	82	94
31	（その他）孤児院	（Otros）CN	53	58
32	公正取引委員会	CLICAC	201	201
33	銀行監督局	SB	222	236
34	国家赤十字	CRN	41	48
35	消防隊	CB	826	1,168
36	市民防衛局	DP	115	123
37	公共料金監視局	ERSP	121	124
38	車ナンバー製造学校	EVC	74	73
39	小児病院	HN	897	1,131
40	ホセドミンゴ病院	HJDO	627	849
41	市役所	Municipios	7,449	7,386
42	債券市場局	CNV		30
43	国家金融事業所	CFN		14
44	道路輸送管理局	ATTT		691
	合計		67,488	78,043

（注）　機関の分類は経済・財務省「公的機関マニュアル 99 年版」による。
　　　42, 43, 44 は 99 年時点には存在しない組織。
（出所）　会計検査院，"Panamá en Cifras, 2000-2004", 2005 年 11 月を参考に作成。

5. 政　治

　前項の公的部門で政権交替と官僚機構の関連性を指摘したので参考資料として簡単にパナマの政治に関連した問題を追記しておきたい。

5.1　5年に一回の総選挙

　パナマの国政選挙は5年に一回，5月頃，全国の選挙区で一斉に住民による直接投票が行われる。最近行われた総選挙は2004年5月であったので，次回の選挙は2009年5月となる。

　選挙されるのは，1) 大統領（1名），第一副大統領（1名），第二副大統領（1名），2) 国会議員（78名），3) 市長（75名），4) コレヒミエント代表（621名）および5) 中米議会議員（20名，1991年10月にグアテマラ市にオープン，中米各国が20名を選出）。括弧内は2004年選挙時点での人数。なお，県知事は中央政府が任命する。大統領は5月に選出され就任は9月。

5.1.1　政治レベル

　パナマの政治レベルは次の4段階から成っている。

　① 「コレヒミエント」；パナマの最小の政治区分は「町・村」の単位で，「コレヒミエント」（Corregimientos）と呼ばれる。04年現在，全国に621存在。総選挙の際，町人の直接選挙で「町の代表者」（Representantes de Corregimientos）を選出する。再選も可能。5名の「町の代表者」が住民議会（フンタ・コムナル）を構成する。

　② 「市」または「ディストリト」；「コレヒミエント」の上の政治区分は

「市」の単位で，「ムニシピオ」(Municipio) または「ディストリト」(Distrito) と呼ばれる。人口3万から4万人を構成単位とし，04年現在，全国に75存在する。

主要市としては，パナマ市（人口80万），サンミゲリト市（33万），コロン市（20万），アライハン市（18万），ラ・チョレラ市（14万），ダビド市（14万）等がある。

それぞれの市では「市長」（アルカルデ）が住民の直接選挙で選出される。候補者の所属政党は国政レベルと同じ。「市議会」（コンセホ・ムニシパル）は，「コレヒミエント代表」によって構成される。主要都市以外では県議会と市議会は実質上同じ場合が多い。

「市」の単位は国会議員の選挙区と重なることが多い。04年の選挙で国会議員は78名であった。国会議員の資格はパナマ生まれ，パナマ市民権取得後15年間居住者であること，年齢21歳以上，1年間は選挙区に居住していること。

③「市」の上の政治区分は「県」で全国に9県存在する。これにインディオ自治区が3区ある。県知事（ゴベルナドール）は，中央政府が任命し俸給も国が支給する。「県議会」（コンセホ・プロビンシャル）は月一回，県庁所在地で開催，県知事と市長が発言権を有する。「県議会」の基本的な機能は，県知事の諮問，県内の公共事業，投資計画の準備，県機関の行政サービスの監視，県内に必要な調査を国に要請すること等。政治レベルが若干複雑になっているので図示して見た。

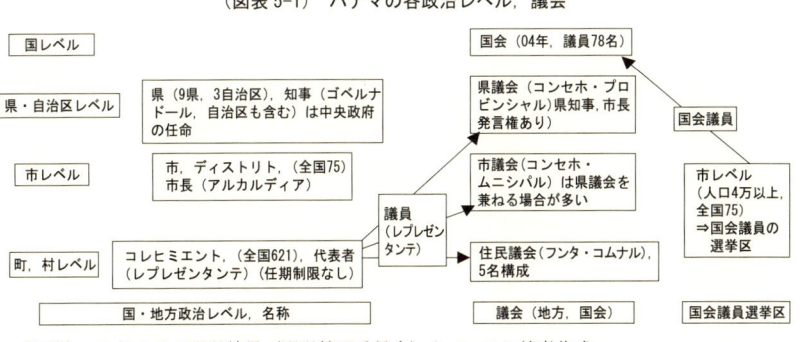

(図表5-1)　パナマの各政治レベル，議会

(出所)　04年5月の選挙結果（選挙管理委員会）をベースに筆者作成。

5.1.2 インディオ自治区

　パナマには，先住民族（インディオ）7部族がいる。これら部族は，独自の文化・社会を形作っている。現在，次の3つのインディオ自治区（コマルカ）が形成され，行政区分としては県とほぼ同レベルの扱いとなっている。「クナ・ヤラ自治区」（04年の人口3万6,500人），「ノベ・ブクレ自治区」（同12万9,000人），「エンベラ自治区」（同9,300人）。各自治区では伝統的な「カシケ」と呼ばれる「族長ないし酋長」の影響力を利用した統治方式が尊重されている。彼らは県知事と同様，中央政府から俸給が支給されている。自治区という性格からすると矛盾しているが，自治区の財政基盤の薄さと中央政府によるコントロール権を維持するための措置と考えられる。

5.1.3 伝統的な4政党

　パナマの政党地図は時代によって大きく変遷してきた。しかし何と言っても1968年10月に発生したトリホス将軍の軍事クーデター以降，軍部の政治支配が1989年12月の米軍侵攻までの21年間継続したことはパナマ政治史に大きな影響を与えた。クーデター以前は，そのカリスマ性で国民の圧倒的支持を得ていた政治家アルヌルフォ・アリアスの存在を忘れることができない。残念ながら本書では政治史にまで言及する余裕がないので，最近年のパナマの政党の勢力図の変遷を簡単に確認しておきたい。

　パナマでは5年毎の総選挙の都度，いつも15政党程が名乗りを上げ，政党間の離合集散も激しい。しかしほぼコンスタントに強みを発揮してきたのは次の伝統的な4政党である。一つは軍部支配時代に誕生した"翼賛政党"としての「民主革命党」（PRD，1979年創設），二つ目は，アルヌルフォ・アリアスが作った「アルヌルフィスタ党」，第三は長い名前を短縮した「モリレナ党」（共和自由運動ナショナリスタ党），第四が「キリスト教民主党」（01年に「民衆党」と改名）である。しかし2004年の選挙では「民主革命党」や「アルヌルフィスタ党」等を離党した党員を吸収した「連帯党」が急激に党勢を伸ばした。

パナマの政党を政策面の違いから区分けすることは非常に難しい。21年間の軍部支配を可能にしたのは、「パナマ運河返還」を実現するために米国と「運河条約」を締結し、さらにそれを米国に実行させるというトリホス将軍の一つの政治理念があったのかも知れない。しかし1981年飛行機事故で同将軍が亡くなりノリエガ将軍が後を継ぎ、軍部の政治介入と反米的姿勢が露骨になった。軍部との対決を鮮明にしたシビリスタ運動が米民主党系議員と連携し、最終的には米軍侵攻という事態をもたらした。米軍侵攻後の5年間はそれまでの野党であった「アルヌルフィスタ党」が政権を担うが、その次の選挙からは、「民主革命党」と「アルヌルフィスタ党」が、輪番制のように政権を担ってきた。このことはパナマでは政党による政策の違いはそれ程明確ではないことを示している。

5.1.4 近年の選挙結果

1989年5月に行われた総選挙は米パ政治紛争の最中に行われた。米政府による経済制裁措置も進みパナマ経済はほとんど麻痺状態に陥っていた。選挙当日は海外からの選挙監視団が見守る中で投票が行われた。米国からは通常の監視団の他、カーター元大統領らも選挙監視役で米軍基地からパナマに入った。そして選挙後、ワシントンでカーター元米大統領はブッシュ米大統領に対し、パナマ軍部による選挙干渉が行われたとの報告を行う様子がCNNテレビを通じて全世界に流された。ことの真相は必ずしも明らかではないが、この時の選挙結果の公表は行われなかった。

その約半年後の12月に米軍侵攻が行われ、パナマ国防軍は事実上壊滅した。米軍侵攻直後、エンダラ大統領（アルヌルフィスタ党）、カルデロン第一副大統領（キリスト教民主党）、フォード第二副大統領（モリレナ党）がパナマ国内のいずれかの米軍基地内でテレビを通じ自分達が新政権を樹立したとの声明を行った。その後、新政権は国防軍を正式に解体し、治安維持を担当する警察隊を組織化し、21年間の"翼賛政党"「民主革命党」が支配してきた官僚機構を再編成する仕事にかかった。ほぼ5年間、崩壊寸前にあった経済も正常化した。

しかし次の1994年の総選挙では，長年野党にあったエンダラ政権が期待した程の成果をみせなかったとの批判もあり，20年間に蓄積した政治経験を持つ"翼賛政党"「民主革命党」が僅差で再び勝ち，ペレス・バヤダレス大統領が政権を担うことになった。

しかし同政権の強引な民営化政策，市場自由化政策，農産物関税の引き下げ等の行き過ぎもあって，次の1999年の選挙では再び「アルヌルフィスタ党」のミレイヤ・モスコソ（故アルヌルフォ・アリアス元大統領の夫人）大統領が勝利した。しかし，次の2004年の選挙では，再度，「民主革命党」のマルティン・トリホス大統領（当時41歳）が勝利した。トリホスは例の1968年に軍事クーデターを起こし「新運河条約」の締結を成功させた伝説的な人物トリホス将軍の息子である。長年米国に留学し，パナマに帰国後はビジネスマンであった。1999年の選挙の際も35歳の若さで大統領候補として「民主革命党」から立候補したが，ミレイヤ・モスコソに敗れ再挑戦の結果掴んだ勝利である。

2004年の選挙ではいくつかの新しい潮流も見られた。第一はこれまでの選挙で見られたような多数政党（1994年15党，1999年12党）が7党へと史上最小の減少を見せたことである。第二は1993年に創設された「連帯党」が急速に党勢を拡大したことである。従来の「民主革命党」（PRD）や「アルヌルフィスタ党」から「連帯党」に入党する人が増えた結果である。「連帯党」はかつて「アルヌルフィスタ党」から大統領になったエンダラを新たに大統領候補に推薦し，一党だけで，第二位という得票結果を得た。

伝統的な政党から中道的な性格の強い「連帯党」が人気を得てきたことは，パナマの国内政治の安定化傾向を反映したものと評価することもできる。

図表5-2は2004年の選挙結果を整理したものである。

(図表5-2) パナマ、政党、党員数、2004年5月の選挙結果

党名 （略語、スペイン語） 党総裁（2004年選挙後）	創設、登録	支持層・政策の重点	党員登録数 （2004年1月31日）（万人）	2004年選挙戦 （大統領、副大統領候補） 国会議員	大統領選連合 得票率得票数（千）	国会議員数 （与・野党別）
民主革命党、PRD (Partido Revolucionario Democrático) ウゴ・ジロ	1979年、軍事政権の支持基盤として創設。	労働者、農民、企業家	43.2	マルティン・トリホス大統領（元連帯党党総裁）、サムエル・ルイス第二副大統領（元アロセメナ（民衆党総裁）、国会議員は41議席で過半数超える。	「新しい祖国」連合 (Patria Nueva) 47.4%(711)	41 （与党）
民衆党、Popular (Partido Popular) ルベン・アロセメナ	1950年代、社会主義・共産主義に対する勢力として結成。2001年「キリスト教民主党」の党名を「民衆党」に変更。	教育、保健、住宅の社会分野の発展を重視。富の格差是正。	5.0	PRDと「新しい祖国」連合を結成。国会議員議席は5から1に減少。		1 （与党）
連帯党、SOL (Partido Solidaridad) サムエル・ルイス・ガリンド	PRD、モリレナ党、アルヌルフィスタ党の出身者が1993年に結成。	99年8月末にモスコソ政権支持から与党連合に参加。	7.3	ギジェルモ・エンダラ（元大統領、アルヌルフィスタ党から）（除外）大統領候補、モリレナ党第二副大統領候補（アルヌルフィスタ党）、国会議員議席は4から9に増加。	30.9%(464)	9 （野党）
アルヌルフィスタ党、ARN (Partido Arnulfista) ミレイヤ・モスコソ	アルヌルフォ・アリアス元大統領（過去3回大統領に就任するようでいて一度も任期を全うせず）の名にちなみ、前身党「パナメニスタ党」、1991年新規登録。	中間層、低所得者層が支持基盤だが、党執行部は内陸部の大土地所有層、第二副大統領候補（アルヌルフィスタ党）、中小企業に配慮する政策を重視。	19.3	ホセ・ミゲル・アレマン前外相を大統領（モリレナ党総裁）、第二副大統領（アルヌルフィスタ党）、国会議員議席は18から17に減少。		17 （野党）
モリレナ党、MOLIRENA (Partido Movimiento Liberal Republicano Nacionalista) ヘスス・ロサス	1982年登録。	専門職層、資本家層の富裕層が支持基盤。	10.7	「国家ビジョン」連合 (Visión de País) 国会議員議席は3から4に増加。	「国家ビジョン」連合 (Visión de País) 16.6%(245)	4 （野党）
国民自由党、LN (Partido Liberal Nacional) アニバル・ガリンド	党の歴史は古く母体は1903年のパナマ独立前に遡る。1997年。		7.9	バヤダレス元大統領時期はPRD連合。04年選挙期時は国家ビジョン連合。国会議員議席は3を維持。		3 （野党）
民主変革党、CD (Partido Cambio Democrático) リカルド・マルティネリ	1998年に結成、登録。	マルティネリ元運河担当大臣が総裁、実業家、金融関係者が支持基盤。	5.7	リカルド・マルティネリが大統領第一副大統領候補、NGO活動家ソニア・ヘンチ女史が第二副大統領候補。国会議員議席は2から3に増加。	5.3%(80)	3 （野党）
			99.1		100.0%	78

(注)「連帯党」と「国民自由党」は選挙後、連合して「愛国党」(Partido Patriotica) に改名した。
(出所) パナマ選挙管理委員会、04年総選挙結果、在パナマ日本大使館情報を参考に筆者作成。

5. 政 治   209

5.2 各政権期の主な経済政策

5.2.1 経済・産業政策の推進の難しさ

　パナマでも政権交替に伴い経済・産業政策がどのように変化するのか注目される。選挙キャンペーン中には各大統領候補は熱心に夢を語り政党毎にマニフェストらしきものも作成される。その最大公約数はパナマ市と地方との経済格差，所得格差の是正であろう。しかし選挙が済み通常生活に戻ると大方の夢は忘れられている。

　経済・産業戦略を政治・官僚機構を通じて実施して行くためには，余りにも多くの問題が横たわっている。最大の問題は政府の財政資金不足であろう。構造的な債務過多の中で，新規公共投資資金は近年では5億ドル規模に留まる。経常歳出の多くは人件費で消えていく。経験の薄い官僚トップ層，情報不足等，政策実施能力には大きな限界がある。郵便制度の未発達，道路交通網の未整備等，地方との基本的なコミュニケーションもままならない。

　もう一つは海外資本と海外需要に依存するサービス産業が経済の根幹を占めている。「パナマ運河」，「国際金融センター」，「コロン・フリートレード・ゾーン」，「コンテナ・トランシップメント・サービス」等は，地理的優位性や制度整備の中で発生してきている。経営の意思決定も外国資本企業（「パナマ運河」も2000年以前は米国経営）が海外利用者の需要向けに対応したもので，国内経済との接点は限られている。国内経済への波及効果も測りにくい。このような状況の中，主体的な経済・産業政策を打ち出すことは大変難しい。

5.2.2 各政権期の経済・産業政策

　そのような状況にも関らず，各政党は何がしかの経済・産業政策を展開してきた。

a)　ペレス・バヤダレス政権（「民主革命党」1994年～1999年）

(1) 市場経済化戦略，公的部門の民営化推進。

　　かつて1972年頃，トリホス軍事政権下で国有化された電力庁，電気通信庁，港湾，ホテル，製糖工場，セメント工場，等12件近くが民営化された。但し，民営化政策は既に前エンダラ政権期の1990年頃から始められ既に5件は完成していた。バヤダレス政権はそれをさらに強力に推進し残る全機関を民営化，その後の外資による投資誘致に成功したという面では評価できる。

(2) 市場経済化戦略，関税の引き下げ。

　　従来の国内製造業，農牧産品に対する保護的関税率を引き下げた。結局は，国内製造業，農牧畜業界の生産活動は低迷した。

(3) 各種公共投資の促進。

　　道路網の整備に一定の成果があった。

b) ミレイヤ・モスコソ政権（「アルヌルフィスタ党」1999年〜2004年）

(1) 返還資産の再活性化

　　「両洋間地域庁」（ARI）を通じて，旧米軍基地の資産の売却，コンセッション契約を行い一定の成果を上げた。

　　「パナマ運河」の返還式典でモスコソ大統領は「第三の独立」を果たしたと演説。（第一は1821年スペイン，第二は1903年コロンビアからの分離・独立を言う。）

(2) 地域間格差の是正，農産物関税率の再引き上げ

　　選挙キャンペーン中，地方農村地帯で地域間格差の是正，そのため前政権期に引き下げられた関税率を再度引き上げるとの約束で地方票を獲得して勝利したと言われる。関税率の再引き上げが実施された。

(3) 産業競争力強化戦略＝「コンピーテ・パナマ」（CP）の実施

　　パナマの「経済・財務省」がIDB（米州開発銀行）の支援を受けて2000年以降推進した。マイケル・ポーター（米ハーバード大学教授）の産業クラスター論を利用してパナマの産業競争力強化を図ろうというもので，下記4部門と関連地域が選択された。

　　　アグロインダストリー（チリキ県，アスエロ半島）

運輸・ロジスティック，情報・IT技術（パナマ市）

観光（コロン市，ボカス・デル・トロ県）

(4) 「国家海事戦略」の策定（2004年初め）

国内港湾開発の促進，パナマ運河第三閘門プロジェクトとの融合可能性を追求。(注)

c) マルティン・トリホス政権期（2004年～2009年）

(1) 社会保障制度の改革

長年の課題である「社会保障基金」（CSS）の改革と制度全体の見直しは，トリホス政権が最初に直面した課題であった。国民対話を忍耐強く続け最終的な解決に導いたことで新政権の政治手腕が評価されることになった。

(2) 「第三閘門運河案」の国民投票とプロジェクトの開始

「第三閘門運河案」のマスタープランは06年4月に一般公開された。半年後の10月22日（1977年の「新運河条約」の国民投票は10月23日であった）に国民投票が実施された。その結果，棄権率が6割に達したが8割の賛成票を確保し第三閘門運河案に対する国民の信任を得た。

2007年には，運河通航料金の引き上げ，財務分析のやり直し，資金調達，全体工事監理の問題等がより明らかになっていく見込み。運河問題は基本的には技術的問題であるが，常に政治問題化する可能性も含んでいる。

(注) パナマの産業政策に対し日本の技術協力も無視しえない影響を与えている。例えば2001年，パナマ主要官庁の政策立案者向けに当時の藤島大使の発案で日本大使館が主宰した「産業政策セミナー」では，同じ小規模国家で熱帯圏に属するシンガポールがサービス産業の振興を通じて大成功を収めた経験等の発表内容が大きなインパクトを与えたことは間違いない。それは台湾に続きパナマはシンガポールとのFTA交渉を始め06年には条約を締結し，ハワード空軍基地跡でのシンガポールの航空機メンテナンス企業の進出を促進したこと等にも表れている。また，上記の「国家海事戦略」の策定には，「パナマ全国港湾整備開発計画」（JICA調査，2002年～2004年実施）を通じた情報整理と政策提言が大きく寄与している。その他，青年協力隊やシニアボランティア，専門家を通じて各分野で行われているわが国の経済・技術協力がパナマの政策策定や地域振興に影響を与えていることは言うまでもない。

6. パナマの企業実態

6.1 法人企業数，全国に4万3千社

　パナマにおける法人企業数を把握することは予想外に難しい。企業を紹介するダイレクトリー類も十分に整理されていない。確かに関連業界（例，工業会，商工会議所，私企業協会等）ではメンバー企業リストを作成しているが，そこに全ての企業が網羅されている訳ではない。(注1)

　1927年の「商法」により会社の設立は全て「国家登録局」（Registro Publico）に法人登録することが義務付けられている。2001年3月末現在，登録会社数は31万7,000社，非営利団体4,400，営利性団体1万7,000，船舶登録数2万と記録されている。最後の船舶登録数には便宜地籍船登録の際に登録されるペーパーカンパニー的法人も含められているため，実際の事業活動をしている法人企業数とは言いがたい。

　もう一つ，実際の事業を展開しようとする場合「ビジネス開始許可証」を商工省で取得する必要がある。年間約1万件以上の許可証が発給されているが，許可申請書に記載された投資予定額や雇用数が現場でチェックされている訳ではないので，実態とはかけ離れた事業件数である。

　パナマ国内で実際に事業活動をしていると思われる法人企業数は，会計検査院が保有する企業リストデーターであると思われる。このデーターは非公開であるが，2001年4月に特別に入手したデーターを独自に分析して見ると，全国に約4万3,000社の法人企業が存在することが確認できた。(注2)

　県別にこれら法人企業数（図表6-1，「県別，規模別企業数」）を分類して見ると，パナマ県に2万3,000社あり全国の約54%の比重を占めている。次

いでチリキ県が 5,700 社で全国の 13%，コロン県が 3,500 社で同じく 8％となっている。これら上位 3 県で全国法人企業数の 75％を占めていることが分かる。

　企業規模別に見ると，年間総売上高「15 万ドル以下」の「零細企業」が全企業の 82％を占めている。また「15 万～100 万ドル」の「小企業」が 13％なので，「零細，小企業」だけで全体の 95％を占めていることになる。それに対し「100 万～250 万ドル」，「250 万ドル以上」の「中・大企業」数は全国比 5 ％（2,342 社）に過ぎない。「中・大企業」の業種を見ると「卸・小売業」が圧倒的に多く 1,500 社（対全国比 66%），次いで「製造業」330 社（同 14％），「不動産業」94 社（4％），「輸送・倉庫・通信業」83 社（4％）等となっている。

　産業別で見ると（図表 6-2,「県別，産業別企業数」），「小売業」が約 2 万社で全国比 50％,「ホテル・レストラン」が約 5,000 社で同 12％,「製造業」が約 3,200 社で同 8 ％,「不動産業」が 2,700 社で同 6 ％,「卸・フリーゾーン」が 2,500 社で同 6 ％等となっている。

(注 1)　「パナマ経営者協会」（APEDE）会員数約 700 名,「工業連盟」（SIP）会員企業数約 230 社,「エンジニア，建築家協会」（SPIA）会員数約 680 名,「中小企業連盟」（UNPYME）127 社,「牧畜業協会」（ANAGAN）会員数 5,000 名等となっているが，同じ会社や個人が別の協会メンバーとなっているケースも多いので，企業数の判定は簡単ではない。

(注 2)　2001 年に筆者がパナマの法人企業調査をしていた際，会計検査院から偶然入手した 1998 年作成のデーターである。4 万 3,000 社の企業データーには，企業代表者の氏名，本社の実際の住所，売上額，業種等が簡単に 1 行でまとめられている。会計検査院としては初めての全国調査の成果であったと思われる。本社の実際の住所が記入されていることはパナマでは特筆すべきことなのだ。パナマには個人住所宛の郵便配達制度はなく郵便物の大部分は，郵便局止めないしは大型オフィスビルであればそのビル内に特別に設けられた私書箱に配達される。そのため事業会社の実際の所在地は確認できないことが多いからだ。このデーターを基に 2000 年 10 月発行の公開データー情報, "Panamá en Cifras, 1995～1999" が作成されたものと思われる。その後，これに類する企業法人数を示すデーターは少なくとも 2006 年まで会計検査院のデーターとしては公開されていない。

6. パナマの企業実態　215

(図表 6-1) パナマ；県別，規模別企業数

県	企業数総計	比率(%)	15万ドル以下 企業数	比率(%)	15万〜100万ドル 企業数	比率(%)	100万〜250万ドル 企業数	比率(%)	250万ドル以上 企業数	比率(%)
1. パナマ	23,275	53.9	17,936	50.7	79.0	3,902	68.3	17.2	734	64.7	3.5	703	58.2	3.0
2. チリキ	5,741	13.3	5,055	14.3	88.0	574	10.1	10.0	77	6.8	1.3	35	2.9	0.6
3. コロン	3,505	8.1	2,604	7.4	74.3	479	8.4	13.7	207	18.2	5.9	422	35.0	12.0
4. ベラグアス	3,226	7.5	2,955	8.4	91.6	207	3.6	6.4	41	3.6	1.2	23	1.9	0.7
5. エレラ	2,021	4.7	1,815	5.1	89.8	170	3.0	8.4	28	2.5	1.4	8	0.7	0.4
6. コクレ	1,955	4.5	1,775	5.0	90.8	142	2.5	7.3	30	2.6	1.5	11	0.9	0.6
7. ロスサントス	1,921	4.4	1,772	5.0	92.2	134	2.3	7.0	11	1.0	0.6	4	0.3	0.2
8. ボカスデルトロ	1,255	2.9	1,160	3.3	92.4	98	1.7	7.8	7	0.6	0.6	1	0.1	
9. ダリエン	278	0.6	274	0.8	98.6	4	0.1	1.4	0	0.0	0.0	0	0.0	
パナマ県を含む合計	43,177	100.0	35,346	100.0	81.9	5,710	100.0	13.2	1,135	100.0	2.6	1,207	100.0	2.8
パナマ県を除く合計	19,902		17,410		87.5	1,808		9.1	401		2.0	504		2.5

(注) 金額規模別比率(%) の左欄は，パナマ県を含む合計に対する割合，右欄は各県内での割合。
　　コロン県の場合，コロン・フリートレード・ゾーンに立地する企業も含む。
　　パナマの中小企業関連法律（2000年3月29日，法律第8号）では，「零細企業」は総売上高年15万ドル以下，「小企業」は15万〜100万ドル，「中企業」100万〜250万ドルまでと定めている。本表の区分はそれに従って分類した。
(出所) パナマ会計検査院のデーター (1998年) を基に企業規模別に筆者が再整理した。

(図表 6-2) パナマ；県別，産業別企業数

	1)パナマ		2)チリキ		3)コロン		4)ベラグアス		5)コクレ		6)エレラ		7)ロスサントス		8)ボカスデルトロ		9)ダリエン		合計	
	企業数	比率(%)	企業数	比率(%)	企業数	比率(%)	企業数	比率(%)	企業数	比率(%)	企業数	比率(%)	企業数	比率(%)	企業数	比率(%)	企業数	比率(%)	企業数	比率(%)
a)林業，漁業，鉱石	222	1.0	3	0.0	0	0.0	2	0.1	6	0.3	6	0.3	2	0.3	0	0	0	0	241	0.6
b)製造業	1,855	8.5	469	7.5	105	3.1	184	6.8	156	7.4	182	9.0	175	8.8	38	3.0	22	6.0	3,216	7.6
c)建設	320	1.4	19	0.3	2	0.1	8	0.3	3	0.1	6	0.3	1	0.1	0	0.0	0	0	362	0.9
d)卸・フリーゾーン	1,045	4.7	191	3.0	962	28.0	70	2.6	53	2.5	90	4.5	70	3.5	42	3.3	2	0.5	2,523	6.0
e)小売業	9,652	43.7	3,616	57.7	1,052	30.7	1,660	61.5	1,410	67.3	1,207	59.8	1,185	59.8	846	67.0	239	65.3	20,867	49.4
f)ホテル・レストラン	2,254	10.2	886	14.1	361	10.5	419	15.5	254	12.1	220	10.9	291	14.7	182	14.4	80	21.9	4,947	11.7
g)輸送・倉庫	625	2.8	77	1.2	502	14.6	16	0.6	31	1.4	40	2.0	25	1.3	20	1.6	2	0.5	1,338	3.2
h)金融仲介業	666	3.0	98	1.6	101	2.9	32	1.2	39	1.9	49	2.4	31	1.6	12	1.0	0	0	1,022	2.4
i)不動産	2,135	9.7	230	3.7	133	3.9	78	2.9	31	1.5	38	1.9	16	0.8	19	1.5	0	0	2,680	6.3
j)その他	3,305	15.0	674	10.9	212	6.2	228	8.5	111	5.4	179	8.9	190	9.6	103	8.1	21	5.8	5,023	11.9
合計	22,079	100.0	6,263	100.0	3,430	100.0	2,697	100.0	2,094	100.0	2,017	100.0	1,982	100.0	1,263	100.0	366	100.0	42,219	100.0

(出所) 会計検査院，"Panamá en Cifras, 1995〜1999", 2000年10月発行分に掲載されたデーターを基に筆者作成。
　　この県別，産業別データーは，2000年10月号以降，2006年まで公表されていない。前出表の企業数 (43,177) とほぼ同数の4万2,219社となっている。

6.2 法人企業の経営内容の把握は困難

　パナマにおける個々の企業経営の実態を把握することはほぼ不可能に近い。最大の理由は，企業経営内容の公開性が義務付けられていないこと，株式市場がほとんど発達していないこと等にある。逆にパナマでの法人登録は極めて容易である。株式会社の場合でも2～3名の役員氏名（実際の経営に携わっていない人物でも可）を確保し，弁護士手数料と登録費用さえ払えば「国家登録局」に登録できる。その結果は，前述のような30万件近い法人登録件数にも表れている。

　パナマには多くのラテンアメリカと同じく相続税はない。法人組織を登録することは税務対策上の目的も兼ねているともいわれる。また，多くの法人企業は同族経営であり，部外者や第三者が経営内容の情報にアクセスすることは不可能に近い。その意味でも会計検査院が作成した前述の1998年の法人企業データーは相当の予算と人員を駆使した画期的な統計調査結果であると言うことができる。逆にこの種の調査は企業サイドからは税務上の警戒感を誘う可能性がありそれほど頻繁に実施はできないものと思われる。

　日本では「会社四季報」等を通じて少なくとも上場企業については基本的な経営内容を知ることができる。パナマでも資金調達は銀行を通じて行われるが，主要銀行の幹部は同時に貸し出し先の企業の経営陣を兼ね，双方で経営責任を持つ関係にある。またパナマの銀行は顧客情報は官憲に対しても提出しない「守秘義務」を法律で担保されてきたことも銀行と特定企業との結びつきを強め企業情報の公開性を停滞させる要因になったと思われる。

　パナマの代表的企業の経営者は同時に複数の企業の経営に携わっている場合が多い。企業経営者であり時には政治家であったり大使であったりするケースも見られる。政治家の資産公開などもあり得ないのかも知れない。

6.3　外資系企業の実態把握も困難

　外資系企業の数は，パナマ商工省でも正確な数を把握していないようである。そこで在パ各国大使館で当該国の進出企業数を把握しようと試みたことがある。その結果，約800社程度が確認できた。しかしこの数字にはコロン・フリートレード・ゾーンに進出している企業を含めている場合とそうでない場合とがあり，それぞれを分割した実数を把握することはほとんど不可能である。

　コロン・フリートレード・ゾーン（CFZ）には2,000社近い企業が活動していると言われるが，多くは外資系企業である。しかしここでの活動は，基本的には「外―外の取引」，つまり輸入した商品の大部分はパナマ以外の外国に再輸出することを前提としている。従って，CFZでビジネスを行う内外資企業は，前述の商工省の「ビジネス許可」は不要である。外国企業はCFZの管理事務所の受付書類に，簡単な企業内容，銀行の紹介状だけを記入するだけで営業ができる。義務は5名以上の雇用，輸入商品の最低6割の再輸出，家賃の支払い，商品荷動き報告だけである。CFZに進出している外資系企業をパナマにおける外資系企業として扱うと前述の800社では少なすぎるということになるが，国内企業として納税義務はないので含めると逆に多すぎることになる。この辺にもパナマの外資系企業数の把握の難しさがあるが，それは同時に外資系企業が事業を自由に展開できるメリットがあることを意味している。

あとがき

　本書の原稿がほぼ完成した07年3月上旬，パナマ運河庁（ACP）は，運河通航料金の値上げ案を公表した。それによるとコンテナ貨物については，07年5月から10%，08年に17%，09年に14%の値上げを行うこと，それ以外の貨物については07年から09年に毎年10%の値上げを行うというものであった。運河を利用している船会社はプロポーザルの中で提示されていた「毎年3.5%という値上げ率」との違いに驚き直ちに反対を表明した。将に懸念されていた事態が発生したとも言える。本書でも通航料値上げ問題は運河利用国や船会社にとり最大の関心マターの一つであるにも関らず，プロポーザルの中でわずか1行にも満たない説明の仕方で片付けられていたことに疑念を表明したばかりであった。不十分な説明は運河利用者との"料金交渉"を有利にするための方便なのかも知れないとの疑念も表明しておいた。特に今回の場合，工事完了の保証がない（全体プロジェクト監理体制はマスタープランには記述されていない）にも関らずプロジェクト開始前から通航料金を大幅値上げするという方針を採用し工事資金の一部を調達し同時に収益（国庫納入額）を確保して行こうという訳である。本書，2.5.3 国庫納入額の検証（p.44）の中でも記述したように，料金引き上げ率は年5～6%でもそれなりの収益（国庫納入額）が確保できる前提でマスタープラン（MP）は構成されていた。その点からも今回の値上げ案はMP全体との整合性からも逸脱していると言える。09年が政権交替期に当たることも気になる点だ。

　また本書ではMPの財務分析の中には多くのブラック・ボックスと疑問点が残されていると指摘しておいた。これに対応するかのようにパナマ運河庁（ACP）は06年12月，国際公開入札を通じて金融分野の専門家との間に顧問契約を締結するという発表を行った。海外でのプロジェクト資金の調達

経験がある日本の"みずほフィナンシャルグループ"がこの契約を落札した。運河収入の前提となる通航料金の値上げ率を確定しプロジェクトの資金計画やブラック・ボックスとなっている空白部分を埋める作業はこれから進めると言うことのようだ。

　金融顧問以外にも運河庁は，プロジェクト監理に必要ないくつかの分野の顧問契約の締結計画を発表している。2月には，多くの工事関連契約を専門に扱う法律顧問会社（英国のマイヤーブラウン社）との間に契約を締結している。リスクマネジメント契約も予定されている。さらに本書のはしがきでも触れたように6月にはプロジェクト・マネジメント作業者を公募する予定である。このようにプロジェクトの主要監理分野で次々と海外のプロフェッショナル・チームとの顧問契約の締結が進められている。最大の課題はこれら個別の監理チームの全体を総合的に統括しうる機能がACP内に確立できるかであろう。ACPの最高意思決定機関である理事会メンバーはいずれもパナマ人であるが，パナマ国民，議会，閣議等の意向を考慮しながらパナマ史上空前の巨大プロジェクトを実施していく役割と責任をどのように担っていくかが注目される。

　パナマ運河庁は本年3月8日，年に一回開催されるパナマの貿易見本市「エクスポ・コメール」の会場で第三閘門運河工事に関心のある海外企業向けに工事と入札システム等に関する説明会を開催した。説明会には30数ヶ国から200社以上，600名以上が参加したと言われる。この説明会の内容は第1部の8章で簡単にまとめておいた。説明会ではMPでは触れられていなかった工事費用の相当部分を占めるはずの掘削・浚渫土量の数字が公表された。米国が第二次大戦中に工事を中止した「第三閘門運河」の掘削跡を利用することで，その量は予想外に少なく1億2,200万 m^3 であった。ほぼ同じルート上に第三閘門運河を建設する案で推計した「3ヶ国調査委員会」の4億 m^3 と比べると過少評価とも映る。ちなみに現行運河完成時（1905年）までの総掘削・浚渫土量は1億8,000万 m^3 であったのでそれを少し下回る規模である。いずれにせよ，現行運河の倍のサイズの閘門（ローリング・ゲート）やそれに付設される節水槽の設置等を含め，第三閘門運河案は十分

にメガプロジェクトであると言える。それ以外に水の供給能力の限界問題は最も複雑で疑問点は依然として残っている。

　水の供給に関しては，運河西部流域の河川にいくつかのダムを建設し導管によりガツン湖の貯水量を確保するという計画が最後まで検討されていた模様である。西部流域（21万ヘクタール）は山岳地帯で人口も希薄で道路網が限られている。フランス政府の資金援助があったと言われるが現地調査は大変であったと思われる。

　今回のMP作成のための「関連調査」では米国企業に混じってフランスを始めヨーロッパ系企業の参画が目立った。最終的に「ローリング・ゲート」に決まった第三閘門運河のための閘門調査ではかつてレセップスが実施したパナマ運河建設工事に関連していたフランスやベルギーの水門関連企業も名を連ねていた。今でもパナマ旧市街の一角にある太平洋に面したフランス広場にはレセップスとその関係者の胸像が立ち並び，その対面には白亜のフランス大使館の建物もある。彼らのパナマ運河に対する思い入れの息の長さを偲ばせる光景である。

　最後になってしまったが，本書は多くの方々の貴重なご助言とご協力がなければ出来あがらなかったことは言うまでもない。

　先ず，筆者が「3ヶ国パナマ運河代替案調査委員会」時代（1986年～1993年），パナマ政府代表者として辣腕を振るったアウグスト・サンブラーノ氏。その後，運河返還後「両洋間地域庁」（ARI）の投資アドバイザーとして筆者が再びパナマに派遣された時期にはARIの副総裁を務めており運河問題とパナマ経済問題について多大の助言を頂いた。また世界銀行時代にラテンアメリカの最も優れたエコノミストであると言われ，米・パ間の新運河条約交渉にも従事し，軍事政権下では短期間ではあったが大統領を務めるというユニークな経歴を持つニコラス・バルレッタ氏は，当時ARIの総裁でもあった。本書第2部のパナマ経済の作成に当り貴重なコメントを頂いた。その後のパナマの経済・産業政策のあり方にも大きな影響を与えることになった「産業政策シンポジウム」を企画された当時の藤島安之日本大使の構想も

大きな刺激であった。同じ頃，パナマ大学内に設立されていた「運河研究所」に JICA 派遣専門家としてパナマ大学で教鞭を執られていた一柳二郎氏 (K ライン)，大竹邦弘氏（日本郵船）からは運河と海運ビジネス関連で貴重なアドバイスを頂いた。

　ARI には何人もの優秀なスタッフがいたが，エクトル・アレクサンダー氏は現在，経済・財務大臣のポストに就いている。MP 公表後，運河通航料金と国庫納入額の関連性について貴重な意見交換を行うことができた。その他 MP の疑問点については長年コンタクトのある運河庁（ACP）関係者を始め，「3 ヶ国調査委員会」時代，実際に現地調査を担当された福沢善文氏（元興銀），モイセス・カスティージョ氏（元公共事業相）からも色々のコメントを頂いた。在パ日本大使館，ジェトロからはカレントな経済ビジネス動向や「第三閘門運河案」の情報収集でお世話になった。長年，パナマ滞在の吉本槙男氏（INCESA 社長），柄沢桂治氏（モルガン事務所）にも活きた現地情報で多大なご協力を頂いた。ここでお名前を挙げることができなかった多くの方々も含め言葉では言い尽くしがたい感謝の気持で一杯である。貴重な情報や助言を頂きながら本書で記述した事柄の中に問題があるとすれば全て筆者の力不足がもたらした結果であることは言うまでもない。一層のご叱責，ご批判を頂ければ幸いである。

2007 年初夏　小　林　志　郎

主要参考資料

アルフレッド・T. マハン,伊井順彦訳『マハン海軍戦略』中央公論社,2005 年
グレアム・グリーン,斎藤数衛訳『トリホス将軍の死』早川書房,1985 年
ボブ・ウッドワード,石山鈴子訳『司令官たち』文藝春秋,1991 年
大仏次郎『パナマ事件』朝日新聞社,1976 年
河合恒生『パナマ運河史』教育社,1980 年
小林志郎『パナマ運河』近代文芸社,2000 年
小林志郎(共著)『パナマを知るための 55 章』明石書店,2004 年
デイヴィッド・ハワース,塩野崎宏訳『パナマ地峡秘史』リブロポート,1994 年
デイヴィッド・マカルー,鈴木主悦訳『海と海をつなぐ道』フジ出版社,1986 年
マイケル・M. ポーター,土岐・中辻他訳,「国の競争優位」ダイヤモンド社,1992 年
Autoridad del Canal de Panamá (ACP), *Propuesta de Ampliación del Canal de Panamá, Proyecto del Tercer Juego de Esclusas, Plan Maestro, 2005〜2025, Plan de Estudios*, Panamá, 24 de abril de 2006
Avery, Ralph Emmett, *America's Triumph at Panama*, The Walter Co. Chicago, U.S.A., 1913
Bunau-Varilla, Philippe, *Panama, the Creation, Destruction and Resurrection*, Constable & Co. Ltd. London, U.K., 1913
Commission for the Study of Alternatives to the Panama Canal, *Final Report Vol XX Official Edition*, Panama, 1993
Hughes, William, *¿Quienes son los dueños de Panamá?* Imprenta Articsa, Panamá, 2000
J. Conte Porras, *Arnulfo Arias Madrid*, Litho Impresora Panamá, S.A., Panamá, 1980
Jorden, William J., *Panama Odyssey*, University of Texas Press, U.S.A., 1984
Jorge, Thomas, *Con Ardientes Fulgores de Gloria*, Editorial Grijalbo Lt. Panamá, 1999
Ovidio, Diaz Espino, *How Wall Street Created a Nation*, Four Walls Eight Windows, New York/ London, U.S.A., U.K., 2001
McCullough, David, *The Path Between the Seas*, Simon and Schuster, U.S.A., 1977
Pereira, Renato, *Panamá, Fuerza Armadas y Politica*, Ediciones Nueva Universidad, Panamá, 1979
Schott, Joseph, *Rails across Panama*, The Bobbs-Merrill Co. New York, U.S.A., 1967
Suárez, Omar Jaén, *La población del Istmo de Panamá*, Ediciones de Cultura Hispanica, Madrid, Spain, 1998

索引

【ア】

アクセス航路 97, 108, 111
アクセス航路の浚渫作業 vii
アラフェラ湖 117
アマドール地区複合観光開発 188
アルカルデ 205
アルヌルフィスタ党 206, 208
一般貨物船 51
インターモーダル・ルート 13
インディオ自治区 206
運河
　——委員会（PCC）172
　——依存度 81
　——からの間接的波及効果 19
　——からの誘発効果 19
　——関連サービス・クラスター 8
　——経営の財務指標 35
　——経済システム 8
　——収益 11
　——条約交渉シンドローム 27
　——西部流域 117
　——操業用の水資源 iii
　——通航貨物の需要予測 49
　——通航料金 36, 74
　——通航ルート 72
　——通航量予測 iii
　——ネット・トン 53
　——の閘室サイズ i
　——の東部流域 117
　——利用トップ10ヶ国 75
　現行——の改良工事 15, 16, 90
　現行——の「近代化」投資 10
　現行——の通航容量拡大 iii
　現行——の容量限界 16
　現行——の容量最大化 90
AAEEPP 191
ACP；Autoridad del Canal de Panamá 3

——の法的枠組み 32
——のホームページ 133
エキスポ・コメール 131
液体貨物 50
ST アエロスペース社 191
エバグリーン社 171
FTA 65, 182, 212
エルニーニョ現象 118
エンジニア，建築家協会（SPIA）214
エンダラ大統領 209

【カ】

会計検査院 214
外航海運 170
海事産業クラスター 23, 24, 169
海事産業戦略 169
海上幹線輸送ルート vii
海面式運河 i
科学技術局（SENACYT）154
学研都市 23, 188
ガツン湖 vi, 14, 100, 101, 102, 109, 118
　——とクレブラカットの航路深化 94
　——の標高，水位，喫水 95
ガツン・ダム 118
カニョ・スシオ川 124
乾貨物 50
ガンボア・リゾート・ホテル 189
関連支援産業 168
関連調査 ii, 5
喜望峰 56
キャノピー・タワー 190
旧パナマ運河条約 3
旧米海軍ロッドマン基地 174
銀行法（法律238号）180
クルーザー 51
　——観光 20
　——専用埠頭 66
クレブラカット vi, 14, 93, 95, 102, 109, 129

224　索　引

経済・財務分析　34
経済特区法　191
契約条件の「均衡化」（スペイン語で"エキパラシオン"）　173
牽引機関車　102, 108
工業連盟（SIP）　214
航行可能喫水　109
工事コスト　112
工事資材の輸入関税，労働法　136
閘室サイズ　103
工事に伴う契約方式　135
工事の工期　112
公的機関　197, 198
航路拡幅工事　111
国際公共財　v, 4
国際ライナークルーザー協会（CLIA）　67
国民自由党　209
国民投票　3, 4, 14, 30, 33, 212
コクレ・デル・ノルテ川　124
国家海事戦略　212
国家登録局　213, 216
国旗事件　140
国庫納入額　ii, 40, 41, 42, 43, 44
コレヒミエント　204
コロン・コンテナ・ターミナル（CCT）社　171
コロン2000　66
コロン・フリートレード・ゾーン（CFZ）　9, 20, 22, 23, 156, 158, 162, 164, 175, 177
コンセホ・プロビンシャル　205
コンセホ・ムニシパル　205
コンテナ船　51, 57
コンテナ・トランシップメント　20, 161, 164, 170, 171, 172, 173
　――・ビジネス　171
コンテナの積み替え　20
コンテナ埠頭　170

【サ】

最適代替案　i
サバナ港　57
サービス輸出　156
産業連関表　27, 28
シェルマン基地　194

自動車船　51
「収益極大化」路線　v
守秘義務　216
商社　170
商船登録　23
新運河条約　i, 3, 140
新規ダム　iii, 124
人材訓練計画　136
スエズ運河　13, 139, 140
政権交替　203
制度外経済（通称，"地下経済"）　158
制度的要因　160
世界海運サミット　11
節水槽　14, 104, 105, 123, 124, 127, 128
セミコンボイ方式　111, 131
全体の監理体制　vii, 115
造船　170

【タ】

第三閘門運河　i
　――案　3, 4, 5, 100, 214
　――建設反対運動　29
　――の閘室サイズ　iii, 103
代替輸送ルート　85, 132
第二運河建設　i
タグボート　97, 102, 129
ダムの「余水はき」　96
タンカー　50
地球温暖化　58
地峡運河委員会　139
チャグレス川　96
チャールストン港　57
中央政府　199
中小企業連盟　214
中立化条約　v, 32, 132
地理的優位性　10, 26, 160
地理的要因　160
通貨協定　140, 151
通航料金政策　74
通航料金の値上げ　ii, 74
通常貿易　154
定期船（ライナーサービス）　54
ディストリト　204
デービス基地跡の「輸出加工区」計画　193

索引　225

トアブレ川　124
トクメン国際空港　180
ドライ貨物　50
トリホス・カーター条約　3, 28

【ナ】

内部収益率　11
永野日商会頭　141
南米東海岸　56
ニカラグア運河案　139
日・米・パ3ヶ国運河代替案調査委員会　i, 3, 16, 131
荷主部門　170
日本海運振興会　71
ニューヨーク／ニュージャージー港　57
ノリエガ将軍　28

【ハ】

ハチソン・ワンポア社　171
パナマ
　——運河庁（ACP）　i, 3, 31
　——運河庁の収支決算表　47
　——運河庁理事会　33
　——運河通航の米国輸出品分析結果　79
　——運河の戦略的ビジョン　31
　——運河ユニバーサル測定システム　53
　——運河利用国　i, 75
　——海事庁（AMP）　172
　——経営者協会（APEDE）　214
　——港湾庁（APN）　172
　——国民の利益　ii
　——太平洋経済特区庁　191
　——ックス船　i, 52, 111
　——鉄道　58, 194
　——の独立　3
　——・ポーツ・カンパニー（PPC）社　171, 172
　——湾浄化　190
バージニア港　58
バルク船　50
バルボア　140
ハワード空軍基地跡　21, 22, 167, 180, 190, 191, 212
バンカーオイル　20, 183

ハンプトンロード港　58
PCUMS　53
ビジネス許可　217
ヒューストン港　58
Hyundai 1801号　104
非常事態対策費用（「コンティンジェンシー」）
　　iii, v, 39, 113
フェルナンド・マンフレド　29
複合的要因　160
不定期船（トランパー）　67
船の補修サービス　20, 184
ブラックボックス　v, 45
フランス・フィールド　178
プロジェクト期間　ii
プロポーザル　ii, 5
フンタ・コムナル　204
米
　——カンサスシティ社　58
　——工兵隊　15
　——国のインターモーダル・ルート　55
　——国の軍事基地　19
　——東岸　56
ヘイ・ポンスフォート条約　139
ペドロミゲル閘門　97, 102, 119
返還地域の再開発　186
便宜地籍船　182
弁護士サービス　163
牧畜業協会（ANAGAN）　214
ポスト・パナマックス船　iii, 57, 58, 64, 102, 103, 104, 107, 111
北極ルート　58
ポルトベロ見本市　139
ホルヘ・イルエカ　29
ホルヘ・キハーノ　133

【マ】

マイケル・ポーター　168
マイター・ゲート方式　14
マイヤー・ブラウン社　115
マーサー・マネジメント・コンサルティング社（MMC）　74
マースク社　132
マスタープラン　ii, 5
マデン湖　117

マルティモダル・センター構想（CEMIS） 178
マルティン・トリホス大統領 4, 208
マンサニージョ・インターナショナル・ターミナル（MIT）社 171
マンサニージョ・コンテナ・ターミナル 192
みずほフィナンシャル・グループ 115
ミレイヤ・モスコソ大統領 208
民主革命党（PRD） 206
民衆党 209
ムニシピオ 205
メガ・プロジェクト vii
メガポート計画 174
モリレナ党（共和自由運動ナショナリスタ党） 206
モンロー・ドクトリン 139

【ラ】

利益極大化方針 4, 161
リオ・インディオ川 124
リカウルテ・バスケス 4
陸上掘削工事 vii
リゾート・ホテル「メリア・ホテル」 194
竜骨（船の最低部，キール） 109
料金引き上げによる経済的影響 84
両洋間地域庁（ARI） 186
冷凍貨物船 65
冷凍船 51
連帯党 206
ローリング・ゲート iii, 105
　──方式 15, 106, 107
ロンドン・リージョナル・プロパティー社 192

著者略歴

小林 志郎（こばやし・しろう）

パナマ運河研究家，大学講師
1940 年　長野県生まれ
1967 年　早稲田大学大学院商学研究科修了

　ジェトロ勤務，ジェトロ・アルゼンチン駐在等を経て，「パナマ運河代替案3ヶ国調査委員会」日本代表（1986 年〜93 年）。「アルゼンチン開発調査」，「沖縄開発調査」等，ラテンアメリカ及びアジア地域の産業育成，経済開発調査に従事。パナマ政府「両洋間地域庁（ARI）」投資戦略アドバイザー（2000 年〜02 年，JICA 専門家）として現地派遣。「パナマ全国港湾開発調査」（02 年〜04 年，JICA 委託調査），「パナマ運河閘門評価調査」（03 年〜04 年，JBIC 委託調査）等に参画。
主な著書（パナマ運河，パナマ関連）
小林志郎『パナマ運河』（近代文芸社，2000 年，東京），共著『パナマを知るための 55 章』（明石書店，2004 年，東京）

パナマ運河拡張メガプロジェクト
―世界貿易へのインパクトと第三閘門運河案の徹底検証―

2007 年 9 月 10 日　第 1 版第 1 刷発行　　　　　検印省略

著　者　小　林　志　郎

発行者　前　野　　弘

発行所　株式会社　文　眞　堂
東京都新宿区早稲田鶴巻町533
電話 03（3202）8480
FAX 03（3203）2638
http://www.bunshin-do.co.jp
郵便番号(162-0041) 振替00120-2-96437

印刷・モリモト印刷　　製本・廣瀬製本所
©2007
定価はカバー裏に表示してあります
ISBN978-4-8309-4600-4　C3033